Du bist begabter, als Du ahnst!

K. O. Schmidt

Du bist begabter als Du ahnst

Anleitung zur Entfaltung latenter Talente

DREI EICHEN VERLAG

Die Deutsche Bibliothek – CIP-Einheitsaufnahme

Schmidt, Karl O.:
Du bist begabter als Du ahnst:
Anleitung zur Entfaltung latenter Talente /
K. O. Schmidt. – 5. Aufl. – 13.–15. Tsd. –
Ergolding: Drei-Eichen-Verl., 1993
ISBN 3-7699-0490-7

ISBN 3-7699-0490-7
Verlagsnummer 490

5. Auflage 1993
Druck und Bindung: Ebner Ulm

Inhalt

I. Teil: Grundlegung

Inhalt

Inhalt

II. Teil: Ausbau

Inhalt

I. Teil

GRUNDLEGUNG

Das dynamische Zeitalter

»Die größten Entdeckungen unseres Zeitalters haben wir nicht im Reich der Materie, sondern im Bereich der geistigen Kräfte zu erwarten. Wenn es hier einmal zu tagen beginnt, wird die Menschheit in *einer* Generation größere Fortschritte machen als sonst in vier.« C. P. Steinmetz

Zu den bedeutsamsten Erkenntnissen unserer Zeit gehört die, daß wir Menschen von heute kein Endprodukt der irdischen Evolution, sondern erst ein Anfang sind. Tausend schöpferische Kräfte in uns sind noch unentfaltet. Tausend Pfade, sagt Nietzsche, »gibt es, die noch nicht gegangen sind; unerschöpft und unentdeckt sind immer noch Mensch und Menschen-Erde.«

Nicht nur der *Makrokosmos*, das sichtbare Universum, dehnt sich allseitig in mit der Entfernung zunehmenden Geschwindigkeiten aus; auch der *Mikrokosmos*, der Mensch, ist auf ständiges Wachstum seines Wesens, auf geistige Entfaltung, auf Mehrsein angelegt. Diesem Drang und Zug gilt es zu folgen, damit die Fülle schlummernder Kräfte und Talente aktiviert und das Leben ständig reicher wird an Fortschritten, Erfolgen und Beglückungen.

In den einschlägigen Werken über die Entwicklung des Menschen wird seine biologische Evolution weit mehr behandelt als die geistige. Tatsächlich ist die letztere die primäre; denn es ist der Geist, der die organische Materie als Mittel der Selbstoffenbarung und als Werkzeug seines Willens formte — und zwar, was den *Menschen* anlangt, in der kurzen Zeit von ein oder zwei Millionen Jahren.

Diese Kürze — in der Geschichte des irdischen Lebens sind es nur ein paar Augenblicke — ist, biologisch gesehen, schwer zu erklären, jedoch verständlich, wenn man den Menschen als Geistwesen wertet, dessen Denkapparat, das *Gehirn*, sich nicht nur sichtlich vergrößert, sondern ständig verfeinert hat, wobei die durch die sozialen, kulturellen, psychologischen und geistigen Fortschritte bedingte Zunahme der Eindrücke als Stimulans, als Anreiz wirkte und dazu führt, daß der Mensch, wie Teilhard de *Chardin* erkannte, »sich auch in den kommenden geologischen

Epochen weiterentwickeln wird, da er ungeahnte dynamische Kräfte in sich birgt, die diese Weiterentfaltung nicht nur ermöglichen, sondern fordern und fördern.«

Praktisch hat der Mensch erst in den letzten 5000 Jahren damit begonnen, die Möglichkeiten seines Gehirns zu erkennen und seine Intelligenz zu entfalten. Heute nun tritt er in eine neue Epoche seiner Entwicklung: vom mehr unbewußten und zufallsbedingten Gebrauch seines Gehirns und seiner Begabungen zu immer bewußterer Aktivierung schlummernder Kräfte und Fähigkeiten. Er hat bereits die ersten Schritte in das *neue dynamische Zeitalter* getan und begonnen, nicht nur die *Energie der Materie* — die magnetischen, elektrischen, gravitatorischen, atomaren und subatomaren Kräfte —, sondern auch die *seelische und geistige Energie* zu mobilisieren und seiner Höherentwicklung und immer vollkommeneren Lebensmeisterung dienstbar zu machen.

Die meisten Menschen wissen noch nicht, wieviel sie in Wirklichkeit können, und wagen nicht, das Höchste aus sich herauszuholen. Sie begnügen sich mit einem Bruchteil ihrer Kräfte und Möglichkeiten und bleiben im Mittelmaß stecken, wo sie zu den Gipfeln des Lebens aufsteigen könnten.

Die wenigen hingegen, die großen Geister der Menschheit, die Erfolgreichen in allen Bereichen des Lebens, zeigen, *daß der Mensch begabter ist, als er ahnt,* daß sein Geist eine Schatzkammer ungenutzter schöpferischer Gedanken, Kräfte und Glücksmöglichkeiten ist, daß sein geistiges Potential nicht länger brach zu liegen braucht, sondern nutzbar gemacht werden kann.

Dazu will dieser Lehrgang verhelfen.

Er will dartun, auf wieviele Weisen jene *›dynamis‹* oder *Kraft aus dem Geiste* mobilisiert werden kann, die ein Teil ist jener ›Kraft aus der Höhe‹ (Luk. 24, 29), deren volles Aktivwerden der Hebräerbrief (6, 5) in die Zukunft verlegte, wenn auch schon damals einzelne »teilhaftig wurden des heiligen Geistes und geschmückt mit den Kräften der künftigen Welt«, die (7, 16) ›Kraft des unendlichen Lebens‹ ist und in jedem, ob Mann, ob Frau, zu bewußter Betätigung gebracht werden kann.

Auf den hier gezeigten Wegen kann jeder lernen, *dynamisch*

zu leben und die größere Zukunft, die auf uns wartet, zu seinem Teile mit schaffen zu helfen.

Neue Zeit verlangt neue Methoden

Mit der Vergrößerung der Verantwortung, die der allseitige hektische Fortschritt mit sich bringt, wachsen die Anforderungen an den Einzelnen. Um ihnen gerecht zu werden, genügen die althergebrachten Methoden um so weniger, als die Vielfalt der Ablenkungen und Zerstreuungen im gleichen Maße zugenommen hat. Hier bedarf es neuer Denkweisen und Methoden, um die Aufgaben von heute und morgen zu meistern.

Der heutige Mensch ist, mit einem Wort von C. G. *Jung*, weithin *›extravertiert‹*, d. h. auf *äußeres* Aktivsein, auf Wirtschaft, Beruf, Verdienen, äußeren Wohlstand eingestellt — nur zu oft auf Kosten des inneren Wohlstands: er ist innerlich haltloser und inhaltloser, ruhe- und ratloser, fried- und kraftloser geworden ...

... Zum Glück wird aber bereits die Notwendigkeit entsprechender *Introversion* — der Verinnerlichung, meditativen Selbstbesinnung, geistigen Vertiefung und Selbstdynamisierung — erkannt, die für die Erhaltung der Menschlichkeit und der Kultur unerläßlich ist, wie *Novalis* klarstellt: »Wenn die Menschen einen Schritt vorwärts tun wollen zur Beherrschung der äußeren Natur durch die Kunst der Organisation und der Technik, müssen sie zuvor drei Schritte der ethischen Vertiefung nach innen getan haben.«

Eben hieran fehlt es heute noch weithin. Die zunehmende *Selbstsucht* erschwert die *Selbst-Suche* und das Selbst-Finden, führt zur Überbewertung der Außenwelt und zur Abwertung der Innenwelt und dazu, daß die innere Harmonie, das geistige Schöpfertum und die allseitige Lebenstüchtigkeit des Menschen zu verkümmern beginnen.

Wir stehen am Beginn einer neuen Technologie, Wissenschaft und kollektiven Lebensgestaltung. Aber Wirtschaft und Technik brauchen nicht nur Fachkönner und Elektronengehirne, sondern *Menschen,* d. h. *menschlich und schöpferisch denkende Führungskräfte,* die wissen, daß das Gedeihen der Wirtschaft wie der Staaten von dem des einzelnen Menschen abhängt.

Die Entwicklung läßt sich nicht zurückschrauben, wohl aber können Wissenschaft, Wirtschaft und Technik zu Dienern der menschlichen Höherentwicklung werden. Sie *müssen* es, wenn wir nicht das Los des Goethe'schen Zauberlehrlings teilen wollen, der die Kräfte, die er entfesselte, nicht mehr meisterte ... Meisterung der Dinge setzt Selbstbemeisterung des Menschen voraus. Rechte Lenkung der zunehmend von der Kybernetik bestimmten Entwicklung ist nur möglich, wenn der Mensch seine psychokybernetischen geistigen Fähigkeiten entfaltet und Leben und Schicksal immer bewußter vom *Geiste* her zu gestalten lernt.

Es genügt nicht, den erreichten Stand zu sichern. Es gilt, das menschliche Wissen und Können ständig zu erweitern, mit neuen Methoden neue Kräfte und schlummernde Talente zu mobilisieren und zielbewußt einzusetzen. Der Mensch muß lernen, *mehr* aus sich zu machen, als er heute ist. Er kann es, weil *mehr* in ihm steckt, als er ahnt. Er kann sich vom homo sapiens von heute zum homo superior der Zukunft weiterentwickeln, wie es die großen Geister der Menschheit ahnten und bejahten und wie es der Geist des Lebens von ihm fordert.

So gesehen, ist der geistige Fortschritt entscheidender als der technische, weil er diesen ja erst ermöglicht. Bloße Rationalisierung genügt hier nicht, da sie nur den *äußeren Menschen* erfaßt, nicht den größeren irrationalen Teil seines Wesens, den *›inneren Menschen‹* mit den Tiefenkräften des Unbewußten und Überbewußten und des schöpferischen Selbstes. Um diese Kräfte zu aktivieren, bedarf es einer neuen geistigen Haltung und neuer Methoden der Psychodynamik und Psychokybernetik.

Dazu werden hier teils erfahrungsgeborene, teils aus meditativer Selbstbesinnung gewonnene praktische Hinweise und Hilfen gegeben, aus denen jeder das *seinem* Wesen Gemäße sich dienstbar machen möge. Bloße *Kenntnisnahme* genügt aber nicht; erst das *Tun* mobilisiert die angesprochenen schöpferischen Potenzen, eröffnet den Zugang zu einer neuen Welt beglückender Selbstentfaltungs-, Fortschritts- und Aufstiegs-Möglichkeiten und macht die hier ausgesprochene und im weiteren demonstrierte Wahrheit sichtbar: *Du bist begabter, als Du ahnst!*

Revolutionierung des Denkens

Nicht aus der Rationalisierung, sondern erst aus der Revolutionierung des Denkens erwächst jenes neue positiv-dynamische Verhalten, das zur Entfaltung bisher schlummernder Kräfte und Talente führt. Sie entspringt aus der Erkenntnis, daß das *Denken* kein nur mechanischer Erkenntnisakt, ein Prozeß des Überlegens, Erwägens, Begreifens, Schließens, Urteilens, oder ein Zwiegespräch zwischen ›Ich‹ und ›Es‹ ist, sondern darüber hinaus ein dynamischer, kinetischer Vorgang.

Denken heißt bewegen. Beim Denken werden, wenn es bewußt geschieht, nicht nur Ideen bewegt, sondern geistige Bildekräfte mobilisiert, die wiederum auf physische Dinge und Bedingungen im Wege der Kettenreaktion umgestaltend einwirken, sich geistig, psychisch, biologisch und physisch auswirken.

Bewußt schöpferisch denken heißt: Schluß mit den bisherigen zumeist statischen negativen Denkschablonen und Umschaltung auf neue positiv-energetische Denkweisen! Es heißt: nichts, was gemeinhin als selbstverständlich gilt, einfach hinnehmen, sondern selbst denken, prüfen, urteilen und zielbewußt entscheiden.

Vielwisser haben wir in Fülle, Zielwisser wenige. Schöpferisch denkende Lebensmeister haben Seltenheitswert. Wissen um anderer Wissen macht gelehrt, eigenes Erkennen macht weise, weshalb der Lebensphilosoph fordert, daß man *denken* lehre, nicht Gedachtes.

Viele meinen, Gedanken seien zollfrei, und halten sich für freie Denker. Eine Inschrift an der Universität Uppsala kann sie belehren: »Frei denken ist gut, richtig denken ist besser.« Und bewußt richtig, schöpferisch denken ist das beste. Denn Gedanken sind nicht zollfrei, sondern folgenschwer, weil sie Wirkungen ausüben, Bausteine sind zum werdenden Schicksal.

Gedanken sind nicht nur Ergebnisse von Schaltvorgängen innerhalb der Milliarden Neuronen des Gehirns, sondern ebenso Anstöße dazu und zur Herbeiführung der ihrer Ladung und Zielrichtung entsprechenden Wirklichkeit. *Bewußt denken* heißt *verwirklichen,* heißt die der Denkrichtung entsprechenden psychischen und physischen Realitäten ins Dasein rufen oder ihr Eintreten begünstigen. Erneuerung des Denkens bewirkt entsprechende Erneuerung des Lebens.

Nun hat *jeder* die Fähigkeit des Denkens – des mechanisch-diskursiven wie des dynamisch-produktiven Denkens – als natürliche Anlage mitbekommen. Aber die meisten machen von dieser Gabe einen unzureichenden Gebrauch. Sie nützen nur einen Bruchteil ihrer Denkkapazität und der in ihrem Gehirn, Unterbewußtsein und Überbewußtsein gespeicherten Erfahrungen, Erkenntnisse und steuernden Kräfte. Sie leisten darum nur einen Bruchteil dessen, was sie vollbringen könnten.

Weil sie *oberflächlich* denken, bleibt ihr Leben ein Dahinvegetieren an der Oberfläche bloßen Da-Seins, wo es kraftstrahlendes Schöpfertum sein könnte. Weil sie *umständlich* denken, fühlen sie sich von den Umständen abhängig. Sie bleiben, verkehrstechnisch gesehen, von anderen gelenkte Anhänger, statt selbständige Lokomotiven zu sein, initiative Antreiber der Entwicklung.

Dazu müssen sie, statt statisch, dynamisch denken lernen, kinetisch und kybernetisch, d. h. bewegend und steuernd, produktiv und konstruktiv. Solche ›Kybernetisierung des Denkens‹ (vom griechischen Wort ›kybernetes‹ = Steuermann, Lenker, Führer) meint Ordnung und Lenkung von innen her – in Harmonie mit der inneren Lebensordnung und -führung. Wer so zu denken lernt, gelangt laufend zu neuen Einsichten und besseren Aussichten. Er erkennt, daß jeder bewußt ausgestrahlte positive Gedanke ein steuernder Wirkungsimpuls ist.

Damit Sie aus diesen Erkenntnissen Gewinn ziehen, sollten Sie sich den Inhalt jedes dieser Kurzkapitel so intensiv einprägen, daß Sie das als richtig Erkannte nicht nur wahrnehmen, sondern wahrmachen, sich zu eigen machen und anwenden. Um so spürbarer und leichter vollzieht sich Ihr innerer und äußerer Fortschritt.

Biodynamisches Denken

Viele klagen heute über Energiemangel. Selbst junge Menschen machen oft einen müden, kraftlosen, verbrauchten Eindruck, der auch durch Anregungs- und Aufputschungsmittel nicht behoben wird.

Das braucht nicht zu sein! Denn der Mensch ist kein Mechanismus, sondern ein Dynamismus, ein lebendiges Kraftfeld. Im Gegensatz zur Maschine verfügt er über zweierlei Kraftquellen: physische und geistige. Die physischen Energien fließen ihm aus Nahrung, Licht, Luft, Schlaf und Erholung zu, die geistigen aus positivem Denken und bewußtem Leben, aus Entspannung, Stille und meditativer Selbstbesinnung.

So wichtig wie die aus der Nahrung gewonnenen *Lebensstoffe*, deren Energie vom Körper in Form von Wärmeeinheiten, Muskel- und Nervenkraft aktiviert wird, ist die aus dem Geiste gewonnene *Lebenskraft*, deren Schaltstation, wie wir im weiteren sehen werden, das Gehirn ist, und deren Wirken durch die Denkrichtung bestimmt wird.

Das erkannte *Buddha* schon vor zweieinhalb Jahrtausenden: »Alles, was wir sind, ist das Ergebnis dessen, was wir dachten; alles in Welt und Leben ist gedankengeboren.« Gleich treffend drückte ein Dichter, Heinrich *Heine*, es aus: »Der Gedanke ist die unsichtbare Natur, die Natur der sichtbare Gedanke.« Ähnlich sah es der geistige Vater der modernen Psychodynamik, Ralph Waldo *Emerson*: »Die Menschen sind groß, die einsehen, daß die geistige Macht die primäre und der materiellen überlegen ist, daß *Gedanken* die Welt beherrschen und den Lauf der Dinge bestimmen.«

Der Gedanke ist die Kernenergie der Seele, mit der alles im Bereich des Möglichen Liegende verwirklicht werden kann. Wir mobilisieren diese geistige Energie, wenn wir *dynamisch* denken lernen, was zugleich *biologisch* denken heißt: lebens- und wachstumsgerecht, in Harmonie mit dem Geist des Ganzen und der inneren Ordnung des Lebens.

Jedes Ding und Werk ist Frucht des biodynamischen Denkens und gleicht dem Werden eines Baumes: die zugrundeliegende Idee ist das Saatkorn, der Keim, der seine Wurzeln ins Un- und Überbewußte hinabsenkt, dann aus dem Unsichtbaren ins Sichtbare emporwächst, wobei der Stamm der Leitgedanke ist, aus dem sich die weitere Gestaltung nach Ästen und Zweigen ergibt, aus denen wiederum die Blätter und Blüten hervorsprießen. Wurzelwerk und Stamm sind Symbole und Träger der lebendigen Fülle schöpferischer Kräfte. Aus ihnen wächst die ›Krone‹ hervor, bis schließlich die Folgen und Erfolge lebendigen Wachstums und Wirkens in den Früchten sichtbar werden . . .

Biodynamisches Denken ist, so gesehen, ein den Kraftgesetzen des Lebens gemäßes zielhaftes produktives Denken und Realisieren, das in Gestalt positiver Leistungen in Erscheinung tritt. Es befähigt den Menschen, in jeder Lage richtig zu reagieren, Probleme optimal zu lösen und ein auf höchste Ziele gerichtetes sinnerfülltes und ertragreiches Leben zu führen. Wo immer ein Mensch biodynamisch denkt, offenbart sich in allem, was er tut, Plan, Ordnung und Glückskraft – und dahinter der Schwung nach vorn und der Zug nach oben. Hinter der ›glücklichen Hand‹ ist hier der Geist organisierend, harmonisierend und vervollkommnend am Werk. Bei solcher Dynamisierung von innen her sind nicht nur alle Kräfte des Bewußtseins maximal eingeschaltet, sondern zugleich werden bisher latente Talente des Unterbewußtseins und im weiteren des Überbewußtseins angesprochen und aktiviert.

Das ist gerade heute wichtig – nicht nur im Blick auf den Kraftgewinn, sondern auch auf die Harmonisierung des Menschen und seines Lebens von innen her. Denn je mehr sich alle Wissenschaften und Arbeitsbereiche spezialisieren und voneinander entfernen, desto notwendiger wird die Synthese, die Zusammenschau und Zusammenfassung, die nur den biodynamisch denkenden Menschen möglich ist, denen darum von selbst die Aufgabe der Führung zuwächst. Zu ihrer Ausbildung beizutragen, ist der Sinn dieser Darlegungen.

Vielgleisig denken

Die meisten Menschen denken *eingleisig:* in immer gleichen Bahnen, nach oft zeitlebens unveränderten Denkschablonen. Schon wer *zwei*gleisig denkt – etwa, wenn er bei Diskussionen die Dinge auch mit den Augen des anderen sieht, dessen Argumente vorwegnimmt und die *Synthese* zweier Meinungen aufzeigt –, ist im Vorteil. Wer *drei*gleisig denkt, entdeckt entsprechend mehr Chancen. Wer sich gar durch Übung an *viel*gleisiges Denken gewöhnt, die verschiedensten Möglichkeiten gleichzeitig zu Ende denkt, mehrere Wege im Geiste verfolgt und den bestmöglichen wählt, erhöht seine Überlegenheit um das Vielfache.

Vielgleisig denken heißt geistig so viele Bewegungen gleichzeitig ausführen wie die Erde, die um ihre Achse rotiert, zugleich um die Sonne kreist, sich mit der Sonne um das Zentrum der Milchstraße und mit dieser durch das Universum bewegt. Es ist zugleich ein *mehrdimensionales Denken* entsprechend der Vieldimensionalität der Denkwelten und der Wirklichkeit, wie es etwa beim plastischen 3-D-Bilddenken oder ›geistigen Bauen‹ geschieht.

Vielgleisiges Denken entspricht der Arbeitsweise moderner Sondermaschinen, bei denen durch den gleichzeitigen Einsatz einer größeren Zahl von Arbeitsspindeln viele Werkzeuge zahlreiche Arbeitsvorgänge an verschiedenen Teilen eines Werkstücks zugleich ausführen und so den Arbeitsprozeß konzentrieren und verkürzen. In ähnlicher Weise lassen sich geistige, organisatorische, schöpferische Arbeiten, die sonst *nach*einander ausgeführt werden, *mit*einander kombinieren und gleichzeitig vollziehen. Dabei werden alle denkbaren Möglichkeiten berücksichtigt und ausgeschöpft, die zur Klärung und Lösung eines Problems zu führen vermögen.

Voraussetzung dafür ist die Meisterung der Fähigkeit biodynamischen Denkens. Das bedeutet, wie im weiteren dargetan wird, planvolle Weckung und Indienststellung des Unterbewußtseins, Schaffung positiver psychischer Automatismen und geistiger Dynamismen, Erziehung zu schöpferischem Planen und Organisieren, weiter Erhöhung der Leistungskraft des Gehirns, Schulung der

Gedächtniskraft und der Phantasie, Wachwerden für positive Einfälle und Intuitionen des Überbewußtseins — insgesamt also: zielbewußte Erhöhung des Intelligenzgrades.

Wenn Wachbewußtsein, Unter- und Überbewußtsein zusammenwirken und das Ganze von der Inneren Führung, dem ›Ingenieur in uns‹, dem Selbst, überwacht und geleitet wird, entfaltet der Mensch jenes vielgleisige Denken, das die der jeweiligen Zielerreichung dienenden Talente aktiviert. Es ist ein *synthetisches,* d. h. das Wesentliche intuitiv erfassendes und zu einem neuen Ganzen zusammenfassendes schöpferisches Denken, das bis in die Region des Genialen hinaufreichen kann.

Wer solchermaßen vielgleisig zu denken lernt, entfaltet aus sich jenen neuen Menschen, der immer bewußter mit den höheren Seelenkräften zusammenwirkt, zur Partnerschaft mit der inneren Führung gelangt, für ihre Intuitionen, für Einsichten in tiefere Zusammenhänge wach und aufgeschlossen ist und oft zu den ›Müttern‹ heimkehrt — in das Reich des Genialen, aus dem alle großen Geister und Meister der Menschheit schöpften.

Zugänge zu diesem Reich sind: Entspannung und schöpferische Pause, Meditation und Kontemplation, die über die Stadien der Nach-innen-Wendung und Selbstbesinnung zu fortschreitender Selbstverwirklichung führen. Hier beginnt der Mensch, statt aus den Sinnen aus dem Geiste zu leben und alle Kräfte von Leib, Seele und Geist, Verstand, Vernunft und Intuition zur Erzielung maximaler produktiver Leistungen zu koordinieren.

Der geniale Anthropologe Teilhard de *Chardin* (1881—1955) sah im Blick auf diese Möglichkeiten, daß der Mensch nicht am Ende seiner Entwicklung steht, sondern zur höheren Ebene des Überbewußten aufzusteigen beginnt: er ist dabei, neue schöpferische Energien und Fähigkeiten aus sich zu entfalten, die zu Hoffnungen von kosmischen Ausmaßen berechtigen.

Die Tatsache, daß *jeder Mensch* Zugang zu diesen inneren Quellgründen schöpferischer Vermögen hat und mit ihrer Hilfe seine Fähigkeit vielgleisigen Denkens und Leistens zu erweitern vermag, sollte jeden veranlassen, sich der Erschließung dieser Möglichkeiten zu widmen.

Dynamische Lebenshaltung

Das Universum ist kein toter Mechanismus, sondern ein wunderbar geordneter und geleiteter Dynamismus, wie u. a. die Tatsache zeigt, daß es sich, einer wachsenden Kugel gleich, in ständiger Ausdehnung befindet, die in den fernsten Fernen des Alls fast Lichtgeschwindigkeit annimmt.

Ebenso ist der *Mensch,* als Kind des Kosmos, ein immerfort wachsender und viel lebenstüchtiger, als er ahnt: nicht nur sein Lebensgefühl, auch der Wirkungsbereich seines Wesenskraftfeldes erweitert sich ständig. Er ist auf Mehrsein, auf Größer- und Vollkommenerwerden angelegt, auf allseitigen Ausbau seiner Kräfte und Fähigkeiten und seines Reichtums. Wie alles Lebendige strebt er im unablässigen Kreislauf des Werdens und Vergehens, Wachsens und Reifens nach fortschreitender Selbstverwirklichung, wie es *Goethe* als Sinn des Lebens erkannte: »Ich habe nichts angelegentlicheres zu tun als das, was an mir ist, ständig zu steigern.«

Um diese unsere Lebensaufgabe zu erfüllen, gilt es, nie stillzustehen, sondern immer in Fluß zu bleiben, also *dynamisch* zu leben und alles, was an uns herantritt, als Wecker neuer Kräfte und Fähigkeiten willkommen zu heißen und bewußt positiv auszuwerten.

Die Zahl der schöpferischen Ideen, für die wir Menschen wach geworden sind, hat sich ständig vergrößert und wächst heute rascher denn je. Das erfordert erhöhte innere Wachheit und positive Reaktionsbereitschaft gegenüber allem Neuen und jeder Wandlung im äußeren wie im geistigen Leben.

Unser Denkvermögen ist uns gegeben, damit wir jede Erfahrung in Wissen umwandeln, vom Wissen zur Weisheit weiterschreiten und durch Weisheit zur Lebensmeisterung und Sinnerfüllung unseres Daseins gelangen. Dies um so mehr, *weil dynamisches Denken das Leben verlängert.* Geistesarbeiter weisen gegenüber anderen Berufen durchweg geringere Sterblichkeit und höhere Lebenserwartung auf, weil erhöhte Gehirntätigkeit lebensteigernd und -erhaltend wirkt und vor dem sogenannten ›Pensionierungstod‹ (infolge Stillegung der geistigen Aktivität) nach dem 65. Lebensjahr bewahrt.

Im Gegensatz zu den Tieren, deren Lernfähigkeit in der zweiten Lebenshälfte zurückgeht, kann der Mensch während seiner ganzen Lebensdauer ständig zulernen und geistig wachsen, wenn er sein Gehirn nicht vorzeitig in den Ruhestand versetzt und dann natürlich erst geistig und dann körperlich abstirbt und vom Leben aus dem Verkehr gezogen wird.

Das ist mit *dynamischer Lebenshaltung* gemeint: nie auf Erreichtem stehen bleiben, erstarren und versteinern, sondern lebendig, aktiv, dynamisch bleiben, jede Wandlung freudig als Stufe zu reicherem Leben willkommen heißen. Dann wird das Denken aus einer Unbequemlichkeit zu einem Vergnügen, das beglückt und bereichert. Wir lernen Erfahrungen und Lebensweisheiten sammeln, wie andere Briefmarken, und das, was anderen lästig und leidig erscheint, unserem Fortschritt und Glück dienstbar zu machen. Wir holen das Höchstmögliche aus uns heraus, mobilisieren laufend neue Kräfte und Begabungen und nehmen unsere Entwicklung immer bewußter selbst in die Hand.

Was früher Jahrhunderte zu seiner Entfaltung brauchte, vollzieht sich heute in Jahren oder Jahrzehnten, weil wir geistig immer schneller wachsen. Was die Ängstlichen als ›Umwertung aller Werte‹ fürchten, dient dem, der seines Wachstums bewußt ist, als Entwicklungsreiz und als Mittel zur Schaffung neuer Werte, zur Erlangung des jeweils höchstmöglichen Verwirklichungsvermögens seines Wesenskraftfeldes – im Sinne Albert Schweitzers: »Es ist eine unumstößliche Wahrheit, daß alles, was in der Welt geschieht, auf geistiger Kraft beruht. Ist dieses Geistige stark, schafft es Weltgeschichte; ist es schwach, erleidet es sie.«

Je mehr wir uns zutrauen, je bewußter wir die Anforderungen, die wir an uns stellen, erhöhen und uns an die Überwindung größerer Schwierigkeiten machen, desto rascher wachsen unsere Kräfte und desto spürbarer entfalten sich unsere schlummernden Begabungen. So werden wir selbst zum besten Förderer unseres inneren und äußeren Fortschritts und Aufstiegs.

Mehr Mut zu Dir selbst!

»Die meisten Leute sind andere Leute«, sagt Emerson: sie leben nicht aus *sich selbst*, sondern richten ihr Denken und Fühlen, Verhalten und Handeln unbewußt nach *anderen* — und entfernen sich damit im gleichen Maße von sich selbst, von den Quellen ihrer eigenen Kraft, von den Schatzkammern ihrer ureigenen Begabungen und Glücksmöglichkeiten.

Der sicherste Weg ist der *eigene Weg*. Ein Könner, ein Talent, ein Lebensmeister, ein Genie ist immer ein Mensch, der zu sich selbst fand und den Mut hat, er selbst zu sein, sich nicht von außen her bestimmen zu lassen, sondern sich und sein Leben von innen her selbst zu bestimmen. Die Lebenserfahrung lehrt, daß die Menschen, die in sich selber ruhen und sich Großes zutrauen, dieselben sind, die es auch vollbringen.

Sich etwas *nicht* zutrauen heißt, sich die Erreichung verunmöglichen. Mit jeder Verneinung unserer Fähigkeiten und Aussichten schließen wir uns selbst von der besseren Zukunft aus, die dann vergeblich auf uns wartet und ihre Schätze anderen, Mutigeren darreicht.

Viele haben das Vertrauen zu sich selbst verloren, weil sie einmal versagten, obwohl das nichts bedeutet, wie *Einstein* bewies, der in der Schule bei der Mathematikprüfung durchfiel — und trotzdem seinen Weg machte. *Ein* Versager ist kein Grund, sich nun *allen* Erfolg zu versagen, sondern nur Ansporn, *noch* mutiger weiterzuschreiten, um den Tiefpunkt zu überwinden.

So manche leiden an Selbstunterschätzung — zumeist als Folge der bisher weithin negativen Erziehung in Schule und Elternhaus, die, statt mit Ermutigungen, Anerkennungen und anderen positiven Entfaltungsimpulsen zu arbeiten, in den Kinderseelen durch Ermahnungen, Verbote und Herabsetzungen sich regender Fähigkeiten Unwertgefühle züchtete, die oft lebenslänglich weiterwirken . . .

Manchem erging es wie *Edison*, der (wegen seiner Schwerhörigkeit) als ›beschränkt und unbegabt‹ bewertet wurde, von seiner Mutter aus der Schule genommen werden mußte — und desungeachtet einer der größten Erfinder der Neuzeit wurde. Wie in ihm Talente schlummerten, die erst später zum Vorschein kamen, so in jedem, der bisher von der Umwelt unterschätzt wurde: er muß nur Mut fassen, *Mut zu sich selbst*, muß sich selbst und sein Können beharrlich bejahen; dann wächst seine Kraft, Schwierigkeiten in Erfolgsstufen umzuwandeln. Denn alles im Leben wird in seiner Auswirkung von der Einstellung dazu bestimmt.

Natürlich ist *Selbstüberhebung* ebenso falsch wie ängstliches Selbstbelauern. Im Gegensatz zu diesen beiden Extremen führt *rechte Selbstermutigung* zu positiver Selbst- und Kraftbesinnung im Blick auf den Reichtum der noch zu entfaltenden Kräfte und Talente und auf die Tatsache, daß das ganze Leben nicht ausreicht, um alle vorhandenen Fähigkeiten voll zu aktivieren und zu nützen.

Mehr Mut zu Dir selbst! heißt: Blicke nicht länger auf Mängel und Schwächen, Fehler und Unzulänglichkeiten, sondern auf Deine positiven Kräfte und Fähigkeiten, Vorzüge und Möglichkeiten, und erhöhe ihre Macht durch *Bejahung*. Dann schwinden die Nachteile im gleichen Maße, wie die Vorzüge hervortreten und zunehmen.

»Ich kann nicht!« ist nämlich keine Tatsachenfeststellung, sondern nur eine das eigene Können blockierende negative Autosuggestion. Statt also zu denken: »Das wage ich nicht; ich fürchte, es könnte mißlingen«, bejahe mutig: »Ich werde es versuchen! Ich glaube, ich kann es!« – Insbesondere vor jeder Entscheidung gilt es, uns bewußt zu ermutigen, wie es *Selchow* anrät: »Du glaubst nicht, was ein Mensch vermag mit heißem Blut, mit harten Händen! Er kann durch einen starken Schlag, er kann an einem starken Tag, hat er nur *Mut*, das Schicksal wenden.«

Die meisten Grenzen, die wir sehen, sind von der Angst gesetzt und werden durch den Mut hinausgerückt oder übersprungen. Denn jeder ist seinen Anlagen und Kräften nach ein Eigener und Einmaliger und viel tüchtiger, als er weiß. Statt sich selber und seinem Schicksal auszuweichen, gilt es darum für jeden, mutig er selbst zu sein und sein Schicksal liebend zu bejahen. Die Bejahung ist der Schlüssel zur Meisterung.

Das reichere Leben wartet auf Dich

Sie haben eine bestimmte Meinung von sich selbst. Ihre oberste Leistungsgrenze mag, von Ihnen aus gesehen, etwas höher liegen als der bisher von Ihnen erreichte Standard, aber nicht viel. Denn wenn er wesentlich höher läge, müßte sich Ihr Aufstieg ja rascher vollziehen ...

Da wir uns noch im Vorfeld der Talente-Besinnung und Selbstverwirklichung befinden, lassen Sie sich einstweilen gesagt sein, daß Ihre Meinung von sich selbst zu gering ist und noch verkennt, was Sie *wirklich*, Ihren reichen Anlagen und Kräften nach, aus sich machen können!

Fangen Sie an, sich selbst besser kennenzulernen und sich bewußt *immer höher einzuschätzen*. Blicken Sie dabei nicht auf das Finanzamt, sondern auf den Geist des Lebens, der will, daß Sie von Ihrem inneren Reichtum einen immer vollkommeneren Gebrauch machen und aus der Fülle zu leben lernen, statt, wie bisher, Ihr Dasein von den Zinsen Ihres Kräftekapitals zu fristen.

Lernen Sie, von Ihren Wünschen und *Neigungen* auf Ihre *Eignungen* und Talente zu schließen, und entfalten Sie Ihren Mut zum Wagnis, zum Neuen, das täglich an Sie herantritt, um die darin verborgenen Möglichkeiten des Fortschritts zu erkennen und zu nützen. Machen Sie sich bewußt frei vom Trägheitsgesetz der Materie wie vom geistigen Beharrungsstreben aus Selbstzufriedenheit; denn erst im mutigen Vorwärtsstreben kommen mit den neuen Aufgaben auch die entsprechenden *Gaben* in Ihnen zum Vorschein.

Haben Sie keine Angst, Ihren bisherigen Wirkungsbereich und Lebenskreis zu wechseln, sondern gewöhnen Sie sich, sich ständig neu einzuschätzen und höher einzustufen — und mit der Zuversicht des Siegers höhere Ziele und Stellungen anzusteuern im Gewißsein, daß das größere Leben auf Sie wartet.

Erkennen und bejahen Sie, was alle Erfolgreichen seit je erfuhren: »Keiner ist schon, was er sein könnte und seinen Anlagen nach zu werden bestimmt ist. *Auch ich* bin größer, als ich weiß. Ich bin begabter, als ich ahnte. Neue Kräfte und Talente warten darauf, von mir entfaltet und meinem Aufstieg zu den Höhen des Lebens dienstbar gemacht zu werden! Mit dem Mut zu mir selbst wächst das Vertrauen in die eigene Kraft, und mit der Kraft kommt das Können!«

Was ein Dichter, Rainer Maria *Rilke*, dem Sinne nach klarstellte, gilt für jeden: Wenn Dein bisheriges Leben Dir unzureichend erscheint, klage weder das Schicksal noch Dich selbst an, sondern besinne Dich, daß Du bisher noch kein vollendeter ›Dichter‹ warst, der den Reichtum des Lebens zu individuellem Glück zu ›verdichten‹ verstand. Besinne Dich auf Deine Kraft und steigere Dein Konzentrations- und Verwirklichungsvermögen! Erwarte Überragendes von Dir und bejahe, daß Deine Aufstiegsmöglichkeiten mit den technischen, wirtschaftlichen und geistigen Fortschritten der Menschheit wachsen.

Jeder kann sich ein unendlich reicheres Leben aufbauen, als er es bisher gewohnt war oder für möglich hielt. Es liegt allein bei ihm, wieviel er aus sich herausholt und macht, wie weit er sich vom Alltagskampf ums Dasein befreit und in seine wirkliche Lebensaufgabe und Berufung hineinwächst, wie weit er sich selbst verwirklicht und zum bewußten Schöpfer und Meister seines Lebens wird.

Was dazu im weiteren an Möglichkeiten und Mitteln aufgezeigt wird, sind weder Hoffnungen noch Utopien, sondern als hilfreich bewährte Erfahrungen und Verfahren, Lebensregeln und dynamische Methoden, die die Selbstentfaltung und Kräftemehrung erleichtern. Schon daß Sie diese Anleitungen lesen, zeigt, daß für Sie die Zeit gekommen ist, Ihre schlummernden Talente zu wecken. Welche Wünsche, Sehnsüchte und Neigungen Sie auch hegen — sie sind Hinweise auf entsprechende Eignungen und schöpferische Kräfte, die auf ihren Einsatz warten, um Ihnen neue Wege zur Fülle des Lebens zu erschließen.

Erkenne Dich selbst!

Warum ist der Mensch sich selber weithin unbekannt?

Vor allem, weil er sein *Ich* für das Zentrum seines Erlebens und

Erkennens hält, alle Erfahrungen auf sein Ich bezieht, während in Wirklichkeit das Erkennen weniger an der Oberfläche des Ich, sondern weit mehr an der ›Unterfläche‹ des *Es* und hauptsächlich im zentralen *Selbst* stattfindet, für das Ich und Es nur Mittel und Werkzeug sind.

Die Verwechslung des Ich mit dem Selbst ist Folge unzureichender Selbst- und Wirklichkeits-Erkenntnis: weil wir gewohnheitsmäßig *nach außen* sehen und überwiegend nur das wahrnehmen, was im Blickfeld des ›Wachbewußtseins‹ vor sich geht, sind die tieferliegenden Bewußtseinsschichten uns zumeist unbewußt.

Würden wir mehr *nach innen* blicken, dann würden wir gewahr werden, wie sehr der Mensch einem schwimmenden Eisberg gleicht, von dem über dem Meeresspiegel nur ein kleiner Teil sichtbar ist. So ist der unter der Bewußtseinsschwelle liegende größere Teil des Menschenwesens unsichtbar und weithin unbekannt. Infolgedessen lebt der Mensch vorwiegend aus den Kräften des Ich – unter kaum bemerkter Mitwirkung des Es und ohne Kenntnis der kybernetischen (steuernden) Leitung vom Selbst her.

Die Kräfte der tieferen Wesensschichten, die sich als Inspirationen (Einfälle) und Intuitionen (Innewerdungen), als rettende Impulse oder Weisungen von innen äußern, als jähe Erleuchtungen und Bewußtseinsweitungen, bleiben ihm verborgen, weil er nach innen unaufgeschlossen und wenig empfangsbereit ist. Erst bei bewußter Einwärtswendung entdeckt er, daß jede seiner tieferen Wesensschichten ein Quellgrund latenter Talente und genialer Kräfte ist, die erkannt und bewußt in den Dienst der Höherentwicklung gestellt werden wollen.

Wir werden im weiteren sehen, daß schon die Aktivierung der Fähigkeiten des Unterbewußtseins zu einer Leistungsverdoppelung führt. Die Mithilfe des *Es* – die mehr zufällig erfahren wird, wenn wir sagen: ›Es fiel mir ein, es ging mir auf, es leuchtet mir ein‹ –, kann bewußt herbeigeführt und zu einem entscheidenden Faktor unserer schöpferischen Arbeit erhoben werden. Und das ist erst der Anfang dessen, wozu wir fähig werden, wenn wir die *Dynamik des ›inneren Menschen‹* bis hinein in den zentralen Bereich des *Selbst* schrittweise entfesseln.

Der Psychodynamiker richtet den Blick nicht nur auf die physischen, sondern auch auf die geistigen Faktoren in der Evolution des Lebendigen wie im Weltgeschehen. Ihm genügt es nicht, zu wissen, daß sich alle Materie und alles Lebendige dem mikrokosmischen Einblick als ein Gewirr von scheinbar unabhängig voneinander schwingenden und schwirrenden Elektronenwolken erweist und letztlich in Energiewirbel und Kleinstkraftfelder auflöst. Er sucht, tiefer forschend, die sie bewegenden Impulse und lenkenden Mächte. Und er erkennt, daß letztlich alle Dinge und Bedingungen vom *Geiste* ausgehen, wobei jedes Wesen einem bestimmten Vollendungsdrang folgt, einer inneren Führung.

Er spürt, daß hinter den Myriaden aktiven Kraftfeldern, die das unzerstörbare Geistgerüst der Wesen und Dinge bilden, Kraftfelder höherer Ordnung am Werke sind — in einer offenbar hierarchischen Gliederung, die bis hinauf zu einem ›kosmischen Kybernetes‹, einem steuernden Allgeist, führt, den religiöse Menschen Gott, Brahman, Allah, Tao nennen und mit hundert anderen Namen bezeichnen.

Wir sind unserem innersten Wesen nach *Geist* und Kinder des Allgeistes. Wir müssen nur, wie *Mulford* sagt, diese Wahrheit täglich in unserem Gemüt bewegen und bejahen, »daß wir von der Kraft des Allgeistes jeden Tag mehr besitzen als am Tage zuvor; wir müssen uns immer aufs neue daran erinnern, daß jeder Mensch ein Reich ist, das an Kraft und Macht unaufhörlich zunimmt.«

Der vollkommene Mensch in Dir

In jedem noch so unvollkommenen Menschen steckt als entfaltbare Anlage der vollkommenere Mensch. Dieser Erkenntnis gab als erster der amerikanische Lebensphilosoph Ralph Waldo *Emerson* (1803—1882) Ausdruck: er sah den Evolutionsweg der Menschheit von einem geist-energetischen Standpunkt aus und wertete den Menschen von heute als Keim eines unendlich vervollkommnungsfähigen Geistmenschen.

Was er seherisch erkannte, hat sein Schüler, der Physiologe und Psychologe William *James* (1840–1910), auf Grund exakter Untersuchungen bestätigt: der Mensch von heute hat bestenfalls ein Zehntel seiner Gehirnkapazität, seiner geistigen Fähigkeiten und schöpferischen Kräfte aktiviert.

Dazu bedarf es, wie ein führender Biologe unserer Tage, der 1897 geborene Basler Professor Adolf *Portmann,* in Wort und Schrift klarstellt, keiner Eingriffe in das biologische Geschehen von *außen* her, keiner künstlichen Methoden der Menschenzucht, sondern nur einer bewußten Aktivierung der geistigen Faktoren von *innen* her, durch Schulung und Übung. Portmann bestätigt die zentrale These der modernen Psychodynamik vom *Vorrang des Geistes,* wenn er uns vor die Aufgabe gestellt sieht, »nach Reichtümern zu suchen, die verborgen schon da sind, nach Schätzen, die ungehoben als Schöpfungen des Geistes schon jetzt erahnt werden ... Dazu braucht es freilich mehr als die ausschließliche Steigerung der Verstandesarbeit ... Es braucht die umfassende Pflege des Gefühls, des Gemüts, des Herzens. Da sind vor uns Wege der Vervollkommnung, für deren Aktivierung wir keine Drogen fordern müssen, sondern die *in uns* darauf warten, begangen zu werden.«

Portmann fährt (in einem Beitrag »Hoffnung auf die Vervollkommnung des Menschen in der Sicht der heutigen Naturforschung«, Universitas '63, 921) wörtlich fort: »Wenn wir auf die reine Stimme des Herzens hören lernen, dann wird das Wartende zur Blüte kommen, und was dabei an menschlichem Verstehen und in wissender Liebe heranreift, wird vielleicht der kommenden Generation den rechten Gebrauch der vielen Mittel zeigen, welche der forschende Verstand uns in steigendem Maße anbieten wird. *Vervollkommnung erscheint mir nicht so sehr ein Ziel der Zukunft, sondern eine Aufgabe, die jetzt und hier jedem gestellt ist und für deren Erfüllung vieles in uns bereit liegt.«*

Das ist genau das, was die *Psychodynamik* lehrt und demonstriert, die über die meditative Selbstbesinnung und andere Wege zum geistigen Kern des Menschenwesens vorstößt: zum steuernden *Selbst* als dem Quell jener schöpferischen Begabungen, die schrittweise aktiv werden, wenn der Mensch lernt, immer bewußter aus dem Geiste zu leben. –

Vom Ich her gesehen, erscheinen wir Menschen als ›staubgeborene Erdenwürmer‹, die aus dem Nichtsein emportauchen, in einem kurzen Dasein voller Wandlungen über die Erde wallen, um am Ende ins Nichtbewußtsein zurückzusinken und wieder zu Erde zu werden …

Vom *Selbst* her gesehen, sind wir Sichtgebilde unsichtbarer und unzerstörbarer Lebenskraftfelder, unvergängliche Geistwesen, irdische Gastschüler kosmischer Herkunft, individuelle Funken des Göttlichen und Träger aller Schöpferkräfte des Ewigen. –

Vom *Ich* aus gesehen, haben sich Körper und Organe der Lebewesen, insbesondere des Menschen, bis zum Großhirn aus Gründen der Zweckmäßigkeit im Laufe der Jahrmillionen herangebildet, durch Selektion (Auslese) und tausend Mutationen (Änderungen der erbtragenden Faktoren) bis zum heutigen Stand entwickelt …

Vom *Selbst* her gesehen, ist es der *Geist*, der hinter dieser Evolution steht, der sich in der Erdenschule, einem inneren Werdeplan folgend, allmählich immer geeignetere Körper und Organe schafft, die er zur Meisterung seiner Erdenaufgaben, seiner fortschreitenden Höherentwicklung und Selbstverwirklichung braucht und in ständigem Probieren vervollkommnet.

Je tiefer wir blicken, desto deutlicher werden hinter der mechanischen Kausalität im leib-seelischen Organismus *dynamische* Wirk- und Bildekräfte sichtbar – und hinter diesen die steuernde Macht des *Selbst*, wie im weiteren dargetan wird.

… Reicher, als Du denkst

Wie der Mensch mehr ist als die Summe seiner Teile, so ist sein Können größer als die Summe seiner zutageliegenden Fähigkeiten. Wir sind alle viel vermögender und entwicklungsfähiger, als uns bewußt ist. Bisher bedienten wir uns zumeist nur der Kräfte des *Ich*, des äußeren Menschen, während die mannigfachen

Gaben des inneren Menschen, des *Selbst*, brachlagen. Demgemäß wurden auch die Schaltmöglichkeiten des Gehirns, des Werkzeugs des Geistes, bislang unzulänglich genutzt.

Unsere ›wach‹bewußten Fähigkeiten sind nur bescheidene Ausstrahlungen unserer umfassenderen geistigen Gaben, die ihren Sitz im Unter- und Überbewußtsein haben und genau so entfaltbar sind wie die des Wachbewußtseins, wie sich zeigt, wenn beide zu dynamischer Partnerschaft gelangen. –

Sie sind mit sich und Ihrem Leben unzufrieden? – Das ist gut, wenn Sie diese Unzufriedenheit als Ausdruck des Gefühls, *mehr* leisten und erreichen zu können, werten und sich von diesem inneren Druck und Drang zu erhöhter Wachheit und Einsicht, Aktivität und Produktivität anspornen lassen. Ihre Unzufriedenheit zeigt an, daß latente Kräfte sich entfalten, Sie vorwärts tragen und höher führen wollen. Sie müssen nur vom Unzufriedensein auf dynamisches Handeln umschalten. Dann werden Sie bald erfahren, daß nichts wandlungsfähiger ist als der Mensch, weil er erst ein Anfang ist und eine Keimstatt ungeahnter Möglichkeiten.

In Not- und Kriegszeiten haben manche Menschen Fähigkeiten in sich entdeckt, von denen sie bis dahin nichts ahnten. Warum aber warten, bis gewisse Umstände, Krisen und Gefahren, schlummernde Kräfte auf den Plan rufen? Warum nicht aus eigenem Antrieb unter *allen* Umständen die inneren Kräfte aktivieren und selbstvertrauend einen höheren Gang einschalten?

Das intellektuelle, mentale und geistige Potential des Menschen ist weit größer, als Hirnforschung und Tiefenpsychologie bisher erkannt haben. Die *Psychodynamik* lehrt mit Recht, daß selbst ein Genie zumeist nur einen Sektor, einen Teil seiner Möglichkeiten ausschöpft. Gleiches gilt von den Großen und Erfolgreichen aller Zeiten.

Wie der Fahrschüler im Fahren an *Erfahrung* zunimmt, so wächst unsere Lebenserfahrung und Erfolgskraft durch Selbstbesinnung, Experiment und Übung, da dabei das biodynamische Denken mit kraftbewußtem initiativem Handeln einhergeht: wir entdecken unsere eigenen unverwechselbaren, einmaligen Strebungen, Kräfte und Begabungen, durch die wir uns infolge ihrer einzigartigen Kombination und Zielrichtung von jedem anderen Menschen unterscheiden.

Wie jeder neue synthetische Werkstoff den Beginn einer neuen Industrie bedeuten und unzähligen Menschen neue Arbeitsmöglichkeiten eröffnen kann, so kann jede neue Begabung, die wir in uns entdecken und bewußt aktivieren, uns neue Lösungen, neue Berufe, neue Aufstiegsmöglichkeiten erschließen.

Zudem erweist sich das Menschenleben mitsamt allem Erfreulichen und Widrigen als auf unser inneres und äußeres Wachstum, Größer-, Stärker- und Reicherwerden angelegt – um so deutlicher, je williger wir uns diesem mehr oder minder stark empfundenen Drang nach vorn und Zug nach oben offenhalten und anpassen und uns an schöpferische Eigentätigkeit gewöhnen. Wir schalten uns im gleichen Maße immer aktiver und dynamischer in den Gang der Dinge ein, so daß selbst Fehler und Mängel zu Stufen werden, über die wir nicht mehr stolpern, sondern aufsteigen.

Wir werden im weiteren sehen, daß wir allen Grund haben, uns mit dem Geist des Optimismus zu erfüllen und Goethes Leitspruch zu folgen: »Wenn der Mensch mehr leisten soll, als man von ihm verlangt, muß er sich für mehr halten, als er ist«, muß er sich immer größeres zutrauen und dabei Senecas Weisheit folgen, daß alles, was man als leicht bejaht, leichter wird. Solche sieghaft-optimistische Selbstbejahung ist Fundament und Voraussetzung aller geistigen Selbsthilfe.

Aufs Wachsein kommt es an

Um zu erkennen, daß wir begabter und lebenstüchtiger sind, als wir bislang ahnten, müssen wir lernen, *wacher* durchs Leben zu schreiten. – Die meisten halten sich zwar, tagsüber, für wach; aber in Wirklichkeit gehen sie träumend, in einer Art Halbschlaf, durchs Dasein, mit Scheuklappen, Voreingenommenheiten und Meinungsgebundenheiten, so daß sie, was sie wahrnehmen, teils halb, teils unzulänglich sehen.

Wachsein heißt *bei sich sein.* Die meisten sind, auch wenn sie es nicht spüren, mehr außer sich als bei sich. Darum wirken sie oft abwesend, zerstreut, unsicher oder haltlos. Sie müssen lernen, mehr bei sich und ganz sie selbst zu sein. Erst dann sind sie auch bei dem, was sie erleben und tun, voll und bewußt anwesend und wissen, was es heißt, dynamisch zu leben. Und erst dann *dient* ihnen das, was sie sonst im Alltag anstoßen und untergehen läßt.

Wach sein heißt für alles *aufgeschlossen*, interessiert, teilnahmebereit sein — vor allem für das Nächste: den *Nächsten*, seine Gedanken, Sorgen und Wünsche. Denn je mehr Anteilnahme, desto mehr Teilhabe am verborgenen Reichtum des Lebens.

Wach sein heißt weiter: in der *Gegenwart* leben. Das tun, wie *Swift* sagt, nur einzelne. »Die meisten bereiten sich vor, demnächst zu leben« — und leben damit am Glück vorbei, das nur im *Jetzt* ergriffen werden kann. Das meint die Forderung der *Geistesgegenwart*, die bewußtes Zugegensein, aktives Dabeisein unseres Geistes ist bei allem, was wir erfahren und tun. Wer mit Geist und Gemüt, Hirn und Händen *jetzt* lebt, der erfährt, daß die Gegenwart »immer freundlich und hilfsbereit ist gegen den, der sie mit heiterem Mut behandelt.«

Wach sein bedeutet, daß wir jeden Augenblick nützen, um biodynamisch zu denken und produktiv zu handeln. Das tun wir nicht, solange wir bloß *Aufnehmende* und von der Umwelt Bewegte sind, beim Lesen, Radiohören und Fernsehen wie beim Zusammensein mit anderen geistigen Leerlauf betreiben, indem wir anderen nachbeten, uns von ihnen treiben lassen, sondern erst, wenn wir *selbst in Bewegung bleiben*, bewußt aufnehmen, selbst denken und entscheiden und positiv handelnd und zielhaft steuernd teilnehmen, d. h. unseren Teil an der Verantwortung sieggewiß auf uns nehmen.

Das bedeutet, daß wir nichts unbesehen annehmen, sondern bei allem das Woher, Wozu und Wohin bedenken, immer nach dem Besseren Ausschau halten, auch scheinbar Selbstverständliches auf seine Richtigkeit prüfen und die dann sichtbar werdenden Möglichkeiten mutig ergreifen. Wenn einer sagt, 4 minus 1 sei allemal 3, können wir zu bedenken geben, daß ›allemal‹ wie jede

Verallgemeinerung nicht ganz zutreffend sei. Denn wenn man von einem 4eckigen Blatt Papier 1 Ecke wegschneidet, bleiben nicht drei Ecken übrig, sondern 5. Hier ist 4 — 1 = 5. Es kommt immer darauf an, *was* addiert, abgezogen, geteilt oder multipliziert wird, wie auch sonst zu prüfen ist, ob eine Aussage für alle oder nur für einen bestimmten Fall zutrifft. Es kommt aufs *Wachsein* an.

Wachsein heißt *stark sein.* Das Wort ›wach‹ ist urverwandt mit dem altindischen Wort ›vajas‹, das *›Kraft‹* bedeutet. Wachsein heißt somit nicht nur, daß unser Geist auf der *Wacht* und *wacker,* seiner Kraft bewußt und zu ihrem Einsatz bereit ist, und es meint auch nicht nur ›Aufgewecktsein‹ im Sinne erhöhter Wachsamkeit, Findigkeit und Tüchtigkeit, sondern es fördert und beschleunigt das innere *Wachstum* und macht den Geist ständig offener für alle Erfahrungen und Erkenntnisse, Fortschritte und Glücksfälle, die zur Vervollkommnung des eigenen Wesens wie des Lebens insgesamt verhelfen können.

Dieses Wachsein ist so wichtig, daß wir uns der Bewußtmachung seiner Bedeutung und der Förderung dynamischen Wachseins noch eingehender widmen wollen.

Was ist dynamisches Wachsein?

In der heutigen Welt und noch mehr in der kommenden Zeit werden Fortschritt und Aufstieg des Menschen vom Grade seiner inneren Wachheit und geistigen Dynamik bestimmt. Denn jeder Fortschritt ist, wie Goethe sagt, »ein Wagestück; nur durch *Wagen* kommt man entschieden vorwärts«. Zum Wagen aber muß man *wach* sein. Das gilt auch für das Wagnis des Glaubens, weshalb ein Herren-Wort uns mahnt: »*Wachet* und betet, daß ihr nicht in Anfechtung fallet.«

Als die Buchdruckerkunst aufkam, wählte ein Meister dieser Kunst als Signet des Fortschritts einen Kranich und den Spruch: »*Ich wag's!*« Heute ist das ›Ich wag's!‹ die Devise aller großen und genialen Naturen, aller — *Erwachten.* Wenn man bei diesen

Pionieren des menschlichen Fortschritts der wesentlichsten Voraussetzung ihrer Erfolge nachspürt, entdeckt man, daß es das Bewußtsein *erhöhten Wachseins* ist, das sie aus der Masse heraushebt und ihnen zuweilen das Gefühl verleiht, als befänden sich ihre Mitmenschen in verschiedenen Stadien eines dämmergleichen Halbschlafs.

In der Tat *leben* die meisten nicht eigentlich; sie *werden gelebt*, weil sie illusionsgebunden, traumumfangen, wirklichkeitsunbewußt und insoweit von der Umwelt abhängig sind. Sie sehen die Welt nicht, wie sie *ist*, sondern wie sie ihnen *erscheint*. Sie kommen nur langsam voran, weil sie nichts wagen, und sie wagen so wenig, weil sie nicht wach sind und ihre Chancen nicht erkennen.

Daß man die Augen offen hat, ist noch kein Zeichen von Wachheit. Denn der Mensch hat den Tieren die Fähigkeit voraus, mit offenen Augen zu schlafen, mit sehenden Augen oft nichts zu sehen, weshalb schon Machiavelli ›dreierlei Köpfe‹ unterschied: »1. solche, die aus eigenen Mitteln Einsicht und Kenntnis von den Dingen erlangen, 2. jene, die das Rechte erkennen, wenn andere es ihnen darlegen, 3. solche, die weder zum einen noch zum anderen fähig sind.«

Es ist eine Frage des Wachseins! Für den geistig noch Unerwachten läuft sein Dasein ab wie ein Film im Kino, nach dessen Ende er ›heimgeht‹, ohne viel hinzugelernt zu haben ... Der Erwachte hingegen ist bewußter und aktiver Mitspieler im Lebensspiel – und zugleich ein Zuschauer, der sich innerlich über den Dingen und Abläufen weiß, jenseits des Scheins.

Das ist es, was hier *dynamisches Wachsein* genannt wird: kein bloß intellektuelles Wachsein nach außen, sondern zuvor und zugleich geistiges Wachsein und Offensein nach innen, wie es den schöpferischen Naturen eigen ist. Hier sind alle Wahrnehmungen aufs höchste gesteigert, so daß nicht nur in der äußeren Welt ein größerer Reichtum entdeckt, sondern zugleich aus der inneren ein wachsender Strom schöpferischer Gedanken, Einfälle und Einsichten empfangen wird.

Wer sich an dynamisches Wachsein gewöhnt, betätigt mehr

Sinne und gewinnt aus dem Leben das Vielfache von dem, was die gedankenarm Dahinlebenden wahrnehmen. Ein Blick, ein Augenblick, bewußt erlebt, kann Tore öffnen und Ausblicke sichtbar machen, die zu ungeahnten Möglichkeiten führen.

Ein Kennzeichen dynamischen Wachseins ist jene *Munterkeit*, die zielhaft-heitere Strebsamkeit und erhöhte Lebendigkeit in einem ist. Von ihr gilt, leicht abgewandelt, was Goethe vom ›wachen Herzen‹ sagt: »Das Herz, es ist munter, es regt sich, es wacht / es lebt den lebendigsten Tag selbst bei Nacht.« Das äußert sich je nachdem als positive Wißbegier und Erwartungsfreude oder als jenes Aufgelegtsein zu besonderen Leistungen, bei dem Temperatur, Temperament und Tempo aufs höchste gesteigert erscheinen und den Menschen befähigen, zu neuen Horizonten, neuen Einsichten und Aussichten, Erfindungen und Fortschritten durchzustoßen. Daß er dabei zugleich seines *Wachstums* bewußt ist, zeigt, wie weitgehend die dynamische Wirksamkeit eines Menschen vom Grade seiner *Bewußtheit* bestimmt wird.

Der Bewußtheitsgrad entscheidet

Wachheit meint letztlich *Bewußtheit* — zum Unterschied von der Un- und Halbbewußtheit in Schlaf und Tiefschlaf, Trance und Ohnmacht.

Wer einmal die Seligkeit wirklichen Wachseins verspürt hat, weiß, daß es zahllose Bewußtheitsgrade gibt — vom staunenden Innewerden bisher unbeachteter Wesenstiefen und Schönheiten in Natur und Leben bis zu jenem Höchstgrad innerer Wachheit und Bewußtseinsweitung, der als ›Kosmisches Bewußtsein‹ umschrieben und als dynamische Teilhabe am All-Leben und an der Harmonie mit dem Unendlichen erfahren wird.

»Vigilando ascendimus!« (Durch Wachsamkeit steigen wir empor), heißt ein alter Wahlspruch, der besagt, daß schon im Alltag verschiedene *Vigilanz*-(Wachheits- und Wachsamkeits-)Grade unterschieden werden, die von der an Schläfrigkeit grenzenden Gleichgültigkeit über die geistige Frische und lebendige Anteilnahme bis zur hellwachen Ansprechbarkeit und konzentrierten Aufmerksamkeit reichen und darüber hinaus bis zur meditativen Verschmelzung mit dem Wahrnehmungsobjekt, zur Hellsicht aus Ein-Sicht.

Diese Stufenleiter erstreckt sich auch nach ›unten‹: in das Reich des ›Unbewußten‹: wir können z. B. nachts, wenn der Körper schläft und neue Kräfte sammelt, innerlich wach bleiben und an Erkenntnis wachsen, wie im weiteren gezeigt wird. Wir können, zuweilen, erleben, wie wir beim Träumen uns selber zuschauen und für Augenblicke gewahr werden, *daß* wir träumen, das heißt: während das *Ich* träumt, ist das *Es*, unser ›Anderes Ich‹, wach und beobachtet das Ich, belehrt es oder leitet es ... Vielleicht wird uns dabei sogar für einen Augenblick bewußt, daß hinter dem Es ein noch Größerer steht: das *Selbst*, das jenseits von Schlaf und Wachsein in der Region der Allbewußtheit lebt ...

Wenn uns – um noch einen Schritt weiter zu gehen – gar im Daseins-Traum, in dem wir uns tagsüber, äußerlich ›wachbewußt‹, erlebend und handelnd bewegen, in ähnlicher Weise für einen Augen-Blick jäh aufgeht, daß dieses vermeintliche *Wach*bewußtsein des Ich, von einer überbewußten inneren Warte aus gesehen, in Wirklichkeit traumverwandt ist, dann wird uns blitzartig bewußt, was Selbstsein, Wachsein und Starksein von innen her bedeutet.

In solchen Augenblicken spüren wir unser Einssein mit dem ewig wachen inneren Wächter, Führer und Helfer, unserem *Selbst*, und sehen uns in solchen Momenten höchster Bewußtheit in einer Wirklichkeit, der gegenüber unser Alltagsdasein einem Traumgespinst gleicht. Dieses Erlebnis, das weit häufiger ist, als die meisten ahnen, ist unendlich beglückend, weil unser Ichbewußtsein sich hier erstmals ins Überbewußte weitet. –

Wie nun gelangen wir zu solchen höheren Graden dynamischer Bewußtheit? Dazu gibt es erprobte Mittel und Wege. Eines ist der Schmerz, die Enttäuschung, die uns von einer Täuschung entfernen und befreien will. Andere Zugänge sind Entspannung und Innehalten, Stille und Schweigen, Meditation und Kontemplation.

Wenn wir uns, in schweigender Selbst-Besinnung, dem Sinnenlärm des Alltags entziehen, uns aus der Welt des Scheins und Anscheins zur umfassenderen Ebene des Innenseins und allbewußten Innewerdens erheben, und wenn wir dies nicht nur gelegentlich versuchen, sondern regelmäßig üben, dann erleben wir solch bewußte Nach-innen-Wendung mehr und mehr als ein inneres Erhoben- und Wach-Werden für die andere, größere, lichtere Seite der Welt. Wir gewahren dann mit hellwachen Innensinnen hinter der vordergründigen dreidimensionalen Welt der Erscheinungen die hintergründige, unendlich tiefere mehrdimensionale Welt der Ursachen und des Ursachers, des Geistes, der Wirklichkeit.

Das mag in diesem Augenblick manchem noch utopisch klingen, wird ihm aber im weiteren immer verständlicher und seinem wachsenden Bewußtsein zugänglicher werden.

Vom Einleuchten bis zur Erleuchtung

Schon der französische Philosoph und Nobel-Preisträger Henry *Bergson* (1859—1941) sprach von der *seelischen Energie.* Eine ihrer Erscheinungsformen machte der deutsche Psychiater und Physiologe Hans *Berger* mit dem von ihm entwickelten Elektroencephalographen sichtbar: die mit Schaltungsvorgängen im Gehirn einhergehenden schwachen elektrischen Ströme, die hier, verstärkt, als Kurven erscheinen, lassen erkennen, daß die Vorgänge im Gehirn weit komplizierter sind, als man bisher annahm, aber auch, daß sie nicht rein physiologisch erklärbar sind. Hinter den registrierten elektrischen Wellen und den durch sie angezeigten Bewußtseinsvorgängen sieht Berger eine ordnende Kraft am Werk: eine *psychische Energie,* die u. a. auch das Phänomen der *Telepathie,* der Übertragung von Gedanken und Informationen, erklärt. Er nimmt an, daß bei der Tätigkeit des Gehirns ›Gedankenwellen‹ entstehen, die sich ausbreiten und bei erhöhter Konzentration und Gefühlsbetontheit des ›Senders‹ von entsprechend abgestimmten Menschen als Gedankenbilder empfangen werden . . .

In seinen »Untersuchungen über die Temperatur des Gehirns«

sagt er, daß »die von der Großhirnrinde abzuleitenden elektrischen Spannungsschwankungen nicht imstande sind, sich im Raum fortzupflanzen, für die Erklärung einer Fernwirkung also nicht in Frage kommen können.« Diese Gedankenfernwirkung erfolge vielmehr durch mit den elektrophysiologischen Vorgängen im Gehirn einherlaufende *psychoenergetische Vorgänge,* deren Natur noch nicht erforscht ist. Die psychische Energie nehme gegenüber den materiellen Energien eine Sonderstellung ein. Man könne hier von einer Art ›seelischer Resonanz‹ sprechen.

Vom Grade seines *seelischen Resonanzvermögens* hängt in der Tat nicht nur die Ansprechbarkeit eines Menschen für fremde Gedankenimpulse ab, sondern auch sein Empfangsvermögen für Einfälle und Eingebungen, Inspirationen und Intuitionen aus dem Un- und Überbewußten und aus der geistigen Welt. Wir geben der Ahnung dieser tieferen Zusammenhänge Ausdruck, wenn wir solche Erfahrungen mit Worten umschreiben wie: »Es fiel mir ein — es hat gefunkt — mir ging ein Licht auf — es leuchtete mir ein.«

Wie mag es wohl aussehen, wenn es in uns ›funkt‹? Für den Hellsichtigen, für den sich die Schädeldecke gewissermaßen öffnet, entspringt, als Frucht des blitzgleich von ›oben‹ her in das Bewußtsein einstrahlenden ›Einfalls‹, aus dem Gehirn die farbige Gedankenform der neuen Idee oder Inspiration, wie es die Zeichnung grob zu versinnbildlichen sucht.

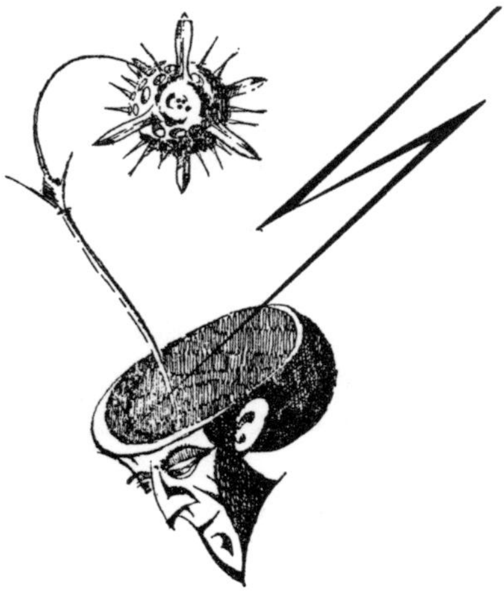

Je nach dem Grad unserer inneren Wachheit und Bewußtheit lassen sich dabei zahlreiche Stufen unterscheiden — vom bloßen ›Einfall‹ und *›Einleuchten‹* bis zur *Erleuchtung*.

Je wacher, je selbst-bewußter wir sind, desto empfänglicher werden wir für Inspirationen und desto lichter und leichter wird unser Leben. Unser innerer Sehkreis weitet sich. Die Beschränkungen, die uns bisher am Fortschreiten hinderten, werden als selbstgewirkt und überwindbar erkannt. Wir wissen und fühlen uns stärker und fähiger, statt in Verneinung und Abwehr, Widerstand und Kampf in *dynamischer Bejahung* und gelassenem Nichtwiderstehen (Lao-Tse nennt es ›Tun durch Nicht-Tun‹), also krampf- und kampflos, von Wagnis zu Wagnis, Stufe um Stufe aufzusteigen.

Zu noch höherer Wachheit, Bewußtheit und Inspirationsempfänglichkeit gelangen wir in der meditativen Selbstbesinnung, in der unser Denken schöpferisch, unser Wollen dynamisch und unser Handeln spürbar vom Genius in uns bestimmt wird. Von da her wandelt sich alles in Segen und Förderung. Uns glückt jedes Wagnis, weil uns die Wahrheit einleuchtet: Je wacher und bewußter, desto freier und stärker! Wir erkennen das zunehmende innere Wachsein als erhöhte geistige Helligkeit, die, wie wir im weiteren sehen werden, bis zur *Erleuchtung* gehen kann.

Leistungsmöglichkeiten des Gehirns

Ähnliche Wege wie Hans *Berger* gingen angelsächsische Forscher, unter ihnen der Physiologe Grey *Walter* in Bristol, der den Elektroencephalographen mit zusätzlichen Apparaturen wie dem *Toposkop* verband, einem der Gehirnstruktur nachgebildeten Gerät mit zahlreichen den Gehirnwindungen und -zentren entsprechenden Elektronenröhren.

Diese an den menschlichen Schädel angeschlossene Einrichtung ermöglicht die Messung und Sichtbarmachung der elektrischen Ströme in den verschiedenen Gehirnpartien: entsprechend den lokalen Schaltvorgängen im Gehirn erstrahlen oder verlöschen in den parallelgeschalteten Elektronenröhren Signale und Lichtstreifen, die den jeweiligen Spannungsgrad erkennbar machen und neue Einblicke in das Schaltwerk des Gehirns ermöglichen.

Durch das Gehirn werden nicht nur die Meldungen der Sinnesorgane laufend in Form elektrischer Impulse empfangen und verarbeitet, sondern auch alle Weisungen an Nerven, Muskeln und Organe des Körpers vermittelt. Alle informativen und reaktionsbestimmenden Impulse und die entsprechenden Tätigkeiten und Arbeitsleistungen des Menschen bis zu den schöpferischen Funktionen gehen mit vom ›Gehirnschreiber‹ aufgezeichneten Alpha- und Beta-Wellen sowie den von *Walter* entdeckten Delta- und Theta-Wellen einher, die zusätzliche Schlüsse auf Grad und Art der Gefühlsbetontheit und Gestimmtheit des Menschen gestatten.

Alle Reaktionen des Körpers, alle unbewußten Vorgänge im Organismus werden über die Hauptleitungen der Nerven (die selbst wiederum aus Tausenden von isolierten Nervenfasern mit einer Gesamtlänge von einer halben Million Kilometer bestehen) vom Gehirn aus nach den Steuerungsanweisungen des Geistes veranlaßt.

Was dabei im Innern der Ganglienzellen vor sich geht, wie die Impulse des Geistes von den Neuronen an die Nervenfasern weitergeleitet, in bioelektrische Schwingungen bzw. ›Erregungen‹ umgewandelt werden, ist noch unerforscht. Weithin unerforscht sind auch die Möglichkeiten, die Skala der Leistungsfähigkeiten des Gehirns (das zwar im Lauf der Entwicklung sein Gewicht verdoppelt hat, nach James aber hinsichtlich seiner Kapazität bisher kaum zu einem Zehntel genutzt wird) planmäßig zu verbreitern.

Die meisten Menschen erfahren nie, wie groß diese Möglichkeiten sind, weil sie es nie ausprobiert haben. Die wenigen, die es unbewußt oder bewußt taten und tun, wissen, daß die Funktionstüchtigkeit des Gehirns allseitig entfaltbar und der Reichtum der Begabungen unabsehbar ist und in jedem Umfang aktiviert werden kann! Um sie zu entfalten, müssen wir sie erkennen, unser geistiges und intellektuelles Potential bewußt ausschöpfen und durch Selbst-Besinnung, Bejahung und Übung laufend steigern.

Was der Mensch heute an zivilisatorischen und kulturellen Werten besitzt, hat er seiner *geistigen Dynamik* und der *Entfaltung seines Gehirns* zu verdanken. Aber alles Bisherige ist erst ein Anfang und ein Bruchstück von dem, was er zu erreichen fähig wird, wenn er bewußt daran geht, beide immer vollkommener zu mobilisieren. Im gleichen Maße wird er feststellen, wie sein Wesenskraftfeld an Energie, Umfang und Selbstverwirklichungsvermögen zunimmt.

Diese Entwicklung hat bei jedem Menschen eine andere, seiner besonderen Wesensart gemäße Zielrichtung. Das wird schon äußerlich durch die Tatsache unterstrichen, daß die Anordnung der Furchen und Windungen der Hirnrinde von Mensch zu Mensch verschieden ist. Nicht weniger bedeutsam ist der Unterschied in der Zahl der Ganglienzellen in den einzelnen Gehirnpartien entsprechend den besonderen Anlagen und Fähigkeiten der einzelnen Menschen. Je intelligenter einer ist, desto größer ist die Zahl der aktiven Ganglienzellen, desto feiner sind Struktur und Architektur der einzelnen Rindenschichten und desto mannigfaltiger sind die Engramme und Reaktionsmöglichkeiten und die Kontakte der Ganglienzellen untereinander.

Die ›grauen Zellen‹

Seit Erfindung der Elektronengehirne wird auch den Leistungsmöglichkeiten des menschlichen Gehirns und der komplizierten Arbeit der Ganglienzellen, ›Neuronen‹ oder ›grauen Zellen‹ der Hirnrinde, dieser Mikro-Organe des Denkapparats, mehr Verständnis entgegengebracht.

Man beginnt zu erkennen, daß nur ein Teil der rund zwölf Milliarden Ganglienzellen des Gehirns aktiv ist, also noch viele Möglichkeiten der Selbstertüchtigung und Intelligenzsteigerung auf ihre Nutzung warten. Das gilt vor allem für das Großhirn, das sich beim Menschen quantitativ wie qualitativ so erstaunlich entwickelt hat.

Wie die Ausprägung der Windungen und Furchen der grauen

Hirnrinde individuell verschieden ist, so sind auch die Milliarden grauen Zellen durch Abermillionen Leitungsbahnen unterschiedlich stark untereinander verbunden und zu besonderen Schaltgruppen zusammengefaßt entsprechend der Einmaligkeit jeder Persönlichkeit.

Doch ist hier nicht auf die Anatomie und Physiologie des Gehirns, über die jedes Lexikon Auskunft gibt, einzugehen, sondern nur die *psychodynamische Seite der Gehirnleistungen* zu behandeln, die letztlich vom Geiste gesteuert werden. Darüber, über Entstehung und Steigerung der seelisch-geistigen Leistungen und den Ausbau der Verbindungen zwischen Gehirn, Unter- und Überbewußtsein, sagen Lexika und Fachwerke wenig oder nichts aus.

Dabei ist eine der wichtigsten Aufgaben des Gehirns die Umsetzung geistiger Impulse in Denkprozesse und leibseelische Leistungen. Nicht von ungefähr verbraucht das Gehirn, obwohl es nur zwei Prozent des Körpergewichts ausmacht, etwa zwanzig Prozent der gesamten Energie, die der Körper aus Luft und Nahrung gewinnt.

Erst die moderne *Kybernetik* hat die Arbeitsweise des Gehirns als ›Allzweckgerät des Geistes‹ durch den Nachweis verdeutlicht, daß unser Gehirn nach den gleichen Grundsätzen und mit den gleichen Grundelementen arbeitet wie ein Elektronengehirn: es nimmt durch die Sinnesorgane Informationen auf, die über die Nervenbahnen zu den einzelnen Datenverarbeitungs-Einrichtungen in den entsprechenden Gehirnpartien gefunkt werden. Dort werden die Informationen ausgewertet, mit vorhandenen Erinnerungen verglichen, weiterverarbeitet, zu höheren Schaltzentren geleitet, von dort mit entsprechenden Impulsen beantwortet oder für weitere Informations- oder künftige Steuerungs-Zwecke im Gedächtnis gespeichert.

Zu diesem Zweck ist jede einzelne der ›grauen Zellen‹ durch zahllose Leitungsbahnen mit Nachbarzellen und Schaltungszentralen verbunden, kann mit diesen in Kontakt treten, Informationen und Impulse austauschen und mit ihnen in bestimmten Richtungen zusammenarbeiten. Diese Kontakte sind nicht starr, sondern veränderungs- und erweiterungsfähig. Die Gesamtzahl der Leitungen, die die einzelnen Neuronen und Schaltzentralen miteinander verbinden, ist größer als die aller Telefon- und Telegrafenverbindungen unseres Planeten. Über sie werden unaufhörlich Nachrichten ausgetauscht, Gedanken assoziiert und kombiniert, Erkenntnisse vermittelt – und zwar nach dem von *Wundt* formulierten Gesetz, daß das Ergebnis solcher Verbindungen keine bloße Addition der verwendeten Elemente ist, sondern ein neues Erzeugnis: eine neue Einsicht oder schöpferische Leistung.

Hinzu kommt, daß wir in Wirklichkeit keineswegs nur mit dem Gehirn, sondern mit dem ganzen Organismus denken und wirken, den zwölf Milliarden ›grauen Zellen‹ also die rund zwanzig Billionen übrigen Körperzellen mit ihren mannigfachen Fähigkeiten zur Seite stehen, und daß die *Kraft*, die diesen gigantischen Zellapparat in Ordnung hält und steuert, vom *Geiste* ausgeht, dessen Möglichkeiten bislang erst zu einem Bruchteil erkannt und ausgeschöpft wurden.

Menschengehirn und Elektronengehirn

Eines der Paradoxa unserer Zeit ist die Tatsache, daß für die Entwicklung von Elektronengehirnen Milliarden aufgewendet werden, während für die progressive Leistungssteigerung des menschlichen Gehirns relativ wenig getan wird. Obwohl diese weit wichtiger ist, bleibt die Initiative hier dem Einzelnen überlassen ...

Gewiß sind Elektronengehirne, was logische und mathematische Funktionen und Datenverarbeitung anlangt, dem menschlichen an Schnelligkeit, Exaktheit und Zuverlässigkeit überlegen: sie sind frei von menschlichen Fehlerquellen wie Übermüdung, nachlassende Aufmerksamkeit und Reaktionsgeschwindigkeit, Absinken der Leistungsgrenze usw. Trotzdem wiegt ein aktives menschliches Gehirn tausend Robotergehirne auf, weil es über die von kybernetischen Maschinen exakt nachvollzogenen und technisch vervollkommneten logischen Denkprozesse hinaus initiativ und intuitiv, metalogisch und schöpferisch denkt.

Die modernen Elektronengehirne mit ihren Schaltkreisen, Transistoren, Dioden usw. haben, was Schnelligkeit anlangt, bereits den Nano-(Milliardstel-)Sekundenbereich überschritten und sind in den Pico-(Billionstel-)Sekundenbereich vorgedrungen. Sie können Voraussetzungen und Ergebnisse eines astronautischen Experiments blitzschnell errechnen, fabrikatorische Fertigungsprozesse durch automatische Lenkung vielspindliger Sondermaschinen ungeheuer beschleunigen, Planung, Organisation und Leitung eines Betriebes vereinfachen und erleichtern, seine Produktivität und Rentabilität erhöhen und vieles andere mehr.

Im Vergleich mit ihnen schalten und arbeiten die organischen Bau-Elemente des menschlichen Gehirns, die Ganglienzellen, langsamer. Dafür ist aber ihr Speicherungs- und Verarbeitungsvermögen für Informationen jeder Art dem der elektronischen Schaltelemente unendlich überlegen. Während kybernetische Maschinen mit dem Wachstum der Aufgaben und Leistungen zunehmend umfangreicher werden, mit ihren Schalt- und Speicheranlagen einen immer größeren Raum einnehmen, speichert das Gehirn alle Informationen lebenslänglich ohne Umfangerweiterung auf kleinstem Raum, in winzigen Eiweißmolekülen und – da jeder der Milliarden grauen Zellen bis zu zehntausend Kontaktfasern zu anderen Ganglienzellen und Schaltzentralen zu Gebote stehen – in jedem erdenklichen Umfang.

Dabei sind die bewußten und unbewußten *schöpferischen Leistungen,* die gleichzeitig vollbracht werden, die mehr oder minder aktivierten Empfangseinrichtungen des Gehirns für *Gedankenradiosendungen und Inspirationen* aus dem Unter- und Überbewußtsein und der geistigen Welt und die *genialen Fähigkeiten* noch unberücksichtigt, die Gewähr dafür sind, daß die Entfaltung der Leistungsmöglichkeiten des Gehirns durch den technischen Fortschritt und den wachsenden Einsatz von Elektronengehirnen nicht beeinträchtigt wird, sondern beschleunigt und gefördert werden kann, weil der Mensch durch mehr Freizeit zu mehr Freiheit gelangt – wenn er lernt, diese größere Freiheit produktiv zu nützen.

Man spricht kybernetischen Maschinen oft ein ›Bewußtsein‹ zu.

Das ist berechtigt, soweit man dabei auf die logischen Funktionen des Wachbewußtseins blickt, nicht aber, wenn man an die Leistungen der tieferen Bewußtseinsschichten des Menschenwesens denkt. Denn der Mensch ist eben nicht, wie noch der französische Arzt und Philosoph *Lamettrie* (1709–51) meinte, nur eine genial konstruierte Maschine, bei der die seelischen Funktionen durch die körperlichen bedingt sind, sondern er ist ein lebendiger Organismus und als solcher ein *Dynamismus* — ein geist-gesteuertes biologisches Kraftfeld mit mannigfachen, heute noch nicht übersehbaren Entwicklungs- und Wirk-Möglichkeiten.

Psycho-Kybernetik

Als *›Biokybernetik‹* bezeichnet man die Wissenschaft von der Aufnahme, Verarbeitung und Speicherung von Informationen und den Regelungs- und Steuerungs-Vorgängen in den Organismen. Über sie hinaus hat es die *Psychokybernetik,* wie man die moderne Psychodynamik auch nennen kann, mit der seelisch-geistigen und energetischen Seite dieser Vorgänge zu tun. Die Bewußtmachung dieser letzteren Zusammenhänge dient nicht nur der Steigerung des allgemeinen Bewußtheitsgrades, sondern auch der Förderung der dynamischen Zusammenarbeit mit dem Zell-, Organ- und Körperbewußtsein.

Bei den kybernetischen Maschinen (Elektronengehirnen) wird die Speicherkapazität ständig erhöht. Eine Grenze ist hier vorerst noch nicht erreicht. Gleiches gilt vom Menschen, dessen geistige Kapazität bisher weder quantitativ noch qualitativ ausgeschöpft ist: von den grauen Zellen seines Gehirns ist erst ein Bruchteil aktiv, und das Ausmaß seiner ›latenten Talente‹ und seelisch-geistigen Kräfte ist weit größer, als man bisher wußte. Er ist ein Zwerg, der seines geistigen Riesentums erst noch innewerden muß.

Trotz aller Fortschritte der Kybernetik ist der *Mensch* nach wie vor die weitaus vollkommenste informationenverarbeitende Einrichtung der Natur, die Probleme optimal zu lösen, sich selbst zu programmieren vermag und lernen kann, in Zusammenarbeit mit dem ›inneren Kybernetes‹ (dem steuernden Selbst, der inneren Führung) die Zahl der *aktiven* Ganglienzellen und ihrer Schaltmöglichkeiten ständig zu vergrößern, immer mehr schlummernde Fähigkeiten zu entfalten und immer Größeres zu vollbringen.

In diese Entwicklung gilt es uns heute bewußt einzuschalten, indem wir unser Wissen und Können und unsere Interessen allseitig ausbauen und unsere Freizeit nicht nur zur Erholung, sondern gleichermaßen zur Erhöhung unseres Erkenntnis- und Leistungsvermögens und zur Aktivierung unserer besonderen Anlagen nützen, um zu dynamischen Keimzellen einer neuen Gesellschaft zu werden, die sich von der heutigen durch das Bewußtsein ihrer Integrität, d. h. ihrer inneren Einheit, Ganzheit, Geschlossenheit und Verantwortlichkeit aller für alle, unterscheidet.

Es gilt, *immer bewußter dynamisch zu leben.* Ein Beispiel mag verdeutlichen, was das heißt: jeder kennt Menschen, die jahrelang aktiv und erfolgreich voranschritten, um dann plötzlich stillzustehen, nur noch in den Tag hineinzuleben, ihren Interessenkreis zu verkleinern, den Strom des Lebens mit abnehmender Anteilnahme an sich vorüberziehen zu lassen — bis sie an der nächsten Biegung als lebensunwert ans Ufer geworfen werden ...

Ein äußeres Kennzeichen solcher Menschen ist, daß sie immer weniger gehen, zunehmend zum *Sitzen* in Büro, Auto und daheim neigen mit der Folge, daß sie unmerklich an Aktivität, Schwung, Dynamik verlieren und statisch statt dynamisch leben.

Wie nur betätigte Muskeln ihre Spannkraft erhöhen, so wird die Leistungsfähigkeit der Ganglienzellen wie die der seelisch-geistigen Kräfte nur durch *bewußtes Voranschreiten* (körperlich wie seelisch-geistig) und ständige Erprobung in immer größeren Aufgaben gesteigert. Dann zeigt sich, daß der *Geist* über ein vielschichtiges System kybernetischer Einrichtungen verfügt, die von keinem Elektronengehirn nachgeahmt werden können. Von hier aus erfolgen die zur rationalen Gehirnarbeit hinzukommenden metarationalen Informationen und Leitimpulse in Form neuer Gedanken und Eingebungen und andere Maßnahmen der ›inneren Führung‹.

Eben weil alle Entwicklung innen *und* außen vor sich geht, muß und wird mit dem technisch-kybernetischen Fortschritt der Menschheit die psychokybernetische Weiterentwicklung des Einzelmenschen einhergehen und schließlich vorangehen. Dazu müssen wir lernen, mit dem ›inneren Steuermann‹ partnerschaftlich zusammenzuwirken. Dadurch werden wir fähig, nicht nur die Leistungsmöglichkeiten des Gehirns durch positives Gehirntraining immer vollkommener zu mobilisieren, sondern uns auch der tausendtastigen Klaviatur des Unter- und Überbewußtseins zu bedienen und den Gesamtschatz unseres Wissens und Könnens ständig zu erweitern – und damit von der bisherigen Entwicklungs*mechanik* auf die ihr zugrundeliegende geistgesteuerte Entwicklungs*dynamik* umzuschalten.

Gehirn-Training

Die scheinbare Größe, der Umfang einer Sache beeindruckt die meisten Menschen mehr als der Inhalt. Nur der Tieferblickende läßt sich nicht täuschen: die *Quantität*, die Masse, imponiert ihm nicht; er achtet auf die *Qualität*, den Gehalt, auf den Kern statt auf die Schale. Er weiß, daß eine Turmuhr größer, eine Armbanduhr aber hochwertiger und präziser ist.

Viele Urteile, nach denen sich die Menge richtet, erweisen sich bei näherer Untersuchung als Vorurteile. Zu diesen gehört die eine Zeitlang auch von der Wissenschaft vertretene Meinung, daß die Hirnleistung mit dem Hirn*gewicht* zunehme. Richtig ist jedoch, daß das Wachstum der geistigen Fähigkeiten zum geringsten Teil mit einer Vergrößerung, in der Hauptsache mit einer Strukturverfeinerung des Gehirns einhergeht.

Unter den Menschen mit relativ niedrigem Gehirngewicht finden wir große Dichter und Denker, unter denen mit höchsten Hirngewichten sowohl Genies wie Idioten. Das *Gewicht* ist also *unwichtig;* entscheidend ist der Reichtum an aktiven grauen Zellen und an unter Strom stehenden Assoziationsfasern, also Qualität und Vitalitätsgrad.

Diese Besinnung ist notwendig, damit wir uns beim *Gehirn-Training* von vornherein auf Qualitätssteigerung einstellen und darauf, Milliarden bisher nur *teil*-aktiver Ganglienzellen durch höhere Zielsetzungen, fleißige Übung (Fleiß meint hier: beharrliche Geflissenheit in Richtung auf ein gestecktes Ziel), durch gesteigerte Beanspruchung als Folge bewußter Mehrung des Wissens und Könnens, durch Bildung neuer Denkgewohnheiten und Reaktionsweisen in den Prozeß stetigen geistigen Wachstums einzuschalten.

Das lohnt sich sehr rasch, weil jedes Gehirntraining zur Steigerung des natürlichen Selbstheilwillens des Organismus führt, also zu besserer Gesundheit, größerer Lebenskraft, höherer Lebenserwartung. Geistig aktive Menschen erfreuen sich durchweg eines stabileren Allgemeinbefindens.

Zudem wächst mit jeder durch planmäßiges Gehirntraining bewirkten Aktivierung bisher nicht voll genützter Gehirnpartien der Grad lebendiger Bewußtheit und Geistesgegenwart, der Spürsinn für neue Möglichkeiten, die Aufgeschlossenheit für leistungsfördernde Inspirationen, also die Intelligenz. Die Informationsaufnahme und -verarbeitung durch das Gehirn wird intensiviert und beschleunigt, das Bild der Umwelt wird detail- und umfangreicher, die positiven Einsatz- und Durchsetzungsmöglichkeiten nehmen zu.

Der Erfolg solchen Gehirntrainings wird entscheidend von der *Gedankenrichtung* bestimmt. Solange unser Denken negativ getönt ist, lenken wir Gehirnkräfte in falsche Bahnen, vergeuden wir Energie. Gewöhnen wir uns an positives dynamisches Denken, dann erhöhen wir das Potential unseres Gehirns und unsere Ansprechbarkeit für schöpferische Einfälle. Mit jedem positiven Gedankenimpuls, den wir als *Bejahung* wiederholen, errichten wir neue Schaltungen und Querverbindungen aktiver Ganglienzellen, die die Wiederholung des Gedankens und der ihm entsprechenden Haltungen und Handlungen und die Bildung neuer positiver Gewohnheiten erleichtern.

So kann durch bewußtes Bejahen und dynamisches Handeln etwa vorhandener Energiemangel behoben werden: Unlust aus

Unfrische, Langeweile, Müdigkeit, Leistungsunvermögen und Verkrampfungen werden von innen her in erhöhte Elastizität, Aktivität und Zielstrebigkeit umgewandelt. Der leib-seelische Organismus wird vom Geiste her dynamisiert und mit stetig erhöhtem Kraftbewußtsein und gesteigerter Schaffenslust erfüllt. –

Nach diesen grundsätzlichen Klarstellungen kann nun vom allgemeinen zum einzelnen und damit mehr und mehr zur eigentlichen Praxis bewußter Talente-Erweckung und Intelligenzsteigerung übergegangen werden.

Wir beginnen das Gehirntraining mit einem einfachen Experiment: mit der Aktivierung der rechten Gehirnpartien.

Aktivierung der rechten Gehirn-Partien

Wie unzulänglich die Leistungsmöglichkeiten des Gehirns genützt werden, läßt sich von der Tatsache her aufzeigen, daß durch die überwiegende Betätigung der *rechten Hand* die mit der rechten Körperhälfte korrespondierenden Ganglienzellen, Nervenbahnen und Schaltzentren der *linken Gehirn-Partien* durchweg stärker aktiviert sind als die der rechten Gehirnhälfte. Bei Linkshändern ist es umgekehrt.

Wird nun die *linke Hand* bewußt bei immer mehr Tätigkeiten eingesetzt, erfolgt eine entsprechende Intensivierung der Arbeit der *rechten Gehirn-Partien* und, mit der Zunahme der Assoziationsmöglichkeiten, ein spürbares Anwachsen der geistigen Wachheit und der schöpferischen Leistungen.

Bei den etwa 7% Linkshändern findet man infolge der Verlagerung des gewöhnlich in der linken vorderen Hirnhälfte gelegenen Sprachzentrums zuweilen Sprech- u. a. Störungen, dafür aber Begabungen, die sonst unentfaltet geblieben wären. Andererseits zeigen Menschen, die durch Krieg oder Unfall die rechte Hand verloren, daß Gewandtheit und Tüchtigkeit durch Umschaltung auf die linke Hand nicht gemindert werden.

Wie sehr Beidhänder den Rechts- und Linkshändern überlegen sind, wurde zuerst vom Mitentdecker des Erregers der Lungenentzündung, Professor Albert *Fränkel* (1848—1916), erkannt, der die doppelhändige Ausbildung schon in der Schule befürwortete:

»Der Mensch bildet gemeinhin die rechte Hand auf Kosten der linken stärker aus. Dadurch hat er sich eines wertvollen Teils seiner geistigen Kraft beraubt — ein Verlust, der um so schwerer wiegt, je intensivere Anforderungen in der heutigen Zeit an die *linke* Gehirnhälfte gestellt werden und je höher infolgedessen die einseitige Beanspruchung dieses Teils des Gehirns wird, während die Kräfte und Möglichkeiten der *rechten* Gehirnhälfte weithin ungenützt bleiben ...

... Wenn wir Menschen bisher praktisch nur mit dem halben Gehirn gearbeitet und trotzdem so gewaltige Leistungen auf allen Gebieten hervorgebracht haben, welch ungleich größere Leistungen können dann von uns erwartet werden, wenn wir gelernt haben mit *beiden* Gehirnhälften, also mit der ganzen Kraft unseres Geistes zu arbeiten.«

In der Tat kann man dadurch, daß man *beide Hände* bewußt gleich stark betätigt, seine geistige Kapazität in relativ kurzer Zeit spürbar erhöhen. Psychodynamisch gesehen, ist es abwegig, daß man bei Kindern sich zeigende Neigung zur Linkshändigkeit unterdrückt, statt die Kinder planmäßig zu *Beidhändern* zu erziehen. Wir sollten hier dem Beispiel der *Japaner* folgen, die ihre Kinder weithin dazu anhalten, alle Verrichtungen der rechten Hand auch mit der linken zu erlernen und zu vollziehen. Sie führen auf diese Gepflogenheit mit Recht ihre erhöhte geistige Regsamkeit, Gewandtheit, Ausgeglichenheit und Ausdauer zurück.

Probieren Sie es einmal eine Zeitlang aus, wie ein Schüler bewußt mit der *linken* Hand zuerst Buchstaben, dann Wörter zu schreiben, zu zeichnen, zu malen und auch andere sonst mit der rechten erledigte Arbeiten zu verrichten beginnt. Nach einigen Wochen werden Sie feststellen, daß diese Übungen und die Umstellung auf *Beidhändigkeit* sich bald in einer Harmonisierung des Gemüts und der Persönlichkeit und im weiteren in einer merklichen Steigerung der Wachheit, Geistesgegenwart und Schaffensfreude auswirkt.

Während die rechte Gehirnhälfte dadurch aktiviert wird, wird die linke zunächst entlastet. Dann werden beide zunehmend koordiniert, die allgemeine Ansprechbarkeit, Aufmerksamkeit, Regsamkeit, Konzentration und Ausdauer wird gesteigert, neue Kräfte und Begabungen erwachen, Gedächtnis und Intelligenz, Selbstvertrauen und allseitige Lebenstüchtigkeit nehmen zu — um so rascher, wenn dieser Prozeß durch bewußte Bejahung intensiviert und dynamisiert wird.

Reichtum der Begabungen

Die bewußte Aktivierung der rechten Gehirnpartien ist eine von vielen Möglichkeiten, in uns vorhandene *Gaben* zu mobilisieren und den Reichtum der *Begabungen* zu offenbaren.

Unter ›Begabung‹ wird die Gesamtheit der Leistungsanlagen verstanden, die die Grundlage der mannigfachen geistigen, künstlerischen, technischen und sonstigen positiven Fähigkeiten bilden, über die der Mensch verfügt. Bisher wurde von diesen in jedem Menschen in besonderer einmaliger Kombination vorhandenen Anlagen infolge allgemeiner Selbstunterschätzung ein völlig unzureichender Gebrauch gemacht.

Die wenigsten wissen, daß sie viel reicher an Begabungen sind und darum weit erfolgreicher sein können, als sie ahnen. Praktisch könnte und sollte jeder sich als Millionär an innerem Vermögen fühlen mit der Aufgabe, es auch in äußeren Reichtum umzuwandeln. Jeder kann schöpferisch werden, wenn er das, was sich in ihm regt, nicht mehr ängstlich kritisiert oder ignoriert, zerpflückt und entwertet, sondern den erwachenden Kräften Betätigungsmöglichkeiten gibt und sich dabei von innen her anregen und leiten läßt.

Das wird am ehesten durch bewußte Erweiterung seiner Interessen und Mehrung seines Wissens gefördert mit der Wirkung, daß sein Dasein entsprechend reicher, sinnerfüllter und lebenswerter wird.

Alle Tiere sind lernfähig. Aber der *Mensch* ist ihnen darin infolge der unendlichen Schaltmöglichkeiten der grauen Zellen seines Gehirns absolut überlegen: er kann sein Leben lang neue Gedanken aufnehmen, neue Kenntnisse erwerben, neue Talente entfalten, die Reichweite seines Wirkens vergrößern und, statt wie ein Tier an der Erde zu kleben, sinnbildlich wie buchstäblich zu den Sternen aufsteigen.

Das vermag, wer einmal begriffen hat, daß er nie genug lernen und wissen kann, weil jede Wissenserweiterung neue Ganglien-gruppen aktiviert und damit nicht nur seine Intelligenz und sein Leistungsvermögen erhöht, sondern zugleich schlummernde Kräfte und Fähigkeiten anspricht und ihre Entfaltung erleichtert.

Wer diesen Weg bewußter Erweiterung seines Wesenskraftfeldes und Lebensbereichs einmal eingeschlagen hat, der erkennt bald, *daß der Mensch das bedeutendste und interessanteste Experimentierfeld in bezug auf noch unentdeckte Kräfte und Talente ist.* Was sonst nur Not und Gefahr hier und da in Einzelnen erwecken wie der Schlag den Funken im Feuerstein, das wird in zunehmender Selbstbesinnung und Selbstentfaltung nun aus eigenem Antrieb aus dem mütterlichen Wesens-Urgrund heraufgeholt und in den Dienst der Selbst- und Lebensmeisterung gestellt.

Der bei den meisten unbewußte Drang nach vorn und Zug nach oben wird nun *bewußt* befolgt mit dem Ziel zunehmender schöpferischer Betätigung und fortschreitender Selbstverwirklichung. Der moderne Slogan *»Tu es selbst!«* wird planbewußt im Blick auf die eigene Persönlichkeit und Individualität in schöpferischem Tätigsein im Sinne der erkannten ureigenen innersten Berufung befolgt.

Dabei zeigt sich, daß, wie Muskeln durch Übung gestrafft und gestählt werden, alle geistigen Fähigkeiten durch bewußtes Training gesteuert, gesteigert und ausgebaut werden, daß das ganze Wesen sich wandelt und dynamisiert wird, daß statt der üblichen geistigen Verflachung, die bei manchen schon bald nach der Schul- oder Hochschulzeit beginnt, eine geistige Vertiefung und eine Zunahme der schöpferischen Potenzen einsetzt und eine Entwicklung eingeleitet wird, die dem ganzen Leben ein neues Gesicht und Gewicht und eine vom Geist des Gelingens bestimmte Ausrichtung auf das erkannte und bejahte höchste Lebensziel gibt.

Das Gemüt als Quellgrund latenter Kräfte

Der geniale Arzt und Philosoph C. G. *Carus* (1789–1869) erkannte als einer der ersten, daß »der Schlüssel zur Erkenntnis des Wesens des bewußten Seelenlebens in der Region des Unbewußten liegt.« Ein Dichter, Jeremias *Gotthelf*, gab intuitiv der gleichen Einsicht Ausdruck: »Es gibt eine Tiefe im menschlichen Gemüt, die weit tiefer ist, als der Eimer reicht, mit dem die Philosophie ihre Weisheit schöpft.«

Daß diese Tiefe unergründlich ist, weil sie bis ins Herz des Seins hinabreicht, ahnten schon die Alten, wie ein Ausspruch *Heraklits* beweist: »Der Seele Grenzen wirst Du nie ausfindig machen, wenn Du auch jede abschreitest; so unergründlich ist ihr Wesen.« Immerhin aber wird bei dieser Suche deutlich, daß, wie Emerson ergänzt, »unser Gemüt eine Schatzkammer unendlicher Kräfte und Möglichkeiten ist, die es in Wirklichkeiten umzuwandeln gilt.«

Daß unser Gemüt ein Quellgrund unausgeschöpfter Energien und Talente ist, nehmen wir zumeist deshalb nicht wahr, weil wir nicht bejahend und empfangsbereit nach innen blicken. Erst wenn wir uns in Stille und Schweigen in die Tiefen des Gemüts einsenken, beginnen wir, die hier schlummernde Energie als *aktive Innenkraft* im Dienste ständigen Wachstums und fortschreitender Vervollkommnung zu entfalten und zu betätigen.

Alsdann wird eine zweite weit wichtigere Tatsache erkennbar: Jede von uns betätigte Kraft bringt nach dem Grade ihrer Bewußtwerdung und Aktivität latente Energie zur Resonanz, zum Mitschwingen und Mitwirken, und führt so zu einer Schwingungs- und Leistungssteigerung unseres Wesenskraftfeldes. Jeder in diese Richtung gelenkte positive Gedankenimpuls eines aktiven Geistes löst gewissermaßen im kosmischen Urmeer ruhender Energie winzige Bewegungen und Strömungen aus, die bei entsprechender Gefühls-Intensität und Glaubensinbrunst, also höherer ›gedanklicher Windstärke‹, sturm- und orkanartigen Charakter annehmen und schicksalhafte Wirkungen zeitigen können.

Machen wir uns klar, was das bedeutet:

Infolge der Vielschichtigkeit des Menschenwesens und seines Verwurzeltseins in der Zentralschicht des innersten Selbstes und durch diese im Mutterboden des Allgeistes vermag der Mensch latente Kräfte nicht nur aus seinem eigenen Wesensinnersten, sondern auch aus dem Innersten der Welt – aus dem Geistmeer der Gottheit – zu schöpfen, weshalb er potentiell über unendliche Möglichkeiten verfügt.

Dieses metakosmische Urmeer ruhender Energie, innerhalb dessen sich alle Wesen und Welten als aktive Kraftfelder kleinsten wie größten Ausmaßes bewegen, wird je nach dem Grade der inneren Wachheit und geistigen Reife verschieden benannt: als Weltseele oder Weltengeist, als Brahman oder Tao, als Gott oder Gottheit – und mit hundert anderen Namen, die im Grund nur besagen, daß diese unbewegte und doch alles bewegende Urwesenheit unserem Zugriff und Begreifen unerreichbar ist, daß sie aber andererseits so weit erfahrbar und erlebbar wird, als sie *in uns* und, von innen her, *durch uns aktiv wird.*

Dessen sollten wir uns von Anfang an bewußt sein, wenn wir unser Gemüt als Quellgrund unerschöpflicher Möglichkeiten bejahen und erfahren wollen. Auf dem Wege nach innen erkennen wir uns als Doppelwesen: als Träger aktiver *und* latenter Energie. Und zugleich wird deutlich, daß es bei uns liegt, *beide* Seiten unseres Wesens, unseres Gemüts, zu entfalten und wie das äußere auch das innere Leben zu pflegen, ein immer bewußterer Teilhaber der inneren Fülle schlummernder Kräfte und Talente zu werden – und unsere Überlegenheit dem äußeren Dasein gegenüber dadurch zu realisieren und zu demonstrieren, daß wir mehr und mehr aus dem *Geiste* zu leben lernen, das heißt: wirklich, bewußt, *dynamisch zu leben.*

Spezialist oder All-round-Könner?

Der große Menschenkenner Pestalozzi sieht in der Menschheit die bedeutendste Schatzkammer der Natur, in der ungeahnte Kräfte und Reichtümer verborgen sind. Und er weist auch den

Weg zu ihrer Entfaltung: »Die Natur enthüllt alle Kräfte der Menschheit durch Übung, und ihr Wachstum gründet sich auf Gebrauch. Zweck aller Bildung ist die allgemeine Emporwandlung dieser inneren Kräfte zu reiner Menschlichkeit und Menschenweisheit.«

Jeder Mensch ist für den Umfang der in ihm zur Entfaltung kommenden Begabungen genau so verantwortlich wie für deren rechte Ausbildung und Nutzung im einzelnen. Denn Gaben, die nicht erkannt und betätigt werden, bleiben latent; wenn entfaltet, aber vernachlässigt oder mißbraucht, verkümmern oder entarten sie, während Gaben, die positiv aktiviert werden, wachsen und nach dem Gesetz der Resonanz und Induktion andere, verwandte Kräfte und Fähigkeiten mit aktivieren.

Die Entfaltung *möglichst vieler Begabungen* im einzelnen Menschen ist notwendig, um der zunehmenden Neigung zu einseitigem Spezialistentum entgegenzuwirken. Neben den unentbehrlichen *Sonderkräften* brauchen wir in wachsendem Umfang *allseitig* entwickelte Könner, die über ihr Fachwissen hinaus für die großen Zusammenhänge aufgeschlossen bleiben und ihr Menschentum universell entfalten.

Wird der *›Spezialist‹* humorvoll definiert als einer, der ›von immer weniger immer mehr weiß‹, der *Halbgebildete* als jemand, der fast nichts über beinahe alles weiß, dann ist der schöpferische Mensch als *›All-round-Könner‹* einer, der über immer mehr ständig mehr weiß und dieses Wissen positiv und für alle segenbringend anzuwenden versteht.

Das Leben will Menschen, die nicht nur Einzelfähigkeiten, sondern die ganze Vielfalt ihrer Begabungen zum Wirken bringen. Die Biographien der großen Geistes- und Wirtschaftsführer, der Neuschöpfer in den Bereichen der Philosophie und Wissenschaft, Kunst und Wirtschaft zeigen, daß die meisten von ihnen eine Vielzahl von Kräften und Talenten entfalteten, und weiter, daß der Reichtum der Begabungen *keine Frage des Erbguts* ist.

Den Beispielen familiärer Häufung bestimmter Begabungen können weit mehr Fälle gegenübergestellt werden, in denen geniale Menschen ungeniale Nachkommen hatten. Wenn bei Kindern großer Menschen geniale Züge auftreten, ist dies mehr eine durch unbewußte Nachahmung von klein auf bewirkte erhöhte geistige Wachheit für vorhandene Neigungen, Eignungen und Kräfte, Folge auch des Ansporns und Anreizes, den das väterliche oder mütterliche Vorbild auf die Kindesseele ausübt. Der Faktor der Vererbung ist demgegenüber zweitrangig.

Ebensowenig ist die Entfaltung der Begabungen eines Menschen eine Frage und Folge des *Milieus*, in dem er lebt, wie der Materialismus meint. Vielmehr ist der Mensch das Wesen, das sein Milieu, seine Entwicklung und sein Schicksal durch sein Denken und Handeln weitgehend selbst bestimmt. Dies um so sicherer, je früher und je bewußter er die Besonderheit seines Wesens und die einmalige Mannigfaltigkeit seiner Begabungen erkennt und alsdann – in Richtung der oft schon in der Kindheit sich zeigenden Neigungen – zuerst die stärksten und später die anderen Eignungen und Fähigkeiten durch Bejahung, Übung und andere das innere Wachstum fördernde Entwicklungsreize zu höchstmöglicher Entfaltung und Auswirkung bringt.

Geschieht das, dann spürt er bald, daß *jede* Begabung einen seiner geistigen Reife entsprechenden Entfaltungs- und Leistungs-Spielraum hat, der durch bewußte Übung und dynamische Betätigung erweitert werden kann. Mit der Zunahme der solcherart entfalteten Begabungen, durch die er sich aus einem Sonderleister zu einem All-round-Könner entwickelt, wächst wiederum sein Wert für die Gemeinschaft, für die Menschheit.

Der Intelligenz-Quotient

Die Gesamtheit der Begabungen wird zumeist zusammenfassend, wenn auch nur teilweise zutreffend, als ›*Intelligenz*‹ bezeichnet. Dieses aus dem Lateinischen stammende Wort bedeutet sowohl Einsicht und Verständnis als auch Begreif- und Erkenntnisvermögen, Verstand und Vernunft, in einem.

William *Stern* umschreibt Intelligenz als »allgemeine Fähigkeit, das Denken bewußt auf Sinnzusammenhänge und Forderungen einzustellen«, als »geistige Anpassungsfähigkeit an neue Aufgaben oder Bedingungen des Lebens«. Präziser ist Hubert *Rohrachers* Definition: »Intelligenz ist der Leistungsgrad der psychischen Funktionen bei ihrem Zusammenwirken in der Bewältigung neuer Situationen«, wobei »die *dynamische Seite* des Seelenlebens für den Grad der funktionellen Leistung nicht bedeutungslos ist.« Sie ist sogar, wie sich im weiteren zeigen wird, entscheidend, wenn es darum geht, den Intelligenzgrad bewußt zu erhöhen.

Intelligenz besitzt, wer in allen Dingen des täglichen Lebens auf einen überdurchschnittlichen Reichtum an Erfahrungen und Fähigkeiten zurückgreifen kann, die ihm die Klärung eines Problems, die Wahl zwischen verschiedenen Möglichkeiten und die Fällung positiver Entscheidungen erleichtern. Der Intelligentere ist immer der Geistesgegenwärtigere und Überlegene entsprechend dem psychodynamischem Leitsatz: *Wer gescheit ist, scheitert nicht!*

Die *Intelligenz-Leistungen* sind je nach der geistigen Wachheit und Ansprechbarkeit, der selbständigen Denk-, Erfassungs- und Gestaltungskraft und den begleitenden Gefühls- und Willenspotenzen der einzelnen Menschen überaus verschieden. Sie hängen von der Stärke des Gedächtnisses ab, vom Grade der Phantasie, vom Tempo des Assoziations- und Kombinations-Vermögens, von der Umschalt- und Anpassungsfähigkeit, der Ausdauer und anderen Faktoren, durch deren bewußte Steigerung, wie wir sehen werden, sie fortlaufend intensiviert und erhöht werden können.

Als Maß für den Intelligenzgrad führte *Stern* den Begriff »*Intelligenz-Quotient*« (IQ) ein. Gemeint ist damit das Teilungsergebnis aus Intelligenzalter und Entwicklungsalter, weshalb man auch vom geistigen Entwicklungs- oder Reife-Quotienten spricht. Unterdurchschnittliche Entwicklungsreife wird mit einem IQ unter der Norm von 100, überdurchschnittliche durch IQ von über 100 bezeichnet. Die Skala bewegt sich zwischen 55 bei Schwach- und 145 bei Hochbegabten. Wer einen IQ von 140 und mehr aufzuweisen hat, gehört bereits zur geistigen Elite.

Da jedoch die Ermittlung des IQ heute zumeist durch die üblichen *Intelligenz-Tests* erfolgt, die, wie *Rohracher* mit Recht bemerkt, »nur die *funktionelle* Seite der Persönlichkeit erkennbar machen, während die *dynamische Komponente* der Persönlichkeit sich mit Tests nicht so sicher feststellen läßt«, fehlt es hier noch an einem absolut zuverlässigen Maßstab.

Hinzu kommt, daß der *wirkliche IQ*, den der Mensch seinem innersten Wesen und Vermögen nach besitzt, *weit höher* ist als der durch Tests feststellbare. Die letzteren hängen zudem allzusehr von Zufälligkeiten ab (Gehemmtheit durch Prüfer und Prüfmethoden, Befinden, momentane Gestimmtheit, Leistungsbereitschaft usw.), weshalb die verschiedenen Tests auch so unterschiedliche Ergebnisse zeitigen.

Ein einzelner Test entspricht im Wert etwa dem eines graphologischen Urteils auf Grund einer *einzelnen* Handschriftprobe, während eine verläßliche Charakterbeurteilung die Analyse von Handschriften der gleichen Person aus den verschiedensten Zeiten voraussetzt. Der *wirkliche IQ* ergibt sich nur aus der Praxis und aus längerer Beobachtung der schöpferischen Leistungen eines Menschen. Und da diese durch die im weiteren gegebenen Anleitungen allseitig gesteigert werden können, ist der jeweils ermittelte IQ bestenfalls als Übergang zu werten zu höheren Stufen der geistigen Leistungskapazität und Intelligenz.

Steigerung der Intelligenz

Ein amerikanischer Psychologe, J. MacVicker Hunt von der Universität von Illinois, vertritt die Auffassung, daß sich der Intelligenz-Quotient bei der jungen Generation wesentlich (er spricht von 30 Punkten) erhöhen lasse, wenn man früh genug beginne, auf die Kinder entsprechend bildend einzuwirken, weil die Kinderseele in den ersten fünf Jahren am leichtesten form- und bildbar sei.

Die von ihm gegebene Definition der ›Intelligenz‹ als »Fähigkeit, Aufgaben zu lösen«, umfaßt allerdings nur Teilfunktionen des geistigen Leistungsvermögens. Das Gehirn ist mehr als nur eine Denkstoff und Daten verarbeitende Maschine: es ist das Instrument des *Geistes*, mit dem dieser sich in der Welt der Körperlichkeit orientiert und durchsetzt, und ein Mittel fortschreitender Selbstentfaltung und Selbstverwirklichung. Zudem setzt wirkliche Bildung *Selbstbildung* voraus, ohne die erlerntes Wissen geistiges Fremdgewächs bleibt.

Man ruft heute nach neuen Erziehungsmethoden in der Schule. Aber wichtiger als diese ist – wie u. a. überragende Leistungen genialer Autodidakten aller Zeiten zeigen – die Gewöhnung an *Selbsterziehung* des Einzelnen in der Lebensschule, die durchaus nicht nur in der Jugend, sondern in jedem Alter, auch im höchsten, möglich und erfolgverbürgend ist.

Wie weit der einzelne von den Bildungs- und Selbsterziehungsmöglichkeiten *bewußt* Gebrauch macht, hängt nicht von der Schulbildung, sondern von ihm *selbst* ab: von seiner Selbsteinschätzung, geistigen Wachheit und Aufgeschlossenheit, von der Aktivierung seiner Intelligenz, von Art und Richtung seiner Lebenszielsetzung und davon, wie weit er in der Kunst der Selbstvervollkommnung und Lebenssinnerfüllung vorankommt. Demgegenüber bleiben die äußeren Bildungsmöglichkeiten zweitrangig.

Eben darum wird hier der *Einzelne* angesprochen, damit er erkennt: »*Auf mich kommt es an!*«

Gelingt es, die Intelligenz, das schöpferische Leistungspotential des *Einzelnen* zu mobilisieren, dann wird es auch möglich, das einer Mehrheit, eines Volkes und schließlich der Menschheit auf ein höheres Niveau zu heben und durch Koordination, durch planvolles Team-Work größerer Gruppen, nicht nur zu einer Addition, sondern zur Multiplikation der geistigen Kräfte und Fähigkeiten von immer mehr Menschen zu gelangen.

Was zur *Steigerung der Intelligenz* des Einzelnen notwendig und hilfreich ist, wird im weiteren deutlich. Es geht darum, nicht nur unser Wissen zu mehren, sondern unsere innere Wachheit und Anteilnahme, Interesse und Begeisterung zu steigern, unsere Sinne zu schärfen, unsere Aufmerksamkeit zu schulen, unser Lernvermögen zu erweitern, die Technik der Einprägung, des Behaltens und Erinnerns vollkommener zu meistern, unsere Phantasie zu aktivieren, unsere Initiativkraft zu erhöhen, den Magnetismus der Bejahung zu betätigen, Inspirationen auszulösen, latente Talente zu mobilisieren, unsere Begabungen zuerst in Richtung unserer stärksten Neigungen und Eignungen und im weiteren immer allseitiger zum Wirken zu bringen. Und bei alledem gilt es, für die Inspirationen des Unterbewußtseins und die steuernden Intuitionen des Überbewußtseins, der ›inneren Führung‹, immer ansprechbarer zu werden und mit ihrer Hilfe unsere genialen Potenzen immer bewußter in den Dienst lebendiger Selbstführung und dynamischer Lebensmeisterung zu stellen.

Das ist ein umfassendes Programm, durch dessen Befolgung sich *jeder* im Rahmen seiner besonderen, einmaligen Anlagen zu einer schöpferischen Persönlichkeit eigener Prägung zu entwickeln vermag.

Unerläßliche Erfolgsvoraussetzung ist natürlich, daß er die dazu gegebenen Anregungen und Anleitungen nicht nur liest, sondern praktisch anwendet.

Innere Ordnung

Da es für die Intelligenz eines Menschen keinen absoluten Maßstab gibt, sollten wir nie einen anderen Menschen voreilig für ›dumm‹ halten, zumal es zu den beliebten Tarnungsmitteln kluger Menschen gehört, sich dümmer zu stellen, als sie sind.

Die allgemeine Definition der *Dummheit* als »Mangel an Urteilskraft« oder »Unfähigkeit zum Erkennen der Verkettung von Ursache und Wirkung« trifft nicht den Kern. Denn ein Mensch kann auf einem Gebiet unbeholfen und ›dumm‹ wirken, und auf anderen Gebieten geniale Sonderleistungen aufweisen, wie der weltfremd erscheinende Gelehrte, der in seinem Fach eine Leuchte ist.

Zudem ist Dummheit heilbar, wie Intelligenz steigerbar ist. Das scheint zumeist mehr Mühe zu machen, erspart aber in Wirklichkeit Mühe, weil die innere Ordnung und Zusammenarbeit aller Kräfte gefördert und erleichtert wird.

Der erste Schritt auf diesem Wege ist die Ordnung der Gedanken, Wünsche und Pläne, danach der Arbeit, des Berufs und des Lebens. Alles ist eine Frage rechter Organisation: was gedeihen soll, muß planvoll gesät und weise gehegt werden, muß seine Ordnung und rechte Folge haben. »Regel und Ordnung waltet im All, und wenn sie im Busen Dir nicht waltet, so wirkt nichts die verborgene Kraft«, wie der Dichter sagt. Weise Lebensführung, ergänzt *Seneca,* »gelingt keinem durch Zufall; man muß vielmehr, solange man lebt, lernen, *wie* man leben soll.«

Innere Ordnung, die jeder äußeren vorausgeht, ist nicht nur, dem Sprichwort zufolge, das halbe Leben, sondern auch Fundament des Erfolgs, weil sie die *Ordnungsgesetze des Lebens* beachtet und bewirkt, daß alle Rädchen im Getriebe der Natur, des Lebens und des Schicksals reibungslos ineinandergreifen und ein harmonisches Ganzes ergeben. Innere Ordnung trägt die Wohlausgewogenheit auch in die Dinge und Bedingungen des äußeren Daseins und hilft mit, das Zusammenleben aller heller, freundlicher und sinnvoller zu gestalten.

Wer sich an innere Ordnung gewöhnt, tut immer das erste zuerst und nur eines zur Zeit. Weil er Zeit- und Kraftvergeudung vermeidet, erreicht er mit weniger Energie ein Mehr an Leistung. Für ihn gibt es keine der zaudernlassenden Fragen: Habe ich das Haus abgeschlossen, das Licht abgeschaltet? Ist bei der Planung nichts vergessen? Werde ich rechtzeitig ankommen? Bin ich der Aufgabe gewachsen? Denn er weiß:

Glück, Erfolg ist das, was erfolgt, wenn ich richtig denke, zielbewußt plane und positiv handle, also bei allem, was ich vorhabe, erlebe und tue, mit allen Kräften von Leib, Seele und Geist bewußt und konzentriert dabei bin und mich bei alledem vom *Geiste* leiten lasse.

Alsdann tritt zur äußeren Erfolgstechnik die innere Erfolgsdynamik hinzu. Unsere Intelligenz besteht nämlich nicht nur aus dem ›rationalen Potential‹ der Persönlichkeit, aus der Fähigkeit logisch-praktischen Denkens, Planens und Ordnens, sie umfaßt auch das weit größere ›metarationale Potential‹ des inneren Menschen, der Individualität: die im Unter- und Überbewußtsein wurzelnden Kräfte und Begabungen — und die Partnerschaft mit der inneren Führung.

Die letztere ist es, die uns hilft, negative Gedanken, Reaktionen und Zielsetzungen und die daraus folgenden Fehlschaltungen von Gehirnleistungen und Minderungen der Lebenstüchtigkeit zu vermeiden. Sie spornt uns an, nicht auf Mängel und Unvermögen zu starren, sondern auf unsere *Vorzüge* zu achten und diese *bewußt hervorzuziehen* und zu aktivieren. Dadurch werden neue positive Geneigtheiten und Erfolgsgewohnheiten geschaffen, deren Ausbau mit jeder Übung leichter fällt, bis sie zur ersten Natur und damit zur Grundlage wacheren, bewußteren und glückreicheren Lebens geworden sind.

Schärfung der Sinne

Jede Steigerung der Intelligenz geht mit der Mobilisierung von Leistungskräften des Gehirns einher, deren Grad von der Funktion der äußeren Wahrnehmungsorgane, der *Sinne,* mitbestimmt wird. Die meisten Menschen machen von ihren Sinnen unzulänglich Gebrauch, nehmen darum nur einen kleinen Sektor der breiten Skala der Wirklichkeit wahr und schöpfen ihre Möglichkeiten unzureichend aus.

Man spricht gewöhnlich von fünf Sinnen: Gesicht, Gehör, Gefühl, Geschmack, Geruch. Tatsächlich haben wir mehr Sinne, darunter den Gleichgewichts-, den Witterungssinn und andere. Und was die Tiere an Sondersinnen uns gegenüber mehr besitzen, machen wir durch Instrumente wett, die Umweltvorgänge so zuverlässig erkennen lassen wie etwa ein Barometer Luftdruck und Wetter.

Die einzelnen Sinne stehen über Sinneszellen (Rezeptoren) und Nervenleitungen mit den entsprechenden Gehirnzentren in Verbindung, in denen die als bioelektrische Impulse übermittelten Sinneseindrücke in bewußte Wahrnehmungen umgewandelt, mit gespeicherten Erfahrungen verglichen, ausgewertet und mit Verhaltensweisungen beantwortet werden. Auf die physiologische

Seite dieser Vorgänge ist hier nicht einzugehen, sondern nur auf die *psychodynamische* Seite und auf die Möglichkeiten, die Sinnesleistungen durch Bejahung und Übung bewußt zu steigern. Eben dies ist für die Lebensmeisterung wichtig, denn, wie es schon im Mâhabhârata heißt: »Nur die Sinnesorgane sind Täuschungen unterworfen und betörbar; und der Geist, der sich von ihnen betören läßt, gelangt nicht zur Weisheit.«

Über die Schulung des wichtigsten, des *Sehsinns,* ist noch zu sprechen. Auch das Wahrnehmungsvermögen der anderen Sinne kann durch Übung gesteigert werden, soweit keine organischen Mängel vorliegen. Dabei zeigt sich, daß alle Sinne weit nuancierter, für feinere Unterschiede und Abstufungen der Wahrnehmungen wacher und empfänglicher sind oder werden können, als gemeinhin angenommen wird. Der *Geschmack,* der zumeist nur süß und sauer, salzig und bitter unterscheidet, läßt sich so verfeinern, daß beim *bewußten Essen* eine Fülle neuer Geschmacksnuancen entdeckt und der Mensch zum ›Feinschmecker‹ im guten Sinne des Wortes wird.

Alle Sinne sind mit dem *Gedächtnis* verbunden, weshalb ein Geschmack, eine Melodie, ein Gefühl, ein Geräusch, ein Duft, ein Bild, eine Szenerie, einzeln oder kombiniert, aber auch schon deren bloße *Vorstellung,* eine Vielzahl von Erinnerungen auslösen kann. Infolgedessen wird schon beim *Anblick* einer Speise die chemische Zusammensetzung der entsprechenden Verdauungssäfte und damit der Grad der Nahrungsauswertung von den zuständigen Gehirnzentren aus bestimmt.

Auch das *Gehör* kann, wenn der Sektor ›hören‹ im Gehirn auch weit kleiner ist als der Sektor ›sehen‹, unvorstellbar verfeinert werden, wie das geschulte Gehör des Musikers für hunderte feinster Tonunterschiede und geringste Disharmonien oder die Fähigkeit des Psychologen zeigt, aus Stimme und Worten eines Ratsuchenden die Nebenschwingungen verschwiegener Hemmungen, Besorgnisse, Enttäuschungen oder Haßgefühle herauszuhören und auf die entsprechenden Schwierigkeiten feinfühlig einzugehen.

Nicht weniger erziehbar ist der *Geruchsinn,* wie Warenprüfer, beweisen, die unzählige Geruchsnuancen unterscheiden. Die Schulung des Geruchsinns ist wichtig, weil er mit dem Gefühlssinn gekoppelt ist, weshalb Wohlgerüche positive, Mißgerüche antipathische Gefühlsreaktionen auslösen.

Wir schärfen unsere Sinne schon, wenn wir über Sinneseindrücke nachsinnen. Wir be-sinnen uns dann leichter auf das Wesentliche, zu Leistende, handeln besinnlicher und besonnener. Das wieder ist wichtig für die Schärfung des *Denk-Sinns,* der dahin geschult wird, das von den anderen Sinnen Wahrgenommene bildhaft-lebendig zu gestalten oder, wenn die Meldungen der Sinne dazu nicht ausreichen, so lange Fragen zu stellen und weitere Informationen anzufordern, bis die Bildung plastisch-greifbarer ›Begriffe‹ möglich und eine echte Wissensmehrung erreicht ist.

Seh-Schulung als Glücks-Schulung

Mancher, der schlecht sieht, hat schon erlebt, daß seine Augen zeitweise besser sahen als sonst. Entweder war er entspannt oder seelisch hochgestimmt, so daß Sehhemmungen vorübergehend wegfielen. Der Gedanke liegt nahe, daß, was einmal möglich war, auch auf die Dauer erreichbar sein müßte.

Der Schluß ist richtig. Ein amerikanischer Augenarzt, William H. *Bates,* hat bewiesen, daß das Auge erziehbar ist, daß durch Entspannung und Übung im bewußten Sehen die Sehkraft geschärft, Wahrnehmungsschnelligkeit und -exaktheit gesteigert, Kurz- und Weitsichtigkeit weitgehend beseitigt werden können.

Für das *geistige Sehen* gilt gleiches:

Manche, denen es im Leben schlecht erging, haben Zeiten erlebt, in denen es fühlbar voranging und das Glück ihnen sichtlich entgegenkam. Es waren Zeiten, in denen sie von der Sorgenspannung und geistigen Kurzsichtigkeit frei und hochgestimmt waren. Auch hier beweist die Erfahrung, daß, was einmal möglich war, für *dauernd* erreichbar ist, was ein amerikanischer Seelenarzt, P. P. *Quimby,* als erster demonstrierte.

Zur Vorbereitung auf die Praxis bewußten Sehens vorweg ein

paar Hinweise, wie durch Spannungswechsel Befreiung von Denk- und Sehfehlern und Verbesserung des Seh- und Glücksvermögens erreicht wird:

Damit beim Lesen die Augen weniger angestrengt, sondern häufiger entspannt werden, schaltet der Schriftsteller im Text Besinnungspausen in Form von Absätzen ein. Aber die meisten lesen darüber hinweg und lassen die Augen nicht zur Ruhe kommen, so daß Ermüdungen, Verkrampfungen und Fehlhaltungen entstehen, die zur Minderung des Sehvermögens führen. Die geistige Kurzsichtigkeit führt zur optischen.

Als Gegenmittel empfiehlt Dr. Bates als erstes das *Palmieren:* Man stützt, am Tisch sitzend, die Ellbogen auf den Tisch und bedeckt für 1–2 Minuten mit den hohlen Innenhänden die Augen so, daß sie ganz abgedeckt werden, dabei aber kein Druck auf sie ausgeübt wird. Zugleich wird gedanklich auf die Vorstellung samtener Schwärze geschaltet und dabei langsam und rhythmisch geatmet. Wenn das ›Dunkelsehen‹ beendet ist, spürt man, daß die Augen entspannter sind und besser sehen.

Ein zweites Mittel für müde und verkrampfte Augen sind kurze Sonnenbäder. Die Sonnenstrahlen sind für die Augen, was der Sauerstoff für die Lunge ist: Man legt sich, Füße in Richtung Sonne, so hin, daß die Sonnenstrahlen etwa 3 Minuten lang auf die geschlossenen Augen fallen, wobei der ganze Körper entspannt bleibt und auch die Augenlider nicht krampfhaft zusammengekniffen werden. Palmieren und Augensonnenbäder können täglich mehrmals wiederholt werden.

Was die Sonne für die Augen, ist das innere Licht für das Lebensglück: Wir tun gut, beim Augensonnenbad unsere Gedanken nach innen zu richten – auf die innere Sonne –, bis wir fühlen, daß wir innerlich hell und strahlend werden, daß Gemüt und Bewußtsein durchlichtet sind. Wenn wir danach mit dem Gewißsein inneren Durchsonntseins an die Arbeit gehen, sehen wir alles in einem helleren Licht – und im gleichen Maße wird uns das Glücklichsein leichter.

Eine dritte Übung besteht im Augenturnen, vor allem im *Schweifenlassen* der Augen, etwa beim Blick auf die Landschaft:

Zuerst schaltet man dabei bewußt im Wechsel auf Fern- und Nahsicht, ohne dabei die Augen zu spannen. Danach läßt man den Blick, ohne den Kopf zu drehen, ein paarmal entspannt in großen Bogen von links unten über Mitte oben nach rechts unten und zurück schweifen, anschließend von links oben über Mitte unten nach rechts oben und zurück, solange dabei kein Gefühl der Anstrengung entsteht. Gelingt das Schweifen, folgt das *Augenrollen* — ein paarmal rechts und ebenso links herum.

Wer das praktisch ausprobiert und — weil sein Sehvermögen sich bessert — auf den Geschmack kommt, wird selbst weitere Übungen finden und sich im weiteren auch an bewußtes Sehen kleiner Dinge, an das Lesen kleinster Schriften gewöhnen — und schließlich daran, auch die kleinsten Dinge nicht mehr zu übersehen, sondern sie bewußt als Glückbringer zu werten, um sein Wachsein für Ein- und Glücksfälle zu einem psychischen Automatismus zu entwickeln und seine Lebenstüchtigkeit zu erhöhen.

Durch klare Ansichten zu besseren Aussichten

Sehen geht über hören. Das für die Lebensmeisterung wichtigste Organ ist das Auge. Denn aus rechter Sicht und Einsicht erwachsen die rechten Ansichten, und wer diese recht vertritt, erringt Ansehen und verbessert seine Aussichten.

Nun lassen sich Stärke und Reichweite unseres Sehvermögens durch optische Geräte wie Brille, Fernrohr, Teleskop, Radar, Mikroskop usw. allseitig vergrößern. Nicht minder wichtig aber ist es, vom Sehvermögen selbst einen besseren Gebrauch zu machen — durch Gewöhnung an *bewußtes Sehen.* Wer das lernt, der blickt tiefer, nimmt mehr wahr und erkennt Hintergründe und Zusammenhänge, die oberflächlichem Hinblick verborgen bleiben.

Die meisten haben zwar die Augen offen, sehen aber trotzdem nur einen Teil der Wirklichkeit. Weil sie beim Sehen das Beobachten und innere Fixieren durch bildhaftes Denken unterlassen, fehlt ihnen der Blick für das Wesentliche. Sehen und beobachten ist zweierlei: beim einen umfaßt der Blick zwar das Ganze, beim andern aber tastet er die Einzelheiten ab, nimmt zehnmal mehr wahr und gräbt es ins Gedächtnis ein. Übung im Beobachten macht hellsichtiger für die Zeichen der Natur und die Vorzeichen kommender Dinge. Klarere Sicht fördert die instinktive Voraussicht.

Daß manche dreimal auf ihre Uhr blicken, bis ihnen bewußt wird, wie spät es ist, beweist die Notwendigkeit der Übung bewußten Sehens, für die das Leben ständig Möglichkeiten bietet: Können Sie die Häuser, die auf Ihrem Wege zur Arbeitsstätte liegen, beschreiben? Wohl kaum genau, denn erst beim bewußten Hinsehen werden aus vagen Vorstellungen scharf umrissene Bilder, die aus dem Gedächtnis wirklichkeitsgetreu nachgezeichnet werden können.

Oder können Sie, nach einmaligem Hinblick, angeben, was auf Ihrem Schreib- oder Arbeitstisch liegt, wo und in welchen Abständen zueinander? Können Sie Stellung, Größe, Farbe der Möbel in Ihren Wohnräumen aus dem Gedächtnis exakt wiedergeben? Oder Ihre Armbanduhr, Ihr Radio oder was Sie sonst ständig vor Augen haben, Gesichter, Kleider Ihrer Nachbarn beschreiben? Selbstprüfung wird Ihnen zeigen, daß Sie viele Dinge bisher kaum bewußt angesehen haben.

Hier wirkt Übung Wunder. Je deutlicher das *Aussehen* der Dinge in Ihrem Gedächtnis wird, desto klarer und schärfer umrissen werden Ihre *Ansichten* von den Dingen, den Umständen und dem Leben — und damit wieder verbessern sich Ihre *Aussichten,* die Dinge und Umstände erfolgreich zu meistern.

Wer die Augen offen hält und *bewußt* zu sehen lernt, der entdeckt überall Schönheiten und neue Möglichkeiten. Er findet jede Stunde aufs neue Grund, sich über etwas zu freuen oder an etwas zu wachsen. Er gewahrt Wunder ringsum, wo andere nur trostlose Wüste sehen.

Bedenken Sie, wieviele Entdeckungen, Erfindungen und andere große Leistungen der Menschheit auf allen Gebieten der Wissenschaft und Technik, der Wirtschaft wie des Lebens Früchte rechten Hinsehens und Beobachtens sind! Dann geht Ihnen auf, was ich mit einem Wortspiel verdeutlichen möchte:

Je *unterhaltsamer* Sie das Leben ansehen, desto leichter finden Sie Ihren *Unterhalt.*

Das gilt durchaus nicht nur für die Dinge des äußeren Daseins, sondern auch für das innere Leben. Um Begabungen zu aktivieren, muß man sie zuerst wahrnehmen, also sehen, und dann planmäßig schulen. Am Anfang jeder Schulung aber steht die der Aufmerksamkeit, der geistigen Wachheit. Denn produktiv auswerten können wir nur, was wir bewußt wahrnehmen. Ohne Schulung der *Aufmerksamkeit* keine Steigerung der *Merk*fähigkeit, der Gedächtniskraft, der geistigen Selbständigkeit, des Reaktionsvermögens, der Intelligenz, der schöpferischen Leistungsfähigkeit. Mit ihr beginnt das eigentliche Gehirn-Training.

Darum müssen wir uns mit dieser Kunst etwas eingehender befassen.

Schulung der Aufmerksamkeit

Mit der Schulung unserer Beobachtungsgabe, Aufmerksamkeit und Perzeptions-(Aufnahme-)Fähigkeit beginnt das eigentliche Gehirn-Training. Je *bewußter* wir alles, was wir wahrnehmen, uns zu eigen machen, desto rascher wächst unser Lern-, Merk- und Erinnerungsvermögen, desto besser wird unser *Gedächtnis* als Organ der Bewahrung, Ordnung, Reproduktion und rechten Nutzung unserer Gedanken, Einsichten und schöpferischen Kräfte.

Im Wort *»Aufmerksamkeit«* liegt der Stamm *›merken‹*. Es besagt, daß das, worauf wir unser ›Augenmerk‹ richten, was wir *merkend aufnehmen*, unserem Gedächtnis in bildhaft-deutlichen und behaltensfähigen *›Marken‹*, Runen oder Zeichen nachhaltig eingeprägt, eingegraben wird.

Goethe sagt mit Recht: »Das eben ist die Eigenschaft der wahren Aufmerksamkeit, dieser höchsten aller Fähigkeiten, daß sie im Augenblick das Nichts zu Allem macht.« *Rückert* mahnt: »Aufmerksamkeit, mein Sohn, ist, was ich dir empfehle: bei dem, woran du bist, zu sein mit ganzer Seele.« Und *Chesterfield* fügt hinzu: »Der sicherste Weg, uns in einer Sache hervorzutun, ist der, unsere konzentrierte Aufmerksamkeit auf das, was wir vorhaben, anzuwenden, mit deren Hilfe eine Sache sogleich erfaßt« und – könnten wir ergänzen – nicht mehr lässig, sondern zuverlässig erinnert, vergegenwärtigt und verwertet wird.

Nun ist das Beobachtungsvermögen des heutigen Menschen bereits größer als das früherer Generationen, weil die Summe der Eindrücke, die geistige Wachheit und Auffassungsbreite zugenommen hat. Aber dieses Vermögen wird noch wesentlich gesteigert, wenn wir von der mehr passiven, willkürlichen zur aktiven, *bewußten Aufmerksamkeit* übergehen und diese durch entsprechende Vorsätze und Bejahungen, Zielsetzungen und Übungen lenken und fördern. Beim mehrgleisigen Denken gar wird die Aufmerksamkeit so intensiviert, daß berufliche und außerberufliche Mehrfachleistungen erzielt werden.

Jede Konzentration der Aufmerksamkeit bewirkt eine Erhöhung der Ansprechbarkeit der dadurch betätigten Ganglienzellen und Nervenfasern und damit der Fähigkeit zielbewußten Wahrnehmens und Erkennens von Sachverhalten und Zusammenhängen – um so mehr, wenn diese Entwicklung *bejaht* wird:

»Ich beobachte alles, was ich sehe, mit konzentrierter Aufmerksamkeit, entdecke von Tag zu Tag mehr Einzelheiten und Feinheiten und erfasse diese immer deutlicher. Meine Fähigkeit, mir alles Aufgenommene zu merken und es jederzeit zu reproduzieren, wächst mit der Zunahme meiner Aufmerksamkeit.«

Ermitteln Sie durch eine kleine Übung den Grad Ihres Aufmerk- und Merkvermögens: Lesen Sie den ersten Absatz dieses Kapitels bewußt zweimal durch, schließen Sie darauf für 1 Minute die Augen und schreiben Sie dann das Gelesene aus dem Gedächtnis nieder. Ein Vergleich zeigt Ihnen, wie weit das Aufgenommene behalten wurde. Wiederholen Sie das mit anderen Abschnitten und mit Stoffen aus einem Lehrbuch Ihres Fachgebiets. Sie entdecken dann, daß mit der *Übung* die Merkfähigkeit wächst und wie sehr Goethe Recht hat: »Wenn man es genau besieht, ist es einerlei, an welchem Gegenstand man seine Tätigkeit übt, an welchem man seinen Scharfsinn versucht.« Denn jede Übung erhöht Ihr Vermögen, mehr und mehr alles, was Sie, *bewußt* wahrnehmend, sich zu eigen machen, in einen lebendigen Bestandteil Ihres Gedächtnisses zu verwandeln.

Dabei wird ein weiteres deutlich: Mit der Zunahme der Aufmerksamkeit und Klarsicht werden Sie spürbar freier von Selbsttäuschungen, Irrtümern und Vorurteilen, die Folgen unzureichenden Sehens und Verstehens sind. Das wiederum bedeutet das Wachstum Ihrer inneren Sicherheit, Geistesgegenwart und Überlegenheit, Intelligenz und Lebenstüchtigkeit.

Dazu wollen auch die weiteren Anleitungen und Übungen verhelfen, die immer mehr vom Allgemeinen zum Wesentlichen hinführen.

Aufmerksamkeits-Steigerung durch graphisches Fixieren

Wer *photographiert*, weiß, daß die Suche nach geeigneten Motiven und guten Aufnahmen zu schärferem Hinsehen zwingt. Die Ansichten, die der Photofreund von seinen Reisen mitbringt, zeigen nicht nur, *was* er sah, sondern auch, *wie* er die Welt ansieht, worauf seine Aufmerksamkeit gerichtet ist, wie weit seine Weltaufgeschlossenheit reicht.

In erhöhtem Maße wird die Aufmerk- und Merkfähigkeit geübt und gesteigert durch *graphisches Fixieren:* durch zeichnerische Wiedergabe des Gesehenen, durch schriftliches Festhalten des zu Lernenden und der eigenen Gedanken dazu. Mit der Gewöhnung daran wächst der Behaltensgrad und Bildungswert des Gehörten und Gesehenen, Gelesenen und Gelernten. Zeichnerische oder schriftliche Präzisierung des Aufgenommenen führt zu erhöhter Exaktheit im Denken, Verarbeiten und Wiedergeben. Nicht jedoch dient bewußtes Notieren dazu, das Gedächtnis zu entlasten. Wer sich alles notiert, um ›nichts zu vergessen‹, fördert seine Gedächtniskraft nicht. Aufschriebe sollen der Übung der Aufmerksamkeit dienen, nicht der Stillegung des Gedächtnisses.

Wenn wir in der Schule oder Hochschule, in Fachkursen oder Vorträgen Notizen machen, werden wir diese anschließend zu kurzen Exposés verarbeiten und, mit entsprechenden Stichworten versehen, in einem Zettelkasten mit anderen als Produkte eigener geistiger Arbeit geordnet sammeln. Wesentlich ist, daß nichts kritiklos nachgeschrieben, sondern beim Hören das *Selbst-Denken* betätigt, das Aufgenommene im Geiste ›illustriert‹ und in seinen möglichen Folgerungen überdacht wird.

Solch schriftliches Fixieren des Wesentlichen führt zugleich zur Verbesserung des sprachlichen Ausdrucksvermögens. Wer viel liest, weiß, wieviele Autoren Sprachschlamper sind, unlogisch im Satzbau, unsicher im Ausdruck, unklar in der Formulierung, soweit sie als bloße Gedankenwiederkäuer sich mit einem Minimum eigenschöpferischen Denkens begnügen.

In diesem Zusammenhang ist die Bedeutung der *Stenographie* zu unterstreichen. Wer stenographiert, ist dem Kurrentschreiber dreifach überlegen: 1) spart er beim Schreiben Zeit und Kraft, 2) kann er Gehörtes sofort exakt festhalten, 3) kann er seine eigenen Gedanken mit der normalen Denkgeschwindigkeit (ca. 200 Silben in der Minute) ohne Unterbrechung niederschreiben. Gewöhnung an Stenographie fördert das klare Denken und die Gedächtnisleistung, die innere Wachheit und Geistesgegenwart.

Für die Beherrschung von *Fremdsprachen* gilt gleiches: mit jeder Sprache, die man zusätzlich beherrscht, verdoppelt sich die geistige Beweglichkeit, der Bildungsgrad und die Lebenstüchtigkeit, weshalb kluge Geschäftsleute unter Wettbewerbern für einen Posten, gleich welcher Art, den, der stenographieren kann und oder Fremdsprachen beherrscht, bevorzugen. Sie wissen, daß geübte Kurzschreiber schneller auffassen und auch rascher lesen: ihr Blick umfaßt nicht mehr einzelne Wörter, sondern ganze Wortgruppen und Satzteile, so daß sie einen Text in einem Drittel der üblichen Zeit aufnehmen und dreimal so rasch wie der Durchschnitt im Bilde und einsatzbereit sind.

Ähnliches gilt vom *Zeichnen*, das zudem nicht nur der Schulung des Gesichtssinns, der Steigerung der Wahrnehmungsfähigkeit und Aufmerksamkeit, sondern auch – als passives, *absichtsloses Zeichnen und Malen* – der Konkretisierung (Vergegenständlichung) und Klärung, Lösung und Überwindung von Beklemmendem und Quälendem, seelischen Hemmungen und Verdrängungen, also der seelischen Entgiftung und Harmonisierung dient. In geringerem Maße trifft dies auch auf das Modellieren, Basteln und andere *zweckfreie* manuelle Tätigkeiten zu, bei denen man sich gehen, das Unbewußte sich auswirken läßt.

Auch dabei öffnen sich Zugänge zu den schöpferischen Wesenstiefen. Der Weg wird frei für Einfälle und Eingebungen, die sonst nicht zum Bewußtsein gelangen. Und wenn diese sogleich stenographisch fixiert werden, entdeckt man, daß dann Inspirationen in wachsender Fülle nachströmen. Wir werden sehen, wie weitgehend dieser Prozeß durch Koordination von bewußtem und unbewußtem Schaffen lenkbar ist.

Das Gedächtnis als Erfolghelfer

Nur wenige sind sich bewußt, wie weit ihre Leistungen und Erfolge im Beruf und Leben von der Wachheit und Stärke ihres *Gedächtnisses* abhängen und wie wahr Napoleons Ausspruch ist: »Ein Kopf ohne Gedächtnis gleicht einer Festung ohne Besatzung.«

›*Gedächtnis*‹ hängt mit ›*denken*‹ zusammen: was wir *bedacht*, bewußt, bildhaft denkend aufnehmen, prägt sich unserem Gedächtnis ein, wird ein Bestandteil seines Vermögens jederzeitiger Vergegenwärtigung früher aufgenommener Gedanken, Eindrücke, Wahrnehmungen, Erlebnisse, Erfahrungen und Erkenntnisse.

Ohne Gedächtnis könnten wir nichts hinzulernen und Erlerntes nicht zweckvoll anwenden. Das Gedächtnis ist als Basis der Intelligenz »für alle Tätigkeiten der Vernunft unerläßlich«, wie *Pascal* betont. Auch ist vieles, was ›Instinkt‹ genannt wird, in Wirklichkeit unbewußte Gedächtnisleistung.

Mit jeder neuen Fähigkeit, die wir uns durch Lernen aneignen, unserem Gedächtnis durch Übung einverleiben, wächst das Kraftfeld unserer Persönlichkeit und unser Vermögen, uns im Lebensganzen sicherer zu behaupten und erfolgreicher durchzusetzen. Je lebendiger uns die psychodynamischen Vorgänge beim Aufnehmen und Einprägen, Behalten und Erinnern *bewußt* werden, desto leichter und vollkommener werden diese Funktionen ausgeübt.

Wir entdecken dabei weiter, daß die Erinnerungsschärfe und -dauer auf der Leistung verschiedener Ganglienzellgruppen beruht, die teils als ›Langzeitspeicher‹ alles bewußt als wesentlich Aufgenommene im Archiv des unterbewußten Gedächtnisses (auch spirituelles Gedächtnis genannt) für dauernd aufbewahren und auch nach größeren Zeitabständen auf Anruf dem Bewußtsein zur Verfügung stellen, teils als *›Kurzzeitspeicher‹* das mehr obenhin, mit geringerer Bewußtheit, Aufgenommene für den baldigen Gebrauch bereithalten und je nach Wichtigkeit früher oder später löschen.

Gedächtnisstörungen und -blockierungen stellen sich dann ein, wenn die Langzeitspeicher mit Informationen belastet werden, für die die Kurzzeitspeicher da sind, weil sie nach erfolgter Berücksichtigung oder Auswertung wieder vergessen werden können.

Die physiologischen Vorgänge bei der Aufnahme und Verankerung von Informationen im Gedächtnis sind noch weithin unerforscht. Wir wissen aber, daß sie durch Übung und Beeinflussung von der seelisch-geistigen Seite her beschleunigt und ausgebaut werden können. *Schopenhauer* verglich das Gedächtnis mit einem »Sieb, dessen Löcher, anfangs klein, wenig durchfallen lassen, jedoch mit der Zeit immer größer werden und endlich so groß, daß das Hineingeworfene fast gänzlich durchfällt«. Das ist dann der Fall, wenn das Gedächtnis nicht als Helfer bejaht und geübt wird. Geschieht das hingegen, dann werden die Löcher immer kleiner und lassen schließlich nur noch das durch, was wir vergessen wollen.

Bewußte Übung des Gedächtnisses bedeutet nicht nur leichtere Aneignung von Wissensstoff, sondern auch allseitige Aktivierung des Merk-, Speicher- und Erinnerungsvermögens durch Steigerung der Zahl und Qualität der Assoziationen, Erhöhung der Fähigkeit schöpferischen Denkens und der Wachheit für Inspirationen.

Mit Recht vertrauen die Großen in allen Bereichen des Lebens ihrem *guten Gedächtnis* als einem der wichtigsten Erfolghelfer. Geniale Menschen zeichnen sich zumeist durch ein *überragendes*

Gedächtnis im Bereich ihres Interessen- und Betätigungsfeldes aus. Sie machen deutlich, wie sehr die Gedächtnisleistung von den drei Faktoren *Bejahung, Vertrauen und Interesse* bestimmt wird. Das zu wissen, ist ermutigend für alle, die ihrem Gedächtnis mißtrauen oder über ein ›schlechtes Gedächtnis‹ klagen. Wecken und steigern kann man nur, was schläft, also vorhanden ist. Die Gedächtniskraft nun ist, wie alle Begabungen, in jedem Menschen ausreichend vorhanden; sie muß und kann durch Bejahung und Vertrauen, Übung und Konzentration laufend gesteigert werden.

Die drei Gedächtnisformen

Wie es rascher und langsamer Denkende gibt, so ist auch das Gedächtnis individuell verschieden geartet und entwickelt. Es gibt, um beim allgemeinsten zu beginnen, Menschen mit einem vorwiegend visuellen, optischen oder *Seh-Gedächtnis,* andere mit einem mehr auditiven, akustischen oder *Hör-Gedächtnis,* und wieder andere mit einem motorischen, kinästhetischen oder *Bewegungs-Gedächtnis.*

Die ersteren behalten Gesehenes am besten, die anderen leichter Gehörtes, die dritten vor allem Bewegungserlebnisse. Demzufolge lernt am leichtesten, wer zunächst einmal beachtet, welche Gedächtnisart bei ihm am stärksten ausgeprägt ist, weil es den Grad des Einpräge-Vermögens bestimmt. Weiter wird er prüfen, ob er etwa ein erhöhtes Merk- und Erinnerungsvermögen für Worte oder Zahlen, Namen oder Personen, Erlebnisse oder Sinnzusammenhänge besitzt, das jeweils an bestimmte Gehirnpartien gebunden ist. Danach erst wird er zu *allseitiger Gedächtnisstärkung* übergehen, indem er zu Lernendes etwa durch lautes Lesen, schriftliches Fixieren und inneres ›Illustrieren‹, also durch gleichzeitige Aktivierung aller Speicherungseinrichtungen des Gehirns, auf bestmögliche Weise im Gedächtnis zu verankern sucht.

Prüfen Sie, auf welche Weise Sie sich etwas merken: Achten Sie beim Einprägen unwillkürlich auf das Schriftbild — wie etwa der Eidetiker, dessen optisches Erinnerungsvermögen so stark entwickelt ist, daß er ein sekundenlang betrachtetes Bild, eine Druckseite oder einen Vorgang mit weit mehr Einzelheiten wiederzugeben vermag als der Durchschnitt, als ob er das Ganze im Geiste wie ein Photo anschaulich, konkret vor Augen habe?

Oder achten Sie mehr auf Klang, Rhythmus, Lautfolge des unwillkürlich laut nachgesprochenen Lernstoffs? Oder verbinden Sie zu Merkendes mit Personen- oder Situationsvorstellungen, so daß die Erinnerung an das eine das andere mit ins Bewußtsein ruft, oder mit bestimmten Bewegungen, etwa indem Sie gehend lernen?

In jedem Falle gehen Sie am besten von der am stärksten entwickelten Gedächtnisform aus, um dann die anderen damit zu kombinieren:

Der *optische Typ* wird demgemäß beim Einprägen von Lernstoff das Wesentliche je nach der Merk-Würdigkeit (!) ein- oder mehrfarbig unterstreichen, sein Merkvermögen durch Notizen, anschauliche Zeichnungen, Tabellen und lebendige innere Vorstellungsbilder bewußt verstärken, gleichzeitig das zu Behaltende nachsprechen, auf den Wortklang achten und dabei, wenn möglich, auch sonst körperlich in Bewegung bleiben.

Der *akustische Typ* wird zu Lernendes betont langsam laut oder halblaut nachsprechen und dadurch sein besonders hör-williges Gedächtnis bzw. dessen Langzeitspeicher ansprechen, dabei die Augen schließen und bewußt auf Ton und Wortklang lauschen, daneben aber das Aufgenommene auch schriftlich fixieren und sich innerlich bildhaft vorstellen.

Der *motorische Typ* wiederum wird sich den Lernstoff halblaut sprechend mit wechselndem Stimmklang, fühlbaren Lippenbewegungen und begleitenden Körperbewegungen einprägen, etwa hin- und hergehend lernen, das zu Behaltende mit Situationserlebnissen verbinden, es auch graphisch, in Notizen, Übersichten, Zeichnungen zu fixieren suchen. Zugleich aber wird er die Lernarten der beiden anderen Typen mit benutzen, um durch zusätzliche Assoziationen sein Reproduktionsvermögen allseitig auszubauen.

Das beste Gedächtnis entwickelt, wer beim Lernen in geistiger Wachheit, Hochstimmung und Konzentration so viele Sinne wie möglich betätigt und das Aufgenommene zugleich innerlich in anschaulichen Bildern nachgestaltet, es also insgesamt mit *Bejahung, Interesse* und absolutem *Vertrauen* zu seinem das Erinnerungsvermögen steuernden Gedächtnis aufnimmt. Um so zuverlässiger vermag er das Gelernte sich jederzeit zu vergegenwärtigen und wiederzugeben.

Es gibt kein schlechtes Gedächtnis

Eine häufige Klage ist die über die Unzulänglichkeit oder das Nachlassen des Gedächtnisses, das einen Daten, Namen, Verabredungen und Vorhaben vergessen und dadurch in peinliche Situationen geraten läßt. Bei in Examensnöten Befindlichen steigert sich diese ›Vergeßlichkeit‹ zur scheinbaren Unfähigkeit, Gelerntes zu behalten, zu Kopfschmerzen beim Versuch des Erinnerns, Unruhe, Schlaflosigkeit und anderen Erscheinungen hochgradiger Unsicherheit und Nervosität und bis zum Gefühl nahenden Zusammenbruchs . . .

Alle diese Erscheinungen sind in Wirklichkeit leicht zu vermeiden und zu überwinden. Wir müssen uns nur bewußt machen, daß unserem Gedächtnis nichts fehlt, daß es weder ein schwaches noch ein schlechtes Gedächtnis gibt, sondern daß es *unbegrenzt leistungsfähig* ist. Die Ursache der Gedächtnisstörungen und -blockierungen liegt zum Teil im *Mangel an Interesse,* wie Beobachtungen an Schülern zeigen, bei denen das Lernvermögen weithin von der Beliebtheit der einzelnen Lehrfächer, also vom Grade teilnehmender Aufgeschlossenheit abhängt. Weit mehr aber liegt die Ursache im *falschen Denken und Verhalten,* im Selbstmißtrauen, in Spannungen und Selbstverkrampfungen.

Abgesehen vom seltenen Gedächtnisverlust infolge Gehirnschädigungen besitzt *jeder* ein zuverlässiges Gedächtnis von weit größerer Leistungskraft, als ihm bewußt ist. Natürlich muß es richtig behandelt und laufend geübt werden. Geschieht das, dann zeigt sich, daß Versager nur möglich werden, wenn wir unser Gedächtnis unterschätzen, ihm zu wenig zutrauen oder ihm gar ängstlich mißtrauen.

Zur richtigen Behandlung des Gedächtnisses gehört als erstes die *Bejahung* seines unbegrenzten Aufnahme-, Merk-, Speicher- und Reproduktionsvermögens, das absolute *Vertrauen* und die diesem Zutrauen entsprechende immer stärkere Inanspruchnahme.

Bei den meisten ist das Gedächtnis nur deshalb schlecht oder unzuverlässig, weil sie sich, etwa auf Grund eines einmaligen spannungsbedingten Versagens, einbilden, ›nichts mehr behalten zu können‹. Mit jeder Wiederholung derartiger negativer Autosuggestionen blockieren sie ihre an sich gesunde und leistungswillige Gedächtniskraft. So etwa, wenn sie sich oder anderen sagen: »Ich vergesse so leicht etwas«, wenn sie auf eine Frage oder Mahnung entschuldigend antworten: »Ich hatte es leider vergessen«, wenn sie einen anderen bitten: »Erinnern Sie mich daran, daß ich es nicht vergesse«, oder sagen: »Das muß ich mir notieren, damit ich's nicht vergesse« ...

... Jede derartige gefühlsbetonte autosuggestive Wiederholung des Wortes *›vergessen‹* ist ein Befehl an das Unterbewußtsein, das, was man behalten will oder sollte, zu *vergessen,* und ein Mißtrauensvotum gegenüber dem Gedächtnis. Hier ist es unerläßlich, daß man sein Denken, Fühlen, Erwarten und Bejahen vertrauensvoll auf das Gegenteil, das *leichte Behalten,* richtet, auf die Willigkeit des Gedächtnisses, alles einmal Aufgenommene zu speichern und für das Bewußtsein bereitzuhalten, auf seine Eigenschaft, alles, was uns einmal interessierte und was ihm als wichtig eingeprägt und anvertraut wurde, für dauernd zu bewahren.

Diese absolute Zuverlässigkeit des Gedächtnisses gilt es eine Weile beharrlich zu bejahen:

»Mein Gedächtnis, mein Merk- und Erinnerungsvermögen ist so stark, daß ich alles behalte, was mir wichtig und behaltenswert ist!«

Wer sich so verhält und seinem Gedächtnis als seinem besten Freund vertraut, wird bald bemerken, wie mühelos er alles behält und wie weitgehend die Leistungsfähigkeit des Gedächtnisses vom Interesse und Vertrauen, von der Übung und Konzentration und anderen positiven seelischen Grundhaltungen bestimmt wird.

Gedächtnis-Störungen

Gedächtnis-Blockierungen und -Versager sind, wie alle Ermüdungserscheinungen, Folgen gedanklicher Fehlschaltungen und seelischer Fehlhaltungen, Nachwehen gefühlsbetonter negativer Vorstellungen und Reaktionen wie Angst, Unzufriedenheit, Mißmut, Ärger, Unruhe, Groll und anderer Selbstverkrampfungen, die zu inneren Spannungen und Leistungsausfällen führen.

Über nichts wird heute häufiger geklagt als über *zunehmende Müdigkeit*. Dabei ist Müdigkeit, die sich in Abnahme der Arbeitsfreudigkeit und -fähigkeit, in Unlust, Abgespanntheit, Zerschlagenheit äußert, primär kein organischer, sondern ein *psychischer Zustand* und Auswirkung geistigen Fehlverhaltens. Sie kann durch Entspannung, durch Bejahung unseres inneren Wachseins, durch Konzentration, Steigerung unseres Interesses und unserer Begeisterung für alles, was zu leisten ist, erfolgreich behoben und überwunden werden.

Der Ermüdung beim Lernen und Schaffen können wir etwa dadurch entgegenwirken, daß wir in jeder Arbeitsstunde fünf Minuten der Entspannung und Umschaltung widmen. Wir folgen damit der Weisheit des Herzens, das jeder Zusammenziehung, also Arbeitsleistung, eine kurze Ruhepause folgen und so im Rhythmus von Spannung und Entspannung ein Leben lang das Blut durch den Körper kreisen läßt, ohne müde zu werden.

Diese Entspannungsminuten während der Arbeitszeit können in Recken und Strecken, Hinlegen und bewußter Lockerung des ganzen Körpers, in Atemübungen oder einem Kurzschlaf bestehen. Sie geben genügend Frische bis zur nächsten Entspannungspause. Ebenso sollten wir uns vor jeder Arbeit, insbesondere vor jeder Gedächtnisarbeit entspannen und in die Stille gehen. So viele Minuten wir darauf verwenden, so viele Stunden sichern wir uns lebendige Frische.

Auch sonst sollten wir darauf achten, ob wir immer entspannt sind. Beobachten wir uns des öfteren: sitzen wir beim Lesen bequem, entspannt? Sind die Muskeln des Gesichts, der Arme und Beine locker? Ist der Körper so schlaff wie ein Ballon ohne Luft?

Wenn nicht, wird die geistige und körperliche Arbeit entsprechend mühsam und ermüdend.

Und wie werten wir die *Arbeit selbst* und das Lernen? Als etwas Befriedigendes und Beglückendes, als *Vergnügen* – oder als ein lästiges, aber notwendiges Übel, also als *Anstrengung?* Wenn das letztere, dann *machen* wir die Arbeit und das Lernen anstrengend, spannen uns und werden leichter müde – nicht durch die Arbeit, sondern durch die begleitenden negativen, lähmenden Gedanken!

Schalten wir hier bewußt auf Bejahung und Entspannung um, machen wir, was wir tun, lustbetont, und machen wir uns diese Haltung durch tägliche Übung zur Gewohnheit, dann bleiben Ermüdung, Geistesabwesenheit und Gedächtnisversager fern. Gähnen wir zwischendurch einmal! Schon die Vorstellung des Gähnenmüssens und das anschließende herzhafte Gähnen und Recken wirkt spannungslösend und erfrischend. Und wenn wir dann die *Leichtigkeit* des Lernens und Schaffens bejahen, *wird* alles leichter.

Unser Gedächtnis kann in Wirklichkeit so wenig ermüden wie Gehirn und Geist. Nur Fehlschaltung und Mißbrauch geistiger Kräfte kann Müdigkeit und Versager auslösen, also *Minusleistungen* wie vergessen, verlegen, versäumen, verlieren, verpfuschen, verletzen, verderben ... Schon das krampfhafte Bemühen, etwas *nicht* zu vergessen, bringt das ›Gesetz des Gegenwillens‹ zum Wirken und erhöht die Vergeßlichkeit. – Wenn, wie C. G. *Jung* sagt, »alles, was ich weiß, was mir einmal bewußt war, was meine Sinne je wahrgenommen haben, Inhalt des Unbewußten ist«, und wenn das Unbewußte Bejahungen mit willigem Tun, Verneinungen mit Nicht-Tun beantwortet, dann liegt es auf der Hand, daß Bejahung unseres Könnens und Vertrauen zum Gedächtnis mit Hochleistungen und gleichzeitiger Frische und Wachheit, Konzentration und Schaffensfreude beantwortet wird.

Gedächtnis-Stärkung

Wenn Ihr Gedächtnis Ihnen im Beruf und Leben ständig gute Dienste leisten soll, müssen Sie es als *Helfer* und als Schatzkammer Ihres Wissens und Könnens *bejahen* und ihm rückhaltlos *vertrauen.* Denn wer sein ›schlechtes Gedächtnis‹ beklagt, mindert mit jedem derartigen verneinenden Gedanken und Wort seine Leistungskraft. Wer hingegen sein gutes Gedächtnis in Gedanken und Worten bejaht, steigert sein Erinnerungsvermögen, und zwar zunehmend nach dem Grad seines *Interesses,* seiner *Konzentration* und seiner *Begeisterung* für das, was er aufnimmt und behalten will.

Dazu kommt im weiteren die Gewohnheit, alles zu merkende dem Gedächtnis in *bildhaft-anschaulicher* und übersichtlicher Form zu vermitteln und nicht zusammenhängende Merkstoffe durch sogenannte ›Gedankenbildbrücken‹ so miteinander zu verzahnen und zu koppeln, daß sie im Langzeitspeicher des unterbewußten oder spirituellen Gedächtnisses miteinander assoziiert, verkettet bleiben und auf Anruf zusammen reproduziert werden.

Wer sich bisher für ›vergeßlich‹ hielt, tut gut, sein Vertrauen zum Gedächtnis durch häufige *Bejahungen* zu bekräftigen und zu vertiefen, etwa in folgender Form:

»Mein Gedächtnis wird mit jedem Tage in jeder Hinsicht immer besser und besser! Seine Leistungsfähigkeit ist unbegrenzt. Alles, was ich bewußt und gern in mich aufnehme, mit Aufmerksamkeit, Aufgeschlossenheit und Interesse, bleibt zuverlässig in mir haften. Es fällt mir immer leichter, mir alles Aufgenommene zu merken, es zu behalten und mir jederzeit zu vergegenwärtigen!"

Vergeßlichkeit stellt sich nämlich nur ein, wo Lernstoff oder sonst zu Merkendes unkonzentriert, gedanken- und interesselos, innerlich unbeteiligt aufgenommen wurde. Geschieht es hingegen *bewußt,* kann es anschließend aus dem Bewußtsein entlassen werden, weil es im Archiv des Unbewußten ordnungsgemäß registriert und gespeichert wurde.

Schopenhauer hat diesen Zusammenhang erfaßt: »Man suche das, was man dem Gedächtnis einverleiben will, so viel als möglich auf ein *anschauliches Bild* zurückzuführen... Deshalb behalten wir so sehr viel besser das, was wir *erlebt*, als was wir *gelesen* haben.« Der Weg zum besseren Behalten auch beim *lesenden Lernen* führt demgemäß über die Kunst, das Aufzunehmende in lebendige innere Bilder umzuwandeln und, wo nötig, den Lernstoff durch *Gedankenbildbrücken* mit begleitenden Umständen, Situationen, Handlungen usw. unlösbar zu verbinden. Diese Praxis wird später behandelt.

Zu diesen psychodynamischen Faktoren kommen die technischen der *Wiederholung* und *Übung* der Gedächtniskraft, für die im weiteren Anleitungen folgen.

Zu den *positiven Gedächtnisübungen* gehört die Gewohnheit der abendlichen Rückerinnerung an die Einzelheiten des abgelaufenen Tages – zunächst am besten schriftlich in Form der Tagebuchführung, wobei aber nur das Wesentliche, Positive vermerkt wird und die sich etwa daraus ergebenden Aufgaben des nächsten Tages für die anschließende neue Tageszielsetzung notiert werden. Diese Rück-Erinnerung verläuft rückwärts, beginnend beim zuletzt Erlebten, Erfahrenen, Gelernten, und zurückschreitend über den Mittag bis zum Morgen.

Anfangs werden dabei nur grobe Umrisse erinnert; aber wenn die geistige Rückschau bewußt geübt wird, werden die Erinnerungen immer lückenloser, farbiger und bedeutungsreicher. Damit wächst die Einsicht, wie manches besser hätte erledigt werden können, die Willigkeit, es morgen besser zu machen, die Wachheit für Einfälle und Eingebungen und damit die geistige Vorausschau, die wiederum die Zielsetzung für den neuen Tag fruchtbarer macht.

Schließlich wird die Mitarbeit des Gedächtnisses so dynamisch, daß schriftliches Fixieren des Erinnerten unnötig wird, weil das Gedächtnis nun selbst Vergangenheit und Gegenwart mit der Zukunft verknüpft und die Zielerreichung erleichtert.

Dynamisches Lernen

»Lernen, ohne zu denken, ist wertlos, denken, ohne zu lernen, gefährlich«, sagt Kungfutse. Nur durch *denkendes Lernen* erweitern wir unser Wissen und Können, unsere Erfahrung und Leistungskraft — um so gewisser, wenn wir uns vom üblichen *mechanischen* ›Auswendig‹-lernen distanzieren und an *dynamisches* ›Inwendig‹-lernen gewöhnen, bei dem alle Bewußtseinsschichten beteiligt sind, Zahl und Qualität der Assoziationen und Informations-Kombinationen verbessert, Übersicht, Einsicht und Lebensbewußtheit fortlaufend erhöht werden.

Der Prozeß bewußten Lernens wird durch Bejahung und Konzentration lustbetonter und intensiver. Gern Gelerntes wird leichter behalten und rascher reproduziert. Das Assoziationsvermögen, die Fähigkeit, durch einen Gedankenimpuls eine größtmögliche Zahl von Schaltverbindungen zu verwandten Vorstellungen und Erfahrungserinnerungen zu aktivieren, wird gesteigert und damit die Reaktionsgeschwindigkeit und allgemeine Lebenstüchtigkeit.

Die Schule hat es weithin verstanden, das Lernen mit Unlustgefühlen zu koppeln und mit oft lebenslänglich nachwirkenden Unwertkomplexen zu belasten, statt die angeborene Wißbegier und Phantasie, die Lernfähigkeit und das Verlangen nach Mehrsein und Mehrkönnen anzusprechen und alle schöpferischen Fähigkeiten in den jungen Menschen bewußt zu aktivieren. Zum Glück kann jeder die seelischen Belastungen aus der Kindheit und Schulzeit überwinden und in der Schule des Lebens jederzeit neu anfangen, rasch aufsteigen und — wie die großen Autodidakten, Dichter und Denker, Erfinder und Finder neuer Wege zeigen — alles lernen und meistern, was er sich zutraut. Er muß es nur dem Geiste gleichtun, der immer in Bewegung ist und, seines Wachstums wie seines Zieles bewußt, unablässig auf dem Wege zur Vollendung voranschreitet.

Diese positive Eigenleistung ist durch Lehrmaschinen nicht erreichbar, wie auch die technisch vollkommenste Form der Fremderziehung nicht die bewußte eigenständige Selbsterziehung zu ersetzen vermag. Denn dynamisches Lernen ist kein bloßes ›Aufnehmen‹— wie man etwas aufhebt und in die Hand nimmt —, sondern ein bewußtes Einverleiben, Einverseelen und Zu-eigen-machen. Was solcherart nicht nur mechanisch *er*griffen, sondern geistig *be*griffen und organischer Eigenbesitz wird, bleibt jederzeit nutzbarer Wissens-Wert und Wesensbestandteil.

Man kann den Menschen als ein Wesen definieren, das — weit über die Lernfähigkeit der Tiere hinaus — von der Geburt bis ans Lebensende unablässig zulernt, weil den Langzeitspeichern seines unterbewußten oder spirituellen Gedächtnisses eine unbegrenzte Aufnahme- und Verarbeitungsfähigkeit eignet.

Das wird deutlich, sowie einer bewußt, mit Interesse, Liebe, Hingabe, geistiger Wachheit und Konzentration, also *dynamisch lernt.* Das ahnten große Geister schon im Altertum, wie der Rat des römischen Philosophen, »Lerne, weise zu sein!« ebenso erkennen läßt wie der des chinesischen Weisen Kungfutse: »Lerne, als kämest Du nimmer ans Ziel!« *Logau* erläutert das in einem Sinnspruch: »Wenn einer denkt, er *lerne noch,* so kommt sein Witz hervor. Wenn einer meint, er *sei gelehrt,* so wird er jetzt ein Tor.« Das heißt: solange einer lernwillig bleibt und aufgeschlossen für alle Erfahrungen und Weisheiten des Lebens, schreitet er voran und wird bis ins höchste Alter ständig tauglicher und tüchtiger, reifer und weiser. Alle Großen lernten vom Leben und wuchsen, solange sie lebten. Nur die Kleinen sind rasch fertig und merken nicht, wie sie erstarren, geistig absterben und zurückbleiben . . .

Die Erkenntnis, daß wir in der Schule des Lebens immerfort Neues lernen und dazu nie zu alt sind, und die Willigkeit, dafür immer aufgeschlossen zu bleiben, machen das Lernen und Weiserwerden lustbetont und leicht, dynamisch und gewinnreich.

Ausschaltung von Ablenkungen

Eine typische Zeiterscheinung ist die schon bei Schulkindern bemerkbare zunehmende Dekonzentration, Ungesammeltheit, Zerstreutheit und die damit einhergehende Minderung der Lernfähigkeit. Sie wird durch die ständige Geräusch- und Reiz-Überrieselung von außen her und das mangelnde Vermögen bewußter Abschaltung gefördert. Sie kann andererseits durch deren Abstellung abgebaut und überwunden werden.

Zu den ausschaltbaren Ablenkungen gehört vor allem der *Lärm;* sei es, daß man Lärmquellen abstellt oder meidet oder die Ohren (die leider nicht mit Ohrenlidern versehen sind wie die Augen mit Augenlidern) nachts und, wo möglich, oft auch tagsüber durch Antiphone oder Wattepfröpfchen schließt. Mit der Stille nimmt die Ablenkbarkeit ab und die Sammlung zu. Wie nützlich das ist, beweisen Schwerhörige, deren Konzentrationsvermögen bis zum Dreifachen der Norm gesteigert werden kann.

Weiter gehört zu den ausschaltbaren Ablenkungen die bei vielen zur Gewohnheit gewordene, die Bewußtheit mindernde und dekonzentrierend wirkende stundenlange Selbstüberschüttung mit größtenteils unwichtigen Nachrichten, Bildern und Musik, mit nur zerstreuender Lektüre, Radio, Filmen und Fernsehen, ebenso aber auch jede Ablenkung und Beeinflussung durch alltägliche Nichtigkeiten, kleine Ärgernisse, Kränkungen, Beschäftigung mit dem vermeintlichen Besserhaben anderer, mit Krankheitsbefürchtungen und anderen Sorgen sowie jede Art Massenbeeinflussung durch Werbung und Überredung.

Wer jederzeit bei sich selbst, in sich gesammelt, geistig wach bleiben und für positive Informationen von außen und Inspirationen von innen her aufgeschlossen sein will, wird immer klarer zwischen wirklicher Wahrheits- und Erkenntnisvermittlung und schädlichen, vorwiegend negativen Fremdsuggestionen unterscheiden und immer bewußter die einen dankbar aufnehmen und die anderen lächelnd ignorieren.

Er wird bei der Lektüre wie bei der Aufnahme von Informationen *wählerisch* und alles ausschalten, sich allem verschließen, was nicht wert ist, seinem Gedächtnis für dauernd einverleibt zu werden, also *Schopenhauers* Mahnung beachten: »Wie unglaublich ist doch die Torheit des Publikums, das die edelsten und seltensten Geister in jeder Art, aus allen Zeiten und Ländern, unbeachtet und ungelesen läßt, um die täglich erscheinenden Schreibereien der Alltagsköpfe, wie sie jedes Jahr in wachsender Menge, den Fliegen gleich ausgebrütet werden, in sich aufzunehmen.«

Alles, was nur zerstreut, was die innere Sammlung mindert, was uns am Nachdenken über uns selbst, unser Wollen und Tun, hindert, was unser Gedächtnis unnötig belastet, unser kostbarstes Gut, die Zeit, raubt, uns in der Entfaltung unserer eigenschöpferischen Fähigkeiten hemmt, uns den Blick auf das Wesentliche, Höherführende trübt und unsere Lebenszielsetzung und Zielstrebigkeit stört, gilt es bewußt auszuschalten und fernzuhalten.

Abschaltung von Zerstreuendem und Ablenkendem bedeutet Entlastung der Kurzzeitspeicher des Gedächtnisses, so daß mehr Nervenkraft frei wird für die Aufnahme der wesentlichen Informationen in die Langzeitspeicher, also von wirklich wertvollem Wissens-, Erfahrungs- und Erkenntnisgut, das uns die Meisterung der beruflichen Aufgaben und die Sinnerfüllung des Lebens erleichtert.

Das gilt besonders für die Zeiten des *Lernens* — sei es für ein Examen oder für die Umstellung auf neue Fortschritte, Aufgaben und Tätigkeiten. Denn bewußt und gewinnbringend lernen kann nur der in sich Gesammelte, der jederzeit zur Entspannung und Neuspannung in Richtung positiver Höherentfaltung, Leistungs- und Wertsteigerung bereit und fähig ist. Eben dies wollen wir hier lernen.

Technik bewußter Einprägung

Beobachten Sie sich einmal beim Zeitungslesen: Sie überfliegen die Seiten, nehmen eine Vielzahl von Nachrichten mehr oder minder flüchtig zur Kenntnis; und wenn Sie sich ein paar Stunden später fragen, was Sie von alledem *behalten* haben, ist es herzlich wenig. Und dieses Wenige ist zumeist unbestimmt und nicht exakt reproduzierbar. Sie haben unbewußt das von *Schopenhauer* erwähnte Sieb der Kurzzeitspeicher Ihres Gedächtnisses mit den größten Löchern eingeschaltet, so daß, weil der Wille zum Einprägen und Behalten nicht eingeschaltet und nur ein Teil der

Aufmerksamkeit aktiviert war, das meiste wieder durchfiel und vergessen wurde . . .

Wenn Sie hingegen innerlich gesammelt sind, entdecken Sie, daß Sie weit mehr in sich aufnehmen, behalten und Ihrem Leistungs- und Lebensaufstieg dienstbar machen können, als Sie bisher für möglich hielten, weil die Technik der Einprägung allseitig ausbaufähig ist.

Sich etwas *einprägen* heißt, es so ins Gedächtnis eingraben, im Langzeitspeicher des unterbewußten oder spirituellen Gedächtnisses so fixieren, daß es nicht mehr verlorengehen kann. Sind uns die Gründe des Nichteinprägens und raschen Vergessens bekannt, dann können wir auch die Voraussetzungen für gutes Einprägen und Behalten schaffen: die Absicht des Lernens und Merkens, die bewußte Hinlenkung des Interesses und der Aufmerksamkeit, das lebendige Dabeisein, die konzentrierte Aufnahmebereitschaft, die statt der Kurzzeit- die Langzeit-Speicher des Gedächtnisses aktivieren.

Wenn wir ein Gedicht nur um des Genusses willen lesen, hinterläßt es unbestimmte, unscharfe Eindrücke und wird bald vergessen. Lesen wir es aber mit der Absicht des Einprägens, dann achten wir mit wacher Aufmerksamkeit auf Wortfolgen und Reime, Sprachklang und Inhalt, leben uns in Rhythmus und Stimmung ein, nehmen das Gedicht *bewußt* in uns auf mit der Folge, daß schon beim ersten Lesen ein Teil desselben im Gedächtnis haften bleibt.

Bejahen wir gar das Behalten beim Einprägen, dann wird das Gedicht um so rascher unser geistiges Eigentum, weil das spirituelle Gedächtnis als Folge unseres Vertrauens mit seiner ganzen Aufgeschlossenheit und Willigkeit eingeschaltet ist. Durch die bewußte und lustbetonte Aufmerksamkeit wird das Aufnehmen und Merken erleichtert. Die Informationen werden bereitwilliger gespeichert, gut untergebracht und so verpflegt und ihre Lebenskraft so erhöht, daß sie sich im Gedächtnis gern für dauernd häuslich niederlassen und sich mit wesensverwandten Vorstellungen und Erfahrungen verbünden.

Wir prägen uns etwas bewußt ein, wenn wir es nicht nur bejahen, sondern Gelesenes zugleich sprechend und schreibend fixieren, also laut lesen und das Wesentliche notieren. Um so tiefer und dauerhafter werden die Engramme, die Eingrabungen im unterbewußten Gedächtnis, und um so leichter assoziiert, verbindet sich das neu Aufgenommene mit vorhandenem verwandtem Wissen – um so sicherer, wenn wir nicht nur *aufnehmend*, sondern *stellungnehmend* lernen.

Der Psychodynamiker macht aus jeder Lektüre, jedem Lernstoff eine geistige Übung: er verwandelt Aufgenommenes in gefühlsbetonte Impressionen, in lebendige bewegte innere Bilder, komprimiert und kommentiert es, vergleicht es mit gegenteiligen, verknüpft es mit verwandten Vorstellungen, vergegenständlicht Abstraktes und koppelt schwerer zu Merkendes durch Gedankenbildbrücken mit im Gedächtnisarchiv Vorhandenem, auf höheren Stufen der inneren Wachheit und Ansprechbarkeit auch mit im kollektiven Unbewußten gespeichertem Wissen, für das er sich telepathisch empfänglich und aufnahmefähig macht.

Insgesamt schafft er so anstelle erinnerungsschwacher Eindrücke geschlossene Assoziationskomplexe mit der entsprechenden dynamischen Reproduktionsbereitschaft. Sie werden das lernen, wenn Sie das hier und im weiteren Gesagte nicht nur lesen, sondern beharrlich üben.

Wesen der Wiederholung

Das einfachste Mittel nachhaltigen Einprägens und Behaltens ist die *Wiederholung*, die dazu dient, das *Wiederhervorholen* von Gelerntem aus dem Gedächtnis zu erleichtern. Schon bei einmaliger Wiederholung ist die Zahl der reproduzierbaren Worte oder Zahlen, Dinge oder Tatsachen verschieden groß – je nach dem Grad der Aufmerksamkeit und Konzentration. Jede weitere Wiederholung macht das Behalten und Erinnern leichter, um so mehr, wenn die Wiederholung *bewußt* geschieht.

Es ist durchaus nicht so, daß die Lernzeit proportional zum Quadrat des Lernstoffes zunimmt, wie Gehirnmechaniker meinen.

Die Lernzeitlänge hängt weit mehr von psychodynamischen Faktoren ab, z. B. davon, daß man die Leichtigkeit des Merkens bejaht, daß man gleichmäßig schwierigen Lernstoff nicht in zu kleine einzeln wiederholte Partien aufteilt, sondern sich in zusammenhängenden, durch ihre Übersichtlichkeit die Assoziationsbildung fördernden größeren Teilen oder, wenn möglich, global, als *Ganzes*, dem Gedächtnis einverleibt.

Bei unterschiedlichem Lernstoff wird das schwierigere zuerst eingeprägt. Dabei zeigt sich, daß die Zahl der notwendigen Wiederholungen mit der Steigerung der Aufmerksamkeit und der Bildhaftigkeit des zu Merkenden abnimmt.

Die Erfahrung lehrt, daß in zu kleine Wissenspartikel aufgeteilter Stoff eher von den Kurzzeitspeichern, in größeren Komplexen oder als Ganzes Eingeprägtes und Wiederholtes hingegen von den Langzeitspeichern des Gedächtnisses übernommen wird. Ebenso fällt alles unkonzentriert, gleichgültig oder unlustig Aufgenommene und alles, was statt in größeren Intervallen in sehr kurzen Zeiträumen wiederholt wird, leichter den Kurzzeitspeichern zu; das mit Interesse und Aufmerksamkeit, Wachheit und Konzentration, Liebe und Hingabe Aufgenommene und in größeren Zeitabständen Wiederholte hingegen den Langzeitspeichern.

Versuche haben ergeben, daß zehn Wiederholungen eines Lernstoffs, auf zwei oder drei Tage verteilt, das Behalten mehr fördern als dreimal soviel Wiederholungen an einem Tage. Die Wiederholensspannungen müssen durch längere Entspannungspausen voneinander getrennt werden; um so mehr Erinnerungskraft gewinnt das Wiederholte.

Wird dabei die Fähigkeit leichten Behaltens *bewußt bejaht*, erhöht sich das Merk- und Erinnerungsvermögen. Anfangs empfiehlt sich die Anwendung solcher Bejahungen in Form autosuggestiver Formeln wie: »Diese Tatsachen, diesen Lernstoff werde ich mir leicht merken und für dauernd im Gedächtnis bewahren. Alles Aufgenommene steht mir jederzeit wieder zu Gebote!«

Man achte darauf, daß solche Bejahungen im Zustand inneren

Entspanntseins vorgenommen werden, weil dann das unterbewußte Gedächtnis um so aufgeschlossener und behaltenswilliger ist und hemmende Nebengedanken ausgeschaltet bleiben. Wer das übt, bringt es bald so weit, daß er das, wozu er früher ein Dutzend Wiederholungen brauchte, sich nun in zwei bis drei Wiederholungen unverlierbar einzuprägen vermag.

Die besten Zeiten für das Einprägen und Wiederholen sind die frühen Morgenstunden, weshalb Geistesarbeiter hier Schopenhauer folgen, der sich in den Morgenstunden jeden Besuch, jede Störung fernhielt, um sich ganz der Lektüre und schöpferischen Arbeit zu widmen. Er wußte, daß um diese Zeit der Leistungsgrad am höchsten ist. (Bei Abendarbeitern fällt er in die frühen Nachtstunden.) Gut ist es weiter, stets zu den gleichen Zeiten zu lernen und zu wiederholen, weil das auf Rhythmen und Termine ansprechbare Unterbewußtsein sich dann mit wachsender Willigkeit einschaltet.

Wer hingegen lieber abends lernt, sollte mit einer entsprechenden Bejahung in den Schlaf eintreten, etwa dieser: »Alles Gelernte und Wiederholte geht mir mit zunehmender Leichtigkeit ein und wird unverlierbar behalten. Es gräbt sich über Nacht unauslöschbar ins Gedächtnis ein, so daß es mir morgen früh und weiterhin jederzeit zur Verfügung steht. Ich lerne und behalte immer leichter; und was ich einmal bewußt aufgenommen habe, bleibt mein dauernder Besitz!«

Das so Aufgenommene haftet in der Tat dauernd im Gedächtnis und bleibt jederzeit reproduzierbar.

Gedanken-Bild-Brücken

Mnemotechnische (Gedächtnis-Hilfs-)Methoden hat es seit je gegeben. Jeder erinnert sich an im Geschichts-, Sprach- und sonstigen Schulunterricht gebräuchliche ›*Eselsbrücken*‹ zum leichteren Behalten von Daten, Vokabeln, Regeln, Texten oder Zusammenhängen – wie etwa ›Urpokal‹ für die drei Musen *Ur*ania, *Po*lyhymnia und *Ka*lliope, und viele andere. Diese mehr mechanischen Hilfen lassen sich nach der dynamischen Seite hin durch die Assoziationsbildung fördernde Zwischenschaltung von *Gedanken-Bild-Brücken* und auf andere Weisen weiter ausbauen.

Erfahrungsgemäß merken wir uns leichter, was mit bereits im Gedächtnisarchiv Vorhandenem positiv assoziiert, verkettet wird. Anders gesagt: Die Erinnerungs- und Reproduktionskraft wächst mit der Zahl und Bildhaftigkeit der Gedankenverknüpfungen im Gedächtnis. Solche ›Gedankenbrücken‹ können wie die ›Eselsbrücken‹ etwa in Abkürzungen oder Kurzwörtern bestehen, zu denen die Anfangsbuchstaben oder -silben zusammengefügt werden. Unser Gedächtnis ist voller Abkürzungen, deren Nennung uns das damit Gemeinte unmittelbar bewußt macht. Unnötig, Beispiele anzuführen.

Auf ähnliche Weise können nicht zusammenhängende Merkstoffe durch bildhaftanschauliche Brückenvorstellungen so miteinander verzahnt werden, daß sie zusammenhängend behalten werden. Ebenso werden abstrakte, unanschauliche Begriffe, Zahlenreihen und dergleichen nach bestimmten Regeln durch Buchstaben oder Wörter ersetzt und dadurch behaltbar gemacht. Je mehr solcher Stützvorstellungen verwendet werden, desto leistungsfähiger wird das Gedächtnis, zumal anfangs bewußt herbeigeführte Hilfs-Assoziationen mit der Zeit unbewußt vollzogen werden.

Die beste Methode besteht hier darin, daß wir nicht zusammenhängende zu behaltende Dinge gleichzeitig *illustrieren* und auf möglichst originelle Weise *kombinieren*. Müssen wir uns z. B. die drei Stichworte ›Zug‹, ›Dackel‹ und ›Uhr‹ merken, werden wir uns etwa einen Güterzug voller Dackel vorstellen, der vor der Bahnhofsuhr hält. Muß die Hausfrau eine Küchenleiter und Einmachgläser kaufen und unterwegs den Elektriker bestellen, mag sie das zu der leicht merkbaren Vorstellung komprimieren, daß der Elektriker wie ein Laubfrosch im Einmachglas auf der Leiter sitzt. Auch die längste Einkaufsliste läßt sich so zu einem einzigen Gedankenbild zusammenraffen, das um so sicherer behalten wird, je anschaulicher und auffallender, origineller und humorvoller, gefühlsbetonter, ja, je verrückter (dem normalen Denkablauf entrückter) und komischer, unlogischer und absurder, drolliger und ungewöhnlicher solche Gedankenbildbrücken sind. Notizzettel werden dann überflüssig.

Auch durch Einschaltung klangähnlicher Merkwörter oder Wortverdrehungen werden abstrakte Begriffe leichter behaltbar. Es gilt, schwer zu Behaltendes sich sozusagen ›*illustriert*‹ als leicht merkbare Einheit vorzustellen, etwa wie aus Krokodil und Elefant ein ›Krokofant‹ wird.

Um uns einen größeren Stoff, einen Lehrbuchabschnitt, einen Artikel oder Vortrag, gut einzuprägen, reduzieren wir das Aufgenommene in seinen Hauptabschnitten auf die Kerngedanken, kennzeichnen diese durch Stichworte, die durch Gedankenbildbrücken in eine zusammenhängende Einheit, etwa einen lustigen Merksatz, verwandelt werden, der leicht zu behalten ist und die folgerichtige Abwicklung des ganzen Gedankengangs aus dem Gedächtnis sicherstellt. Jeder wird hier, je nach seinem Fachgebiet, selbst die besten Lösungen finden und mit der Zeit einen Sport daraus machen, mit Hilfe möglichst origineller, anschaulicher und lustbetonter Gedankenbrücken ein Meistergedächtnis zu entwickeln. Es gilt, die Phantasie spielen zu lassen, die dabei zugleich geübt wird, wenn man lernt, Abstraktes durch ›Illustration‹ zu konkretisieren und etwa mit drolligen Situationsvorstellungen zu verquicken. Je mehr dies durch Übung zur Gewohnheit wird, desto leichter fallen einem solche das Gedächtnispotential steigernde Bildbrücken ein, wie Gedächtniskünstler beweisen, die bewußt oder unbewußt nach dieser und ähnlichen Methoden arbeiten.

Förderung der Merkfähigkeit

Um uns etwas gut zu *merken,* müssen wir es beim Lesen bewußt *bemerken,* beim Hören bewußt *aufmerken,* also den höchstmöglichen Grad der Aufmerksamkeit einschalten. Werden so die optischen, akustischen und anderen Erinnerungsfelder des Gehirns aktiviert und dynamisiert, folgt das gute Behalten von selbst.

Bewußt aufgenommene Eindrücke haften im Gedächtnis nicht nur an sich, sondern auch untereinander besser: sie verbinden und verbünden sich über dabei gebildete Gedächtnisbrücken zu sinnvollen Zusammenhängen, zu Beziehungskomplexen, zu größeren Erinnerungseinheiten. Das Assoziationsvermögen wird intensiviert und erweitert mit der Folge, daß mit jeder bewußten Erinnerung die mit dem erinnerten Gedanken vergesellschafteten Vorstellungsbilder mit erinnert werden.

Natürlich werden wir unser Merkvermögen nicht für Bagatellen, für Nebensächliches einsetzen, sondern nur für wirklich Merk-Würdiges, Behaltenswertes. Und wir werden, wie schon dargelegt, Einzuprägendes vor allem in den frühen Morgenstunden und abends vorm Schlafengehen unserem Gedächtnis möglichst *›illustriert‹* vermitteln: in anschaulichen bewegten Bildern, die durch ausgefallene Gedankenbrücken zu geschlossenen Wissenskomplexen vereint werden.

Die Kette der zu merkenden Dinge kann dabei beliebig lang sein. Da die einzelnen Glieder durch lebendige Bildbrücken miteinander verzahnt sind, bleiben sie in der gewünschten Reihenfolge haften und jederzeit reproduzierbar. Aus dem gleichen Grunde werden wir die Merkfähigkeit durch *lautes* Wiederholen in wechselnder Stärke und Stimmlage erhöhen und dadurch zugleich den Lernprozeß abkürzen.

Beim ›Illustrieren‹ des Merkstoffs folgen wir der Technik des Dichters, wie sie Hermann *Kasack* einmal formulierte: Dichten beschreibt er als ein Denken in Bildern. *Bildhaft denken heißt die Gedanken verdichten.* Wie der in warmer Luft unsichtbare Dunst der Wolken beim Übertritt in eine Region kalter Luft durch Zusammenziehung und Verdichtung plötzlich sichtbar wird, so rücken durch bildhaftes Denken verdichtete Vorstellungen sozusagen in den Bereich sichtbarer Gestaltung, sie werden ›realisiert‹.

Was solchermaßen innerlich realisiert, konkretisiert, durch Illustration und Verdichtung *vergegenständlicht* wird, ist in erhöhtem Maße merk- und behaltbar. Zugleich tritt dabei, wie bei jeder Verdichtung und Zusammenraffung, die innere Struktur, die Bedeutung, der *Sinn* und das Wesen des so Aufgenommenen stärker hervor. Das sinnfälliger Gewordene wird, weil assoziationsfähiger, von den inneren Sinnen williger aufgenommen und zu einem unverlierbaren Bestandteil größerer Wissenseinheiten und damit des erinnerungsfähigen Gesamtwissens.

Psychodynamisch gesehen, wird auf diese Weise das *Wellenband des Bewußtseins* nach der Seite des Unter- wie des Überbewußten hin verbreitert. Vergleichen wir es dem Wellenband des *Spektrums,* dann liegt jenseits des schmalen Streifens sichtbaren Lichts links die breite Zone der infra-roten Wellen, die dem Reich des Unterbewußten entspricht, rechts ein noch breiterer Fächer der ultra-violetten, Röntgen- und Gamma-Strahlen, der Mikrowellen und noch unbekannter Submikrowellen, die der Region des Überbewußten entsprechen und an die sich die noch kaum erforschte Zone kosmischen Bewußteins anschließt.

Geniale Naturen leben und schöpfen aus der Infra- wie aus der Ultra-Zone des Bewußtseins, und auch den an meditative Selbstbesinnung und Kontemplation gewöhnten Mystikern sind beide Bereiche vertraut. Wer sich an biodynamisches Denken und bewußtes Lernen gewöhnt, kann die Amplitude (Bogenweite und Schwingungsbreite) seines Bewußtseins gleichermaßen beidseitig erweitern und seine schöpferischen Fähigkeiten aktivieren.

Behalten von Namen

Besseres Behalten bedeutet Übernahme willig und bewußt aufgenommener Informationen statt in die Kurzzeit- in die Langzeitspeicher des Gedächtnisses.

Wenn *Personennamen* von vielen auffallend schlecht behalten werden, so deshalb, weil entweder ein Name zu rasch oder zu leise gesprochen und nur halb verstanden wurde oder weil man nur halb, mit geteiltem Interesse oder innerlich unbeteiligt hinhörte. Gemerkt, behalten werden Namen hingegen, wenn sie *bewußt* aufgenommen und durch freundliche Konzentration auf den Namensträger, seinen Gesichtausdruck, Stimmklang, Verhalten usw. zu einem einprägsamen *Bild* gestaltet werden. Dabei kann der

Name etwa durch ein wesens- oder situationsbedingtes zusätzliches, assoziationsförderndes Stich- oder Merkwort unverlierbar im Gedächtnis fixiert werden.

Wer *bewußt zu sehen* gelernt hat, wird, weil keine zwei Gesichter einander gleichen, Unterschiede der Stirn, der Augen oder Augenbrauen, der Ohren, des Mundes, der Lippen oder Zähne, des Kinns usw. feststellen und diese *Sondermerkmale,* auch der Gebärden, des Verhaltens, der Gestalt oder Kleidung durch eine möglichst ausgefallene originelle Gedankenbildbrücke so mit dem Namen koppeln, daß Name und Merkmal eine lebendige Einheit bilden.

Dazu kommen dann der Wille und die Bejahung, daß der Name unverlierbar behalten wird. Sie äußern sich schon beim ersten Kennenlernen eines Menschen und Hören seines Namens in der Weise, daß man im Gespräch und bei der Verabschiedung den Namen bewußt wiederholt, um die Verankerung im Gedächtnis zu festigen. Es ist zugleich ein Akt der Höflichkeit, der anzeigt, daß man sich freut, den Namensträger kennengelernt zu haben.

Ist *laute* Wiederholung eines Namens nicht möglich, geschieht das im Geiste, wobei der Name mit dem Stich- oder Merkwort verbunden wird. So wird etwa aus Müller ein ›Ohrenmüller‹ (wegen seiner besonderen Ohrenform), aus Schulze ein ›Hasenschulze‹ (weil sein Gesicht an das eines Hasen erinnert), aus Maier eine ›Zuckermaier‹ (weil sie süßlich wirkt), um nur eine Beispielsgruppe aus vielen zu erwähnen.

Dieses Hinzufügen von Merkworten wird durch Übung rasch leichter und schließlich ein Sport, der das Behalten von Namen um so leichter macht, je mehr man die schöpferische Phantasie spielen läßt und je ausgefallener, drolliger und treffender die ›Spitznamen‹ werden, die einem dann *unwillkürlich* einfallen. (Diese sind besser als die weit hergeholten, bei denen es länger dauert, bis sie aus dem Gedächtnis hervorgeholt werden.)

Ebenso läßt sich ein Name mit dem Beruf, der Tätigkeit, den Interessen oder Eigenheiten, mit Anschauungen oder Äußerungen des Namensträgers oder mit Ort oder Umständen des Kennenlernens verbinden. So wird Schneider, weil er Briefmarken sammelt, als ›Markenschneider‹ erinnert, Herr Mann als ›Lachemann‹ (wegen der Lachfalten um Mund und Augen), Schmidt als ›Romschmidt‹, weil man ihn in Rom kennenlernte. — Lassen sich keine augenfälligen Brückenworte finden, kann man Namen auch durch Buchstaben- oder Silbenumstellungen merkfähig machen. Beispiele werden nicht gegeben, weil jeder lernen muß, von Anfang an seine eigene Phantasie zu betätigen.

Weiter stärken wir unser Personen- und Namen-Gedächtnis durch häufige Wiederholung — etwa, indem wir abends alle neuen Namen und Gesichter, die wir tagsüber kennenlernten, im Geiste nochmals Revue passieren lassen, und zwar in Verbindung mit den bereits gebildeten Stich- oder Brückenworten, um die Namen entsprechend tief ins Gedächtnis einzugraben. Dieser Prozeß kann anfangs durch Niederschreiben der Namen der ›Neuzugänge‹ gefördert werden.

Je mehr wir die Funktions-Möglichkeiten und -Feinheiten des Gedächtnisses kennen und nützen lernen, desto leichter wird das Merken, Behalten und Erinnern, wobei wir durch Bejahung und Übung die Meisterschaft sichern.

›Ezdiu‹ — die Kunst des Zahlenmerkens

Wie Namen, so sind auch *Zahlen* für manche schwer behaltbar. Auch das läßt sich auf verschiedene Weisen ändern — etwa dadurch, daß man die Eigentümlichkeiten von Zahlengruppen beachtet, die steigende, fallende oder Zwischenzahlen überspringende Aufeinanderfolge von Zahlen, oder was sonst auffällt und das Merken der Zahlengruppen erleichtert.

Sind Zahlen im Zusammenhang mit *Namen* zu merken, gilt es, zwischen beiden eine auffallende, einprägsame Beziehung zu schaffen durch ein *Brückenwort,* das seiner Originalität wegen nicht vergessen wird. So lassen sich Telefonnummern, Geburtstage und andere Daten mit einiger Phantasie durch Gedankenbildbrücken mit den betreffenden Namen koppeln.

Eine hilfreiche Gedächtnisstütze für alle, die sich Zahlen schlecht, Worte hingegen leichter merken können, ist die *Buchstabenbrücke*, die, einmal durch Übung gründlich eingeprägt bis sie ›sitzt‹, jeden instandsetzt, gehörte Zahlen automatisch in die entsprechende Buchstabengruppe umzuwandeln und so im Gedächtnis zu fixieren.

Hier ist das einfache Schema, nach welchem zur Erleichterung der Merkfähigkeit der erste oder markanteste Vokal oder Konsonant des Zahlenworts die Zahl selbst ersetzt, und zwar ist:

1 (*e*ins) = e	5 (f*ü*nf) = u	9 (*n*eun) = n
2 (zwei) = z	6 (*s*echs) = s	0 (null) = o
3 (*d*rei) = d	7 (sie*b*en) = b	100 (*h*undert) = h (2 Nullen)
4 (v*i*er) = i	8 (*a*cht) = a	1000 (*t*ausend) = t (3 Nullen)

Wir erleichtern uns die Einprägung durch das Merken der Buchstabenfolge für die ganze Zahlengruppe von 1—0 mit ›ezdiusbano‹.

Demgemäß wird aus 13 = ed, aus 35 = du, aus 68 = sa, aus 198 = ena, aus 430 = ido, aus 500 = uh, aus 800 = ah, aus 13 000 = edt, aus 86 456 = asius, aus 133 590 = edduno, aus 289 306 = zandos. Und umgekehrt weiß man sofort, welche Zahlen durch Worte ausgedrückt werden wie bea, sib, edda, azzo, ibee, nest, zuedo, nizza, dios, znueni oder banane.

Durch Anwendung der Buchstabenbrücke werden sonst schwer behaltbare Telefon- oder Kontonummern, Geburtstage und andere Daten in leichter einprägbare Merkworte umgewandelt. Der 13. 8. '64 wird zu ›edasi‹, der 16. 3. '07 zu ›esdob‹.

Noch leichter einprägsam werden die Brückenworte in Verbindung mit Namen. So werden Tante Ernas Name und Geburtstag (25. 5.) zu ›erna-zuu‹ gekoppelt, Onkel Ottos Geburtstag (9. 4.) wird als ›otto-ni‹ (Ottos Geburtstag vergeß' ich *nie*!) unvergeßlich.

In jedem Beruf und jedem Interessengebiet lassen sich Möglichkeiten positiver Auswertung dieser Buchstabenbrücke finden. Die mittlere Entfernung Erde—Mond = 384 000 km wird als ›dait‹

konkreter und leichter behaltbar, ebenso die mittlere Entfernung Erde—Sonne = 149 600 000 km als ›einsht‹, die Lichtgeschwindigkeit = 300 000 km pro Sekunde als ›dht‹ (zugleich als Abkürzung für ›*d*as *h*öchste *T*empo‹ merkbar), um nur einige Beispiele anzuführen.

Da das Unterbewußtsein ein besonderes Merkvermögen für solche ausgefallenen Buchstabenfolgen oder Wörter hat, zu denen auch die Abkürzungen gehören, wird das Einprägen von Daten, technischen oder sonstigen Zahlengruppen durch Einschaltung der Buchstabenbrücke wesentlich erleichtert.

Darüber hinaus läßt sich dieser Zahlen-Buchstaben-Schlüssel natürlich auch für andere Zwecke verwenden, beliebig abwandeln und ausbauen. Die diesbezüglichen Möglichkeiten mag sich jeder selbst ausmalen und nutzbar machen.

Steigerung der Erinnerungskraft

Die Fähigkeit der Erinnerung, der jederzeitigen Vergegenwärtigung und Reproduktion des im Gedächtnisarchiv registrierten und gespeicherten Wissens, ist die Basis produktiven Schaffens, wie es Goethe empfand: »Vom frischen Geiste fühl' ich mich durchdrungen, Gestalten groß, groß die Erinnerungen.« (Faust II, 2)

›Erinnern‹ heißt: etwas aus dem Innern, dem Unbewußten, nach außen holen und bewußt machen. Das kann unwillkürlich geschehen oder bewußt vollzogen werden. Durch krampfiges *Bemühen* wird es behindert, da nach dem psychodynamischen ›Gesetz der das Gegenteil bewirkenden Anstrengung‹ selbstmißtrauendes ängstliches (das Bewußtsein einengendes) Bemühen entsprechendes Erinnerungs*unvermögen* auslöst, das erst durch Entspannung, Umschaltung auf Selbstermutigung und vertrauendes *Bejahen* der unbegrenzten Erinnerungsfähigkeit des Gedächtnisses behoben wird.

Wird das Erinnerungsvermögen bewußt und bejahend betätigt, werden je nach Art und Stärke der vorhandenen Assoziationen nicht nur zusammengeschaltete Erinnerungsbilder, Erfahrungen usw. mit-erinnert, sondern auch schlummernde Fähigkeiten mitaktiviert, Wachheit, Geistesgegenwart und Intelligenz gesteigert. Wir bejahen darum: »Meine Erinnerungskraft ist unbegrenzt. Alles je Gelernte, Gelesene, Erfahrene steht mir jederzeit lückenlos zu Gebote!«

Gutes Erinnerungsvermögen setzt voraus, daß schon die *Aufnahme* von Wissensstoff bewußt, mit Interesse, lustbetont und in anschaulichen Bildern erfolgte. Wenn wir das üben, wird deutlich, daß im Grunde (im Langzeitspeicher des spirituellen Gedächtnisses) nichts, was einmal aufgenommen wurde, je verloren geht. Wenn gar das bewußte Erinnern in entspannter, meditativer Selbstbesinnung geübt wird, in rückwärtsblickender Rekonstruktion nicht nur der abgelaufenen Tage, sondern der ganzen Vergangenheit, dann treten immer deutlicher weit zurückliegende Erlebnisse und Erfahrungen erneut und geläutert ins Bewußtsein — bis zurück in die ersten Lebensjahre, ja bis zur Geburt und, zuweilen, bis ins vorgeburtliche Sein.

Wer die Anleitungen zur Schulung der Aufmerksamkeit, der Gedächtnisstärke, zum dynamischen Lernen, zur Abschaltung von Ablenkungen und Gedächtnisblockierungen, zum bewußten Einprägen und Behalten mittels merk-würdiger und -fähiger *Stichworte* und *Bildbrücken* planmäßig übend befolgt, steigert damit zugleich sein Erinnerungsvermögen.

Wie wir beim *Stechen* oder Gestochenwerden einen Schmerz empfinden, der uns hellwach macht und die Schmerz-Ursache abzustellen treibt, so empfindet das Unterbewußtsein bewußt gebrauchte *Stichworte* als gefühlsstarke Appelle an das Gedächtnisarchiv, die es veranlassen, die mit den Stichworten gekoppelten und darum ›stichhaltigen‹ bzw. ›hervorstechenden‹ Erinnerungen unverzüglich ins Bewußtsein zu werfen, uns also nicht im Stich zu lassen ...

Selbstbeobachtung macht deutlich, daß durch Stichworte und Bildbrücken verzahnte Vorstellungen in endloser Kette einander wie Kinder an der Hand halten und der Reihe nach auf dem Blickfeld des Bewußtseins vorüberziehen und so mühelos er-innert werden. Bei einem an Hand von Stichworten skizzierten *Vortrag* z. B. wird das Gedächtnis die damit zusammenhängenden Gedankenkomplexe in der gewünschten Reihenfolge *nach vorn tragen*, so daß das Bewußtsein sie nur noch in Worte zu kleiden braucht und der Fluß der Rede nicht unterbrochen wird.

Anfangs wird man die Stichworte noch notieren und dadurch fixieren, so daß man den Inhalt des Vortrags auf einem Zettelchen vor Augen hat. Schließlich aber werden die Stichworte nur noch im Geiste geprägt und eingeprägt und durch Bildbrücken so verbunden, daß der Gedankengang von selbst abläuft und nicht mehr das Ich, sondern das Es spricht, was sich darin äußert, daß man alsdann bewußter, akzentuierter und anschaulicher spricht und unmittelbar anspricht und überzeugt.

Kunst des Vergessens

Zu einem guten Gedächtnis gehört notwendig die Fähigkeit des Vergessens, durch die, wie Nietzsche sagt, »Glück erst zum Glücke wird.«

Vergessen ist – *passiv* – das unwillkürliche Versagen des Gedächtnisses infolge Dekonzentration oder Willensverkrampfung, das schon Euripides beklagte: »Ich erinnere mich an Dinge, die ich vergessen will, und vergesse die, die ich nicht vergessen will.« Hingegen ist vergessen – aktiv – ein Mittel, erinnerungsunwerten Gedächtnisstoff und Gedankenballast ebenso wie Gemütsbelastungen bewußt abzubauen und auszuscheiden.

Dieses aktive Vergessen meint Herder: »Holde Vergessenheit, du, und du, des Guten Erinnerung: Liebliche Schwestern, o macht beide das Leben mir süß! *Du* verdunkle das Böse mit deinem umhüllenden Schleier; *du* erneu're das Glück mir mit verdoppelter Lust!«

Beides wird durch die gleichen Methoden und durch Bejahung gefördert. Wird das *Vergessen* – das bewußte Entlassen von Behaltensunwertem und Hemmendem, das zum Löschen der entsprechenden Engramme im Gedächtnis führt, durch Übung und Bejahung – ›erledigt, abgelegt, gelöscht!‹ – kultiviert, ist der Gewinn auf der anderen Seite ein erhöhtes Aufnahme-, Merk- und Erinnerungsvermögen für alles Wesentliche und Positive.

Konzentration der Kräfte bedeutet immer Sammlung auf das Wesentliche und Ausscheiden des Unnötigen, also aller verbrauchten, abgestandenen, erledigten Gedanken. Warum z. B. Dinge, Namen, Daten, die man jederzeit im Lexikon nachschlagen kann, oder Negatives, Unerfreuliches, Peinliches, Beängstigendes oder sonst Belastendes und Unfruchtbares rückwärtsblickend im Gedächtnis bewahren?

Hier wird die *Kunst des Vergessens* zum Segen und zum Mittel, alle Kräfte des Geistes vorwärtsblickend in positiver Richtung einzusetzen. Sie beginnt schon beim Aufmerken und Lernen durch die Bejahung, daß die Langzeitspeicher unseres Gedächtnisses nur das *bewußt* aufgenommene *Positive* registrieren, speichern und auf Abruf bereithalten, alles weniger Wichtige, Negative, Vergessenswerte hingegen den Kurzzeitspeichern überlassen, wo es automatisch gelöscht wird, sowie die Information erledigt, überflüssig und damit zum bloßen Ballast geworden ist. Das geschieht durch vorübergehendes Stromloswerden der betreffenden Schaltungen, die alsdann, wie ein gelöschtes Tonband, wieder für neue Informationen aufnahmebereit sind. Auch das wird durch Bejahung gefördert.

Automatisch vollzieht sich dieser Prozeß kurzweiliger Aufnahme und raschen Vergessens beim Lesen von Zeitungen, Zeitschriften, Unterhaltungsschrifttum, beim Radiohören und Fernsehen, da uns sonst die im Laufe unseres Lebens aufgenommenen Abermilliarden Informationen erdrücken würden. Nur ein Bruchteil davon wird durch Weitergabe an die Langzeitspeicher vor dem Vergessenwerden bewahrt. Unsere geistige Beweglichkeit, Intelligenz und aktive Produktivität hängen entscheidend hiervon ab.

Wir *üben* das bewußte Entlassen und Vergessen alles Unwesentlichen, Belastenden, mit Mißgefühlen Verbundenen, um jederzeit geistig frisch, wach und für Neues aufnahmefähig und lernwillig zu bleiben. Wir achten darauf, daß wir uns nicht mit rückwärtsgewandten Gedanken grübelnd und brütend im Kreise drehen, in negativen Gedankengeleisen festfahren und uns so am unentwegten Vorwärtsschreiten und an der Entfaltung neuer Kräfte und Fähigkeiten selbst hindern. Und wir tun gut, dabei auch *uns selbst* von Zeit zu Zeit zu vergessen, von uns Abstand zu nehmen, uns für den Drang allen Lebens nach vorn und den Zug nach oben offenzuhalten, um jeden Tag bereit zu sein, neu anzufangen, ein neues Leben anstelle des alten zu beginnen und im Gewißsein unserer inneren Kraft und Überlegenheit alles, was der neue Tag uns bringt, zukunftsfreudig und siegfroh zu meistern.

Psychotechnik beim Examen

»Des Mannes Wert wird durch Prüfung bewährt«, sagt Rückert, wobei er vor allem an die ständigen Prüfungen in der Schule des Lebens dachte, obwohl das Wort auch auf die schulischen und beruflichen Reife- und Leistungs-Prüfungen zutrifft.

Wer dem bisher Dargelegten nicht nur lesend, sondern übend folgte, weiß bereits, daß ihm eine Vielzahl psychotechnischer und -dynamischer Hilfen zu Gebote steht, die seine Geistesgegenwart erhöhen, sein Gedächtnis aktivieren und das Bestehen jeder Prüfung gewährleisten.

Letztlich sind alle bei *Examen* auftretenden Hemmungen und Versager selbstverursacht und darum durch bewußte Selbsthilfe überwindbar. Das eigentliche Übel ist nicht das Examen, sondern die *Furcht* davor und die aus ihr entspringende Spannung und kräftelähmende, gedächtnisblockierende *Selbstverkrampfung*, deren Abstellung das Bestehen der Prüfung bereits weithin sichert.

Willensbemühungen hingegen bewirken hier nur erhöhte Selbsthemmung, während Entspannung zur Lockerung und Lösung führt. Willensspannungen sind wie Furchtgedanken *Verneinungen* – lähmende Verneinungen unserer Kraft, unseres Wissens und Könnens, unserer Überlegenheit und unseres Erfolgs. Das Gegenmittel ist die Verneinung der Verneinungen, nämlich, da minus mal minus plus gibt, die gefühlsstärkere *Bejahung* unseres Könnens — etwa in dieser oder ähnlicher Form:

»Ich bin jetzt und immer ruhig, entspannt und gelassen, gleichmütig und Herr meines Wissens. Alles Gelernte steht mir jederzeit zur Verfügung. Ich gehe wohldisponiert in die Prüfung und werde sie erfolgreich bestehen. Ich werde mich stets im Vollbesitz meiner Kenntnisse zeigen, und man wird mein Wissen und Können anerkennen. Meiner Geistesgegenwart gewiß, gehe ich leicht und selbstsicher durch die Prüfung. Ich habe Erfolg!«

Diese Bejahung ist zugleich Ausdruck unseres gläubigen Vertrauens zur Führung und Hilfe von innen, für die wir damit ir voraus *danken.* Solch inneres Danksagen bewirkt jedesmal ein spontane Erhöhung unserer Sicherheit. Wir spüren dann, wie wahr es ist, daß wir weit mehr können und viel befähigter sind, als wir ahnten, und daß wir wie die bisherigen auch die kommenden Aufgaben und von uns als Mutproben gewerteten Schwierigkeiten meistern werden.

Wir werfen damit gewissermaßen alle Mißgefühle, Befürchtungen, Sorgen als nicht zu unserem innersten Wesen gehörende Fremdgedanken und unerwünschte Gäste unseres Lebensschiffleins über Bord mit dem Gewißsein, daß sie nicht wiederkehren, weil in unserem Gemüt nur noch für *eines* Platz ist: für die Bejahung unserer Überlegenheit und unseres Examens-Erfolgs.

Wir erhöhen diese innere Standfestigkeit und Selbstsicherheit durch eine vorausgehende und nachfolgende *Ruheübung:* wir setzen uns bequem hin, entspannen Körper und Gedanken und überlassen uns der Stille des Innern mit der Bejahung: »Ich bin Ruhe, Rhythmus, Harmonie! Alles in mir ist still, *entspannt, unbewegte Gelassenheit. Des inneren Halts gewiß, bin und bleibe ich allem überlegen!«*

Diesen ›inneren Halt‹ sehen wir gewissermaßen personifiziert im ›Gedächtnis-Archivar‹, unserem höheren Selbst, das wir unseren inneren Helfer nennen. Hier geht die Psychotechnik in die eigentliche Psychodynamik über, wenn wir unsere Bejahung auf das Gewißsein unserer *Partnerschaft mit dem inneren Helfer* ausdehnen:

»Dank meinem inneren Helfer verfüge ich jederzeit über alles nötige Wissen und Können. Was ich gelernt habe, ist unverlierbar im Gedächtnis gespeichert. Es steht mir während der Prüfung zur Verfügung, so daß ich jede Frage gelassen beantworte, jede Aufgabe mühelos löse. Diese Gewißheit trägt mich über alle Schwierigkeiten sicher hinweg und bewirkt, daß ich die Prüfung insgesamt gut bestehe!«

Über diese Hilfe von innen hinaus können wir uns weitere Hilfen sichern, die die Meisterung jedes Examens leichter machen, wie im folgenden gezeigt wird.

Meisterung des Examens

Wer noch meint, es nicht allein zu schaffen, kann sich die Tatsache der gegenseitigen gedanklichen Hilfe — etwa durch einen Angehörigen oder Freund — wie folgt dienstbar machen: er vereinbart mit ihm vor und während des Examens bestimmte Zeiten der Entspannung und Konzentration auf den positiven geistigen Kontakt, in denen er sich von ihm als dem ›Sender‹ bewußt Gedanken der Ermutigung und Hilfe zustrahlen läßt.

Sowie das Gefühl gegenseitigen seelischen Kontakts, des inneren Verbundenseins und Kraftaustausches lebendig ist, läßt er sich von ihm gefühlsstarke Gedankenimpulse der Sympathie, Ermutigung und Sicherheit übermitteln, die um so eher und stärker verspürt werden, je inbrünstiger er diese Kraftzustrahlung selbst bewußt *bejaht:* »Kraft und Liebe, Ermutigung und Hilfe strömen auf mich zu und erfüllen mein ganzes Wesen mit wachsender Sicherheit und Überlegenheit. Ich fühle mich stark und ruhig und allem gewachsen!«

Solche positive Kraftübertragung ist für das Gemüt das, was der Sauerstoff für die Lunge ist: man atmet unwillkürlich tiefer und freier und fühlt sich von innen her durchkraftet und belebt.

In gleicher Weise kann man auch *mehrere* Personen in solche Kraftsendungen einschalten. Vor allem zwischen Verwandten und Liebenden bestehen starke psychische Kontakte, die sie befähigen, einem während des Examens und auch sonst in schwierigen Lagen als *geistige Helfer* Ruhe, Kraftgewißheit und das Gefühl der Sicherheit zu vermitteln. Solche geistige Fernhilfe über die Brücke des kollektiven Unbewußten hat es zu allen Zeiten gegeben. Auch Gebet und Fürbitte folgen dem hier wirkenden Gesetz der *Telurgie,* der geistigen Fernkraftwirkung.

Auch die Angst vor dem Unbekannten bei der Prüfung und vor bestimmten *Prüfern* kann auf diese Weise überwunden werden.

Kennt man den Examinator *nicht* oder nicht genügend, und weiß man nicht, was und wie er prüft, kann man zweierlei tun: entweder stellt man sich vor der Prüfung und während derselben abends vorm Einschlafen mit den schon erwähnten Bejahungen bewußt selbstvertrauend auf das Examen ein, oder konzentriert man sich auf den vermuteten Examinator in der Weise, daß man in der Entspannung und Stille mit aller Inbrunst den Verlauf der Prüfung im Geiste vorwegnimmt, sich bildhaft ausmalt, wie man bei der mündlichen Prüfung alle Fragen ruhig und fließend beantwortet, den Prüfer durch die eigene Gelassenheit beeindruckt und auch das schriftliche Examen mit dem gleichen inneren Schwung bewältigt. Je lebendiger und detaillierter das Bestehen der Prüfung im Geiste vorgestaltet, vorweggenommen, ›vorausrealisiert‹ wird, desto mehr Eventualitäten bei der Prüfung wird man dann, innerlich vorbereitet, mühelos meistern.

Kennt man den Examinator, sieht man sich in der abendlichen Stille und Sammlung jeweils im Geiste vor ihm stehen und fühlt dabei, wie der sympathische Kontakt wächst, wie die eigene Zuversicht sich mit dem Vertrauen zum Prüfer verbündet und bei diesem Zufriedenheit mit dem festgestellten Wissen und Können auslöst. Man bejaht und fühlt, wie er einen wohlwollend anlächelt und das Bestehen der Prüfung erleichtert. Diese Kontaktherstellung kann bis zum Gefühl inneren Einsseins gesteigert werden, so daß man dann im Examen selbst beim ersten Blick den Funken der Sympathie überspringen und sich vom Prüfer gefördert fühlt. Man bejaht das etwa wie folgt:

»Ich übertrage auf den Prüfer die gleiche Harmonie, Ruhe und positive Stimmung, die mich erfüllt. Ich fühle mich mit ihm sympathisch verbunden und erwecke durch meine Sicherheit in ihm Vertrauen zu meinem Wissen und Können, Anerkennung und Wohlwollen. Der sympathische Kontakt mit ihm erwirkt, daß ich das Examen von Anfang bis Ende erfolgreich bestehe!«

Die Erfahrung zeigt, wie stark bei solcher *geistigen Vorwegverwirklichung* das Gewißsein des inneren Besitzes des nötigen Wissens vom Prüfling auf den Prüfer übertragen wird, dessen Fragen und Entscheidungen unbewußt mitbestimmt und so die Meisterung des Examens sicherstellt, um so leichter, je bewußter dabei die Göttergabe der *Phantasie* positiv eingesetzt wird.

Aktivierung der Phantasie

Die schöpferische Phantasie ist jene Kraft des Gemüts, die Sinneseindrücke, Gedanken, Erinnerungen je nach deren Gefühlsbetontheit und Wertgehalt sinnvoll mildert oder steigert, abwandelt, zu neuen Komplexen kombiniert, zu neuen Ansichten und Einsichten weiterentwickelt, auch die entferntesten Assoziationen und Inspirationen über die Schaltverbindungen der Ganglienzellen ins Bewußtsein blitzen läßt und das Erkennen und Erreichen neuer Fortschritte ermöglicht.

Einstein sagt von ihr, sie sei wichtiger als Wissen, weil sie das Ungewöhnliche im Gewohnten, das Tieferreichende und Höherführende hinter dem Alltäglichen entdeckt und so das Wissen erst fruchtbringend macht.

Ohne diese Fähigkeit lebendigen inneren Sichtens, Bauens und Gestaltens würde der Mensch heute noch in Höhlen leben. Weil er aber die Götterkraft der Phantasie, die nach einem Wort Börnes »aus Baumrinde Brot backt und Zucker aus Rüben bereitet« betätigte, schritt er, immer nach Neuem ausspähend, stetig aufwärts bis zum heutigen Stand der Kultur und Zivilisation.

Wie die Phantasie den Dichter befähigt, innere Bilder in Worte umzuprägen, so inspiriert sie jeden, der sich ihrer bewußt bedient, seine Ideale zu realisieren und die reale Welt zu idealisieren und zu vervollkommnen. Alle Erfolgreichen in Wissenschaft, Technik und Wirtschaft demonstrieren, wie die Beschäftigung mit Dingen, die ihre Phantasie ansprach und entfesselte, sie zum Bewußtwerden ihrer ureigenen Berufung, zur Entdeckung schlummernder Kräfte und Fähigkeiten und zu außergewöhnlichen Leistungen führte.

Die Aktivierung der Phantasie ist zur Findung oder Bildung weiterführender wissenschaftlicher Hypothesen und Erkenntnisse ebenso unentbehrlich wie zur Auslösung neuer konstruktiver technischer und wirtschaftlicher Einfälle, Planungen und Organisationen. Diese Fähigkeit, Gedanken, Dinge und Bedingungen mehrgleisig denkend von verschiedenen Seiten zu sehen, eine Vielzahl von Möglichkeiten zu erwägen und dadurch sichtbar werdende Gelegenheiten auszuschöpfen, kann durch *Übung* ungemein gesteigert werden.

Viele aktivieren sie allerdings mehr nach der *negativen* Seite, indem sie sich um vermeintliche Schwierigkeiten sorgen (und sich diese dadurch ungewollt ›besorgen‹) oder sich Mißhelligkeiten ausmalen, die erst durch die Hinlenkung der Phantasie der Verwirklichung nähergerückt werden und das Leben mißlich gestalten. Diese ›Phantasie der Angst‹ ist, wie Nietzsche sagt, »jener böse äffische Kobold, der dem Menschen gerade dann noch auf den Rücken springt, wenn er schon am schwersten zu tragen hat«.

Rechte Übung der Phantasie beginnt demzufolge damit, daß wir sie bewußt nur noch *positiv* betätigen – am wirksamsten in Form *bildhafter Bejahungen* dessen, was wir realisiert wünschen, damit die inneren Bilder, die unsere Phantasie farbig-plastisch ausmalt, auf die Dinge und Bedingungen umbildend einwirken.

Weiter gilt es, bei jeder *Erinnerung* an Vergangenes, bei der die Phantasie sich zumeist automatisch einschaltet, ihre Kraft bewußt auf das Sonnige, Verklärende, Versöhnende, Einsichtmehrende und Höherführende zu sammeln. Und schließlich empfiehlt es sich, uns zu bestimmten Zeiten im träumerischen *Spielenlassen der Phantasie* zu üben, etwa dadurch, daß wir von einem Wort oder Bild, einer Situation oder einem Problem ausgehen und alles, was uns dazu einfällt, in lebendigen Bilderfolgen ausgestalten, bis zum Spiel der Assoziationen der Aufstrom produktiver Inspirationen hinzutritt und jene halb unter-, halb überbewußte *Imaginationskraft* aktiviert, auf die Goethes Wort im ›Faust‹ (II, 1) hinzielt: »Die Phantasie, in ihrem höchsten Flug, sie strengt sich an und tut sich nie genug; doch fassen Geister, würdig, tief genug zu schauen, zum Grenzenlosen grenzenlos Vertrauen.«

Kraft der Imagination

Statt von Phantasie sprechen wir auch von der Fähigkeit der Imagination oder der ›inneren Bildekraft‹, des bewußten ›inneren Bauens‹, geistigen Vorgestaltens und Vorwegnehmens der äußeren Verwirklichung.

Wir lernten dieses durch Übung entfaltbare Vermögen *aktiver Imagination* bereits im Zusammenhang mit der Technik bewußter Einprägung kennen. Was wir behalten wollen, müssen wir nicht nur äußerlich wahrnehmen, sondern auch innerlich als wahr entgegennehmen. Je aktiver wir Aufgenommenes imaginieren, innerlich bildhaft nachgestalten, desto nachhaltiger wird es vom Gedächtnis behalten.

Praktisch betätigen wir die Gabe der Imagination schon durch die Vorarbeit des Bewußtseins, die wir leisten, um einen Begriff, ein Ding oder ein Problem allseitig zu erfassen. Mehr oder weniger schalten wir dabei oder anschließend die Imaginationskraft ein, indem wir, statt ausgetretenen alten Denkgeleisen zu folgen, nach neuen Gedankenpfaden ausspähen, mutig in unbekanntes Gebiet vorstoßen und uns für neue Einfälle und Einsichten aufgeschlossen und empfangsbereit halten.

Bei einem als grotesk, komisch oder drollig empfundenen Vorfall oder Gedanken sagt man wohl unwillkürlich: »Man denke sich das illustriert.« Eben dies tut der, der seine Imaginationskraft betätigt, gewissermaßen laufend. Er denkt plastisch, in bewegten 3-D-Bildern, und zugleich mehrgleisig, schöpferisch gestaltend – und wundert sich nicht, wenn aus solchem produktiven Denken positive Leistungen erwachsen, die sonst unterblieben wären.

Wir aktivieren unsere Imaginationskraft spürbar dadurch, daß wir uns durch tägliche Neubesinnung und Übung gewöhnen, nichts von dem, was wir sehen, hören, lernen, ungewertet hinzunehmen, sondern alles Aufgenommene bewußt ›in Frage zu stellen‹, das heißt, uns zu fragen: Ist es wirklich so? Und warum? Wohin führt es? Wie sieht es von der anderen Seite aus? Gibt es hier weitere Gesichtspunkte, Möglichkeiten, Lösungen? Was läßt sich positiv daraus machen? usw.

Wenn wir so *fragend lernen* und alles bewußt zu Ende denken, leitet die dadurch angesprochene Imaginationskraft uns fortlaufend zu neuen Einsichten und Gelegenheiten. Anfangs mag es als bloßer Denksport erscheinen, wenn wir solche ›Frage-Stellung‹ üben, Dinge und Bedingungen im Geiste umstellen, neue Seiten an ihnen entdecken, oder wenn wir scheinbar Unvereinbares durch Gedankenbildbrücken verbinden und zu neuen Kombinationen gelangen. Aber bald zeigt sich, daß wir dadurch unsere Ansprechbarkeit, Produktivität und Leistungsfähigkeit schrittweise erhöhen.

Während wir durch unsere ja begrenzten Sinne immer nur einen *Teil* der sicht- und erfaßbaren Wirklichkeit aufnehmen, erweitert sich dieser Teil gewissermaßen allseitig durch das wachsende Spürvermögen der Imagination. Das bedeutet, daß wir mehr und mehr dazu gelangen, nicht, wie die meisten, nur die Oberfläche zu sehen, sondern auch die ›Unterfläche‹, die Tiefe, den Hintergrund, die größeren Zusammenhänge oder gar eine neue Dimension.

Die Dinge und Geschehnisse werden dadurch gewissermaßen transparent, leichter durchdringbar. In den *Vorkommnissen* wird das, was mit und hinter ihnen *hervorkommen* will, sichtbar. Was aus Zukunft Gegenwart werden will, tritt wesenhaft hervor, so daß wir fähig werden, uns das Gute daran als erste dienstbar zu machen, unsere schöpferischen Kräfte und Talente auf Möglichkeiten zu konzentrieren, die die nur die Oberfläche Sehenden noch nicht wahrzunehmen vermögen, und unsere Initiativkraft zu entfalten, wo andere noch grübeln oder überlegen.

Erhöhung der Initiativkraft

Zur Herbeiführung bestmöglicher Lösungen und Entscheidungen bedient man sich in Wissenschaft, Wirtschaft und Verwaltung zunehmend der modernen Elektronengehirne, die eine Vielzahl von Daten und Problemen auf wenige Nenner zurückführen und so die Wahl und Entscheidung erleichtern.

Diese Einrichtungen stehen, weil kostspielig, den meisten nicht zur Verfügung. Um so mehr sollte sich darum jeder einzelne bewußt machen, daß die beste problemverarbeitende Einrichtung, die es gibt, ihm im Schaltwerk *seines Gehirns* zur Verfügung steht und zudem den Vorzug der Parallelschaltung mit den Funktionen überbewußten schöpferischen Denkens und initiativen Handelns besitzt.

Die *Initiativkraft* – jene innere Entschluß- und Stoßkraft, die unter mehreren möglichen Lösungen die jeweils beste nicht nur erkennt, sondern zielbewußt ansteuert – ist der *Zündschlüssel,* der den Motor erfolgsicheren Handelns zum Laufen bringt, den Leerlauf des Zauderns und Zögerns ausschaltet und uns das eine Not Wendende unmittelbar in Angriff nehmen läßt.

Diese Initiativkraft, die wir auch als ›Produkt aus Unternehmungsgeist und Tatkraft‹ definieren können, bewirkt, daß wir vor einem Problem nicht grübelnd stillstehen, sondern es entschlossen und zielbewußt angehen, also nicht – ›Anhänger‹ anderer, sondern selbständig die Entwicklung vorantreibende ›Lokomotiven‹, keine bloßen Zuschauer, sondern aktive Teilnehmer am Lebensspiel bleiben – stets bereit, vom Gedanken zur Tat weiterzuschreiten und unsere Durchsetzungskraft durch Aktivierung unserer Phantasie ständig weiter zu steigern.

Wer zweifelnd und zaudernd dem Grundsatz folgt: ›Nimm dir nichts vor, dann geht dir nichts schief‹, der schließt sich selbst von den Erfolgen aus, die, wenn er die Initiative ergriffen hätte, ihn beglückt und bereichert hätten. Denn aus Angst, einen Fehler zu machen, nichts zu tun, ist der größte Fehler, während der, der im Vorstoß etwas falsch macht, daraus lernen kann, das Rechte zu tun, und so täglich neue Chancen zu entdecken und zu ergreifen vermag.

Andererseits genügt es nicht, Erfolge bloß zu bejahen und auf das Kommen des Guten zu warten. Man muß den bejahten Dingen zuvorkommend entgegengehen, selbst initiativ und aktiv eingreifen und sich zu einem starken Magneten für alles Gute und Höherführende machen. *Denken* heißt ja *bewegen* — auch: uns selbst bewegen! —, und *Kraftdenken,* wie *es* hier gelehrt wird, bedeutet *dynamische Vorwärts- und Aufwärtsbewegung.*

Wir erhöhen unsere Initiativkraft vor allem dadurch, daß wir es uns durch tägliche Übung zur Gewohnheit machen, jedem positiven Gedanken sogleich die positive Tat folgen zu lassen, bis Denken und Handeln für uns *eins* geworden sind. Kommt uns ein guter Gedanke, werden wir ihn schriftlich festhalten, seine Verwirklichung planen und organisieren, den Weg dorthin in den einzelnen Etappen, Aufgaben, Maßnahmen festlegen und dann Schritt um Schritt gehen, bis der Gedanke in Wirklichkeit verwandelt ist. Denn *Wert und Wirkung hat nur, was zur Tat wird.*

Wir folgen damit dem Wahlspruch aller Großen: *Sei nie Amboß, sondern immer Hammer und Schmied!* Sieh in allem eine lösbare Aufgabe und einen Anreiz, Dir abermals höhere Ziele zu setzen! Denn »wer sich nicht immer wieder etwas aufgibt, der gibt sich bald selbst auf.« Wer hingegen Schwierigkeiten als Appelle an seine Initiativkraft und damit als *Kräftewecker* wertet, der wandelt schon die erste Tat, den ersten Sprung in einen Weitsprung, der ihn über das Hindernis hinaus in neue Möglichkeiten und Erfolge hineinspringen läßt. —

So ausgerüstet, sind wir, nachdem für die allseitige Mobilisierung schlummernder Talente der *sichere Grund* gelegt wurde, nunmehr imstande, den zweiten großen Schritt planmäßigen Ausbaus und nutzbringenden Einsatzes der erwachenden Kräfte und Fähigkeiten zu tun und den Größeren, der in uns steckt, den genialen Kern unseres Wesens, immer bewußter zu offenbaren.

II. Teil

AUSBAU

Magnetismus der Bejahung

Alles, was wir sehen, hören, erfahren, lernen, wird in seiner Deutung und Bedeutung, Auswertung und Auswirkung von unserer Einstellung bestimmt. Jedes Ding und Ereignis löst unserer gedanklichen Haltung entsprechende Reaktionen aus. Da, wie schon im ersten Teil dieser Anleitungen gezeigt, alles im Leben einstellungs-bedingt ist, liegt es auf der Hand, daß positive Einstellung, *bejahende* Haltung uns am ehesten befähigt, aus jeder Lage und Erfahrung das Bestmögliche zu machen.

Je *bewußter* dies geschieht, desto spürbarer entfalten wir jenen Magnetismus der Bejahung, der sowohl auf gleichgerichtete Innenkräfte wie auch auf entsprechende Tendenzen in der Außenwelt anziehend und tatauslösend wirkt.

Es ist längst experimentell erhärtet, daß der Mensch für das, was er *bejaht, positiv magnetisch*, d. h. aufgeschlossener, anzieziehender, empfänglicher, aufnahmefähiger und erfolgträchtiger wird, weshalb er gläubig Bejahtes leichter erreicht. Jede Bejahung aktiviert die ›Atomenergien der Seele‹: die Zug- und Verwirklichungskraft des Gedankens und des Glaubens. Von der letzteren heißt es mit Recht:

Der Glaube ist eine Schöpferkraft,
die das, was wir bejahen, schafft.

Im Alltag betätigen die meisten den Magnetismus der Bejahung unbewußt zumeist nach der *negativen* Seite, wenn sie klagen: ›Ich bin nervös, aufgeregt, unpäßlich, ich fühle mich müde, schwach, unaufgelegt, krank‹ und alsdann den damit herbeigezogenen Zuständen oder Umständen zum Opfer fallen ... Gleiches tritt ein, wenn sie Dinge, Umstände oder andere Menschen verneinen, ihnen Mißtrauen, Ablehnung, Widerstand, Lieblosigkeit, Feindschaft entgegenbringen, damit das psychodynamische ›Gesetz der das Gegenteil bewirkenden Anstrengung‹ schicksalverkettend und zwistmehrend auslösen und zugleich ihre Initiativ- und Schaffenskraft und ihr Erfolgs- und Glücksvermögen mindern.

Würden sie über das Negative hinwegsehen und bewußt auf das *positive* Gegenteil hinsehen und umschalten und dieses mit gleicher Gefühlsbetontheit bejahen, dann verhelfen sie dem Positiven zur Durchsetzung und Verwirklichung und mehren zugleich ihre magnetische Anziehungskraft für alles Gute und Förderliche. So wichtig ist es, daß sie lernen, nur noch *Jasagende* zu sein, immer bewußter und freudiger das Wünschenswerte, Beglückende, Mutsteigernde, Gesunde, Heilsame zu bejahen, weil sie dadurch automatisch vom Unguten Abstand nehmen und *schaffen* und es so wirkungslos machen.

Das wirkt sich im täglichen Leben bei jedem Gedanken und jedem Wort, das wir hören oder sprechen, aus, weshalb es gilt, unablässig auf ›Positiv‹ zu schalten – und zwar nicht nur nach außen hin, sondern auch nach innen: statt eine Hemmung, einen Mangel oder Fehler zu beklagen oder zu bekämpfen, gilt es die entsprechende positive Kraft und Fähigkeit beharrlich zu bejahen, mit deren Aktivierung und Hervortreten der Mangel von selbst zurücktritt und verschwindet.

Je bewußter wir bejahen, desto deutlicher spüren wir den in uns angelegten doppelten *Drang nach vorn* und *Zug nach oben* und lernen, uns in stufenweiser Entfaltung unserer Kräfte und Talente dem ewigen Fortschritt und Aufstieg des Lebens anzugleichen und aktiv-initiativ an ihm teilzuhaben. Wir erleben dann, wie freudige Bejahung auch unsere Pflichten in Aufgaben verwandelt, die wir uns selbstachtend stellen und selbstvertrauend meistern.

Wie Wasser nicht bei 90, sondern erst bei 100 Grad kocht, so müssen wir uns für das von uns Bejahte *erwärmen*, glühend begeistern, um die nötige Temperatur, das rechte Temperament und Tempo für die Aktivierung und rechte Lenkung der jeweils benötigten Kräfte und Fähigkeiten und für die Bewußtmachung der mit ihnen aufquellenden Inspirationen zu erreichen. Es lohnt sich, uns mit dieser die seelische Stabilisierung fördernden und das schöpferische Leistungsvermögen aktivierenden Praxis vertraut zu machen.

Dynamik der Bejahung

»Wenn ein Mensch unglücklich und erfolglos ist«, sagt *Emerson*, »so deshalb, weil er vorwiegend an Widerstände und Unglück denkt. Wo immer das Leben voller Schwierigkeiten ist, rührt dies daher, daß der Blick vornehmlich auf mögliche Hindernisse und Widrigkeiten gerichtet wurde.«

Wenn das Leben manchem nicht leicht erscheint, dann kann er, wie hier dargelegt, es sich *leichter machen*, indem er bisher ungenutzte Kräfte und Talente bewußt zu seinen Helfern und Verbündeten macht.

Um unsere Wünsche zu verwirklichen und im Leben voranzukommen, müssen wir lernen, die Kraft positiven, bejahenden Denkens voll in unseren Dienst zu stellen, indem wir konsequent nur das fühlen und denken, was wir realisiert wünschen, da *jeder* Gedankenimpuls das ihm Gemäße anzieht und nach seiner Verwirklichung trachtet. Kraftgedanken mehren unsere Macht, Erfolgsgedanken erhöhen unser Glücksvermögen, Zielgedanken stärken Mut, Initiative und Tatkraft.

Nach dem Bilde unseres Selbst, das wir in uns tragen — also je nachdem, ob wir uns in Gedanken schwach oder stark, unglücklich oder glücklich, unfrei oder frei, arm oder reich sehen —, werden wir uns *fühlen*, werden wir *sein*. Denn Umstände und Umgebung, Fortschritte und Schicksale sind Verwirklichungen dessen, was wir vorwiegend *bejahten*.

Die *Kraft der Anziehung*, die man beim Wesenskraftfeld des Menschen unzureichend als ›persönlichen Magnetismus‹ bezeichnet, ist eine der Grundkräfte des Alls, die uns spürbar voranträgt, wenn wir damit beginnen, diese Gravitationskraft der Gedanken, der Wünsche und des Glaubens durch *dynamische Bejahung* hochzuspannen, bis ihre vitalen Schwingungen alle gleichstrebigen Kräfte und Wesen anziehen und unserem Wollen sympathisch gleichrichten.

Diese dynamische Wirkung der Bejahung ist auch experimentell erhärtet — in letzter Zeit unter anderem durch parapsychologische *Gedankenradio*-Versuche, aus denen sich ergab, daß jene die die Möglichkeit der Gedanken-Telegraphie oder -Telepathie nach der aktiven Seite des ›Senders‹ wie nach der passiven des ›Empfängers‹ von vornherein *bejahten,* also positiv eingestellt waren, die Tests in einem den Rahmen der möglichen zufälligen Treffer weit übersteigenden Maße erfolgreich bestanden. Dabei zeigte sich weiter, daß persönliche, verwandtschaftliche oder sympathische Kontakte der Versuchspersonen untereinander eine weitere Erfolgsvoraussetzung bilden. Jene hingegen, die die Fernwirkung der Gedanken skeptisch oder negativ beurteilten, hatten auch beim Vorhandensein entsprechender Anlagen geringe oder keine Erfolge.

Andererseits lehrt die Erfahrung, daß, je *beharrlicher* wir etwas bewußt bejahen, Gedanken und Gefühle anderer Menschen mit wachsender Intensität zum Mitschwingen gebracht werden, so daß sie, bewußt oder unbewußt, zu Förderern und Helfern werden bei der Verwirklichung unserer Ideale, bei der Erreichung unserer Ziele. Im Wege der Resonanz macht sich das für uns dergestalt bemerkbar, daß wir das Wachstum der Stoß- und Durchsetzungskraft unserer Gedanken förmlich spüren und das mutmachende Gefühl haben, als ob unsere innere Kraft aus kosmischen Kraftquellen gespeist würde.

In jedem Falle aber sollten wir uns hierbei unserer mit der wachsenden Macht zunehmenden *Verantwortung* bewußt bleiben und das Gesetz von Aktion und Reaktion beachten, dem ein Dichterwort ahnungsvoll Ausdruck gibt: »Lieb' und Haß und Kampf und Frieden, mit dem andere uns bedenken / sind ein Echo nur hienieden / dessen, was wir jenen schenken«, was wir ihnen *vorher* zu-gedacht haben. Es gilt darum, bei allen Bejahungen der Goldenen Regel Christi zu folgen, das heißt, in unseren Bejahungen nur *die* Gedanken und Gefühle anderen zuzustrahlen, die wir von ihnen zu empfangen und in ihrem Verhalten und Handeln uns gegenüber wiederzufinden wünschen.

Bemeisterung durch Begeisterung

Die dynamische Wirkung der Bejahung hängt vom Grade der Gefühlsbetontheit und Glaubensintensität ab, durch die der bejahte Gedanke mit *geistiger Kraft* aufgeladen und ausgestrahlt wird. Diesen spürbaren geistigen Kraftzuwachs meinen wir, wenn wir von der Macht der *Begeisterung* sprechen, die unseren Gedanken und Plänen, Vorhaben und Taten erhöhte Schwung- und Durchsetzungskraft verleiht.

Emerson sagt im Blick hierauf mit Recht, daß »alles Große in der Welt eine Frucht der Begeisterung ist. Begeisterung ist darum so schätzenswert, weil sie unserer Seele die Kraft gibt, ihre höchsten Anstrengungen zu machen, ohne zu ermüden.« Sie macht, was wir denken, wollen und tun, gefühls-, lust-, wert- und erfolgbetonter.

Weil der Begeisterte immer der Überlegene ist, handeln wir weise, wenn wir uns für alles, was wir tun oder tun müssen, *bewußt erwärmen.* Denn je höher die seelische Temperatur, *je größer die Begeisterung, desto leichter ist die Bemeisterung* der vor uns liegenden Aufgaben und Probleme. Das bedeutet nicht nur, daß uns alles, was wir ›mit Lust und Liebe‹ tun, leichter von der Hand geht, sondern darüber hinaus, daß geistige Kräfte und Fähigkeiten in uns aktiviert werden, die die Zielerreichung sichern.

Die Begeisterung erfüllt unser Wirken und unser Werk mit dem *Geist des Gelingens,* der jedes Problem lösbar macht. Sie treibt uns an, nicht nur das zu tun, an dem wir Freude haben, sondern an dem Freude zu haben, was wir tun, und stets *mehr* zu geben und zu leisten, als von uns erwartet wird.

Das ist der Sinn des Wortes »*Enthusiasmus*«. ›En-theos‹ heißt wörtlich: ›von göttlichem Geist, mit göttlicher Kraft erfüllt sein‹. Es meint jene seelische Temperaturerhöhung von fünfziggradiger Erwärmung für etwas zu hundertgradiger glutender *Entflammung* — jene Hochspannung aller Kräfte des Gemüts, bei der wir das schon erwähnte Empfinden haben, als ob unsere innere Kraft aus unerschöpflichen kosmischen Kraftquellen gespeist werde.

»Enthusiasmus ist das schönste Wort der Erde«, bekennt Morgenstern, und Chamberlain ergänzt diese Erkenntnis dahin, daß »auch der schärfste Verstand, und sei er noch so hell erleuchtet, wenig ausrichtet, wenn er nicht mit Enthusiasmus gepaart ist«, wenn das Hirndenken nicht mit dem Herzdenken verbunden und eins ist.

Dieser Enthusiasmus ist die edelste Form *liebender Hingabe*, die uns innerlich aufgeschlossen und empfangsfähig macht für neue Einblicke und Einfälle, Inspirationen und Intuitionen, die sonst unbemerkt bleiben. Sie aktiviert unsere Phantasie und bewirkt, daß unser *Ich*, der ›äußere Mensch‹, im Wege der Induktion mit dem *Es* und mit dem *Selbst*, dem ›inneren Menschen‹, parallelgeschaltet, vom Wesenszentrum her koordiniert, informiert und geleitet wird.

Wir fühlen in diesem Stadium erhöhter innerer Wachheit und Ansprechbarkeit, wie sich die Brunnen der Tiefe des Unbewußten und Überbewußten öffnen, wie in der lautlosen Stille des Innern lichte Gedanken, Einsichten und Bildekräfte in Fülle in uns aufströmen, uns bis in den Bereich des Genialen erheben und uns zu schöpferischem Wirken und zur Meisterung jeder Aufgabe befähigen, die Beruf und Leben uns stellen.

Mit diesen in Entspannung, schweigender Konzentration und meditativer Selbstbesinnung stufenweise entfaltbaren Möglichkeiten lebendiger Teilhabe an der Gedanken- und Kraftfülle des Unbewußten und Überbewußten wollen wir uns im weiteren Schritt um Schritt vertraut machen.

Bewußtes und unbewußtes Schaffen

Statt vom Magnetismus der Begeisterung kann man auch von ihrer *katalytischen* (reaktionsbeschleunigenden) Wirkung sprechen: jedes begeisterte Ja wirkt auf die inneren Bildekräfte als positiver Entfaltungsreiz und führt dazu, daß zum zielgerichteten *bewußten* Schaffen produktive Förderkräfte und Fähigkeiten des *Unbewußten* helfend hinzutreten und so die Einsicht vertiefen, die Übersicht vergrößern und das Leistungsvermögen steigern.

Bei *jeder* bewußten Tätigkeit läßt sich eine mehr oder minder schöpferische Mitbeteiligung des Unbewußten nachweisen. Es ist also nicht so, wie der Rationalist meint, daß die Aktivität des bewußten Ich die Quelle der Produktivität ist, und auch nicht so, wie jene wähnen, die der ›Ohnmacht des Bewußtseins‹ die ›Schöpferkraft des Unbewußten‹ gegenüberstellen. Vielmehr erweist sich jeder schöpferische Prozeß als *Dreiklang* aus dem Zusammenwirken von Bewußtsein, Unter- und Überbewußtsein, deutlicher: von *Ich* und *Es* unter der Leitung des *Selbst.*

Selbst die alltäglichsten Verrichtungen werden zu einem erheblichen Prozentsatz vom Unbewußten her vorgenommen oder gesteuert. Mit der *Gewöhnung* an bestimmte Tätigkeiten wächst dieser Anteil des Unbewußten; sie werden dann zu ›psychischen Automatismen‹. Auch unsere Denkprozesse verlaufen zum größeren Teil im unbewußten Bereich. Nicht einmal mathematische Wahrheiten sind nur Ergebnis logischer Denkabläufe; wesentliche mathematische Gesetzmäßigkeiten wurden bekanntlich intuitiv gefunden und erst hinterher als zutreffend bestätigt und als allgemeingültig begründet.

Das Schaltwerk des Gehirns arbeitet vornehmlich mit schon Gewußtem, mit im Gedächtnisarchiv gespeichertem Wissen, das es vergleicht, kombiniert, zusammenfaßt, verarbeitet und ausgestaltet. Dabei tritt alsbald Nichtbewußtes ergänzend hinzu. Das meinen Jean Paul: »Das mächtigste im Dichter ist gerade das Unbewußte«, und Goethe: »All unser redlichstes Bemüh'n glückt nur im unbewußten Momente.«

Das Bewußtsein trägt durch Lektüre, Beobachtung, Nachsinnen und Experiment den Arbeitsstoff zusammen, der dann im Einvernehmen mit dem Unbewußten schöpferisch weiterverarbeitet, umgewandelt, zu Neuem gestaltet wird. Wenn — wie Max *Planck* sagt — »eine wissenschaftliche Idee, die dem Gehirn eines Forschers entspringt, an ein konkretes Erlebnis anknüpft, an eine Entdeckung, Beobachtung, Feststellung«, dann ist auch dabei das *Wesentliche* die Tatsache, daß dieses Erlebnis (das andere vielleicht auch hatten, aber mangels innerer Wachheit nicht beachteten, wie Newtons Beobachtung des fallenden Apfels zeigt, die ihn zur Entdeckung des Gravitationsgesetzes veranlaßte) unter Mitwirkung des überbewußten oder spirituellen Gedächtnisses »in Zusammenhang und Vergleich gebracht wird mit bereits vorliegenden andersartigen Erlebnissen« oder Erkenntnissen, daß also »eine *Brücke* geschlagen wird vom einen zum andern« und dadurch sonst zusammenhanglos Bleibendes zu einer neuen Einheit, einer weiterführenden Idee oder Erkenntnis, Entdeckung oder Erfindung verbunden wird.

Die *unbewußte* Seite jeder Leistung, jedes Werkes kann dem Keim verglichen werden, der sich mit der Zeit seiner Anlage gemäß zu einem Baum auswächst. Die *bewußte* Arbeit entspricht der Bodenpflege und gärtnerischen Hilfe und Förderung des Wachstums. Beide sind gleich notwendig; beide befruchten sich gegenseitig; beide, das tätige *Ich* und das unmerklich mitschaffende *Es*, sind um so verläßlichere Werkzeuge und Wirkzeugen des Selbst, je williger und harmonischer sie unter der koordinierenden Leitung des *Selbst* ihre Kräfte vereinen. Und eben dieses Zusammenwirken wird durch bewußte, begeisterte *Bejahung* ungemein gefördert und kann dadurch, daß wir *bewußt unbewußt schaffen* lernen, bis zur Entfaltung genialer Leistungen intensiviert werden.

Bewußt unbewußt schaffen

Der erste Anstoß zu einem Werk wird uns zumeist als Wunsch oder Zielgedanke bewußt, als Idee oder Absicht, dies oder jenes zu vollbringen. Der Zielgedanke löst ihm verwandte Assoziationen und Erinnerungen aus, die zu einem Gedankenkomplex zusammenwachsen, der mit zunehmender Strahlkraft neuen Gedankenstoff anzieht und neue Erkenntnisse auslöst. Schon dabei ist die Mitwirkung des *Unbewußten* erkennbar, noch mehr bei den anschließenden Überlegungen, bei der Gestaltung des Plans, der Organisation des Vorhabens, der Festlegung der einzelnen Etappen des Erfolgsweges und der Überwindung oder Überbrückung etwaiger Hindernisse.

Je mehr diese Mitarbeit des Unbewußten dankbar anerkannt, *bewußt bejaht* wird, desto dynamischer wird die Zielsetzung, desto erfolgträchtiger die Planung, desto lebendiger die Gestaltung des Werks als organisches Ganzes und desto reicher die Fülle der Einfälle und Einsichten, die die Vollendung erleichtern.

Zwei wichtige Funktionen erfüllt das Wachbewußtsein dabei: 1) wählt es unter den schöpferischen Ideen, die ihm von innen her zufließen, die dem Plan gemäßesten, dem Ganzen dienlichsten und unmittelbar hilfreichen aus, um sie dann 2) in den Gesamtplan sinnvoll ein- und durch rechtes Handeln bewußt auszubauen und nutzbar zu machen.

Die *erste* Funktion wird mit dem doppelsinnigen Wort *›sichten‹* umrissen: das Bewußtsein muß die aufströmenden Gedanken zunächst allgemein sichten, also hellwach sein und sie in Sicht bekommen, sie wahrnehmen, besichtigen, erfassen, um sie dann im besonderen zu ›sichten‹, d. h. mit dem Sieb der Zielkonzentration durchsehen und durchseihen, die sichtlich in Frage kommenden auswählen, ordnen und für die Realisierung vorsehen. – Bei dieser doppelten Sichtung läßt sich das Bewußtsein vorsichtig und einsichtig von der größeren Weitsicht des Unbewußten leiten.

Bei der *zweiten* Funktion der Ordnung und Verwertung der Gedanken im Rahmen der Planung und Organisation der Arbeit hat das Bewußtsein die Aufgabe der Straffung der Gedanken, der Ausscheidung alles Störenden, Ablenkenden, Entbehrlichen, vom Ziel Wegführenden einerseits und der Förderung von allem, was der eigentlichen Organisation, Ausgestaltung und Verwirklichung dient. – Auch diese Funktion wird in mehr oder minder bewußter Zusammenarbeit mit dem Unterbewußtsein und unter Leitung des Überbewußtseins vollzogen.

Wer so vorgeht und sich dahin erzieht, *immer bewußter unbewußt zu schaffen,* der hat die Gewähr, daß sich in dem Maße, wie Innen und Außen harmonisch zusammenwirken, der Reichtum der Assoziationen und Inspirationen und damit sein schöpferisches Leistungsvermögen ständig erhöht. Er entdeckt dabei, daß der Geist vom Ablauf der Zeit unabhängig ist, daß das

Schaltwerk des Gehirns durch die gesteigerte Inanspruchnahme und Aktivität ein immer besseres Werkzeug des Geistes wird, und daß zugleich schlummernde Talente mobilisiert werden. Wer sich in diesem Sinne z. B. zwischen 50 und 65 Jahren bewußt in die sogenannte ›*zweite Leistungswelle*‹ einschaltet, der sichert sich damit den nötigen Schwung für die folgenden Jahrzehnte.

Er erlebt dann ähnliches wie der große Schweizer Physiologe Emil *Abderhalden* (1877—1950), der sich daran gewöhnt hatte, den ›plötzlichen Eingebungen des Unbewußten zu folgen‹, und eines Tages damit begann, »ohne jede Unterlage und ohne vorgefaßte Disposition« sein vierbändiges Lehrbuch der Physiologie niederzuschreiben, wobei er oft die Empfindung hatte, ›mit dem Unterbewußtsein zu schreiben‹. Ähnlich inspiriert fühlte er sich bei seiner Arbeit am »Handbuch der biochemischen Arbeitsmethoden« (101 Bände, 1910—1919) und am »Biochemischen Handlexikon« (12 Bände, 1910—1930).

Wer *bewußt unbewußt zu denken und zu arbeiten* gelernt hat, weiß, daß ihm bei der geistigen Arbeit nicht nur die Ideen in Fülle zuströmen, sondern auch die Formulierungen und ganze Gedankengänge in endgültiger Form eingegeben werden, so daß er sie nur niederzuschreiben braucht, und daß ein Werk um so gehaltvoller und zukunftträchtiger wird, je größer der Anteil des Überbewußtseins ist. Das wird im weiteren immer deutlicher werden.

Das kleine ›s‹ und das große ›S‹

Von der Art der jeweiligen beruflichen oder sonstigen Aufgabe oder Tätigkeit hängt es ab, ob das *bewußte* Schaffen, das Sammeln von Gedankenstoff, Erfahrungen, Argumenten oder sonstigen Tatsachen der *unbewußten* Arbeit vorausgeht oder von Anfang an mit ihr parallel läuft. Wo beide Hand in Hand gehen, wird der Mensch fähig, ein Werk tage-, wochen- oder jahrelang mit fast gleichbleibender geistiger Konzentration, Wachheit und Empfangsbereitschaft für schöpferische Eingebungen durchzuführen. Er kommt in solchen Zeiten dynamischer Aktivität mit überraschend wenig Schlaf und Nahrung aus und demonstriert damit, wie souverän der Geist sein Körperwerkzeug zu nutzen vermag.

Wer *bewußt unbewußt zu schaffen* gelernt hat, sagt williger als andere: »Es gestaltet sich in mir«, »Es leuchtet mir ein« oder drückt er durch ein »Es wird mir von selbst einfallen« sein Vertrauen zum Unbewußten aus. Er unterscheidet zunehmend deutlicher zwischen dem *kleinen ›s‹* und dem *großen ›S‹*, d. h. zwischen *sich,* seinem Ich und dem Es einerseits, und seinem führenden *Selbst* andererseits.

Er wird der fortschreitend beglückenderen *Partnerschaft* zwischen Ich, Es und Selbst unter anderem dadurch Ausdruck geben, daß er jedes auftauchende Problem zum Gegenstand eines *inneren Zwiegesprächs* macht, es mit dem *Selbst* als seinem inneren Berater und Helfer ›erörtert‹, um das Wesentliche zu ›orten‹ und das Für und Wider zu klären. Er wird dabei immer tiefer in den Kern der Sache und den Zusammenhang mit anderen Dingen und Bedingungen eindringen und sich unmerklich zur optimalen Lösung des Problems hinleiten lassen. Dabei erfährt er, wie von innen her neues Licht auf die Dinge fällt, neue Wege und Möglichkeiten sichtbar werden, die sich hinterher als die oft einzigen unmittelbar zielwärts führenden und erfolgverbürgenden erweisen.

Ein weiteres bewährtes Mittel zur Förderung produktiver Partnerschaft zwischen dem kleinen ›s‹ und dem großen ›S‹ ist die Gewöhnung an sofortiges *schriftliches Fixieren* aller einem bewußt werdenden Einfälle. Dadurch wird nicht nur die innere Wachheit und Aufmerksamkeit und das Ausdrucksvermögen geschult und gesteigert, sondern auch erreicht, daß jedem *bewußt* aufgenommenen Einfall weitere folgen, die dann ebenfalls gewinnbringend realisiert werden können.

Das wird besonders deutlich bei gewohnheitsmäßiger oder berufsmäßiger Anwendung: der von Berufs wegen oder aus innerer Berufung Lehrende erkennt, daß er zugleich ein *Lernender* ist und selbst den größten Gewinn vom Lehren hat. Ebenso erfährt der *Schreibende,* daß er als freudig Gebender zugleich ein immerfort Empfangender ist, der aus ständig stärker fließenden Wahrheitsquellen schöpft. Dies um so bewußter, je mehr bei ihm das kleine ›s‹ — sein ›Ich‹ und ›Es‹, also die Persönlichkeit — hinter dem großen ›S‹ — seinem Selbst, seiner eigentlichen Individualität — zurücktritt.

Um das zu verdeutlichen: Was wir am Menschen wahrnehmen, seine Person oder *Persönlichkeit,* ist, wie das Wort ›persona‹ besagt, die *Maske,* die der Mensch im Lebensspiel trägt, die *Rolle,* die er spielt, der Vordergrund, die Hülle, der *äußere Mensch* in seiner vergänglichen Erscheinungsform. Dahinter verbirgt sich der eigentliche unsichtbare *innere Mensch,* das Selbst, die *›Individualität:* der unteilbare Kern des Menschenwesens, das unzerstörbare geistige Kraftfeld, der göttliche Funke.

Novalis drückt das so aus: »Die Synthesis von Seele und Leib heißt Person. Die Person verhält sich zum Geist (zum Selbst) wie der Körper zur Seele.« Ist, wie Goethe sagt, die Persönlichkeit »höchstes Glück der Erdenkinder«, dann ist die Individualität höchstes Glück der Gotteskinder: der zu sich selbst erwachten, aus dem *Geiste* lebenden Menschen. Dies und die von Schelling erkannte Tatsache wird im weiteren deutlich werden: »Alles Große und Göttliche erfolgt nicht nach den allgemeinen Gesetzen der Natur, sondern durch das Gesetz und die Natur des Individuums.«

Gesetz der Induktion

Die Gewöhnung an *bewußt unbewußtes Schaffen,* durch das die geistige Produktivität gesteigert und die Weckung schlummernder Talente begünstigt wird, wird auf sechsfache Weise gefördert:

1) durch *Wiederholung und Übung,* die dazu führen, daß anfangs gewollt und bewußt ablaufende Denk- und Verhaltensweisen mehr und mehr vom Unbewußten übernommen und zu ›psychischen Automatismen‹ werden und im gleichen Maße das Bewußtsein entlasten, 2) durch *bewußte Bejahung* und begeisterte Hingabe an eine Idee, eine Aufgabe oder das Ziel einer Arbeit, 3) durch *absolutes* Vertrauen zum jederzeitigen hilf-

reichen Eingreifen des Unbewußten, 4) durch *wachsames Aufgeschlossensein* für jede Weisung, jeden Wink und Rat von innen her, 5) durch *dankbare Entgegennahme* jedes Einfalls aus dem Unbewußten, 6) durch dessen *willige Befolgung* und allseitige Realisierung in Richtung auf das gesetzte Ziel.

Praktisch bedeutet das: je mehr bei der geistigen Arbeit das Bewußtsein, die Ratio, allein schaltet und waltet, desto geringer ist die Hilfe des Unbewußten und der Zustrom an Inspirationen. Je williger man sich hingegen vom Unterbewußtsein anregen und vom Überbewußtsein leiten läßt, desto mächtiger wird der Strom der schöpferischen Eingebungen. Es ist dann, als ob eine wachsende Schar von Heinzelmännchen einem alles zuführt und in die Hand spielt, was dem Ausbau und der Förderung des Werkes dient, wobei dieser Prozeß im Maße bewußter Bejahung der Hilfe von innen an Intensität und Deutlichkeit zunimmt.

Was hier zum Wirken gebracht wird, ist das *Gesetz der Induktion.* Damit ist nicht der *philosophische* Begriff der ›Induktion‹, d. h. die Gewinnung allgemeiner Erkenntnisse aus einzelnen Wahrnehmungen gemeint, die dann experimentell geprüft und erhärtet werden, sondern der *psychodynamische:* Man spricht — *negativ* — von ›Induktions-Krankheiten‹ im Sinne seelischer Epidemien, bei denen bestimmte Gedankenschwingungen oder -komplexe auf dem Wege psychischer Fernanregung ähnlich der elektromagnetischen Induktion auf eine Vielzahl von Menschen ›übertragen‹ werden, die dann fast gleichzeitig gleichartig reagieren.

Positiv äußert sich diese Induktion wie folgt: Sowie man als Wissenschaftler, Philosoph, Schriftsteller, Künstler, Techniker, Erfinder, Politiker oder Wirtschaftspionier von einer Idee, einem Einfall, einem Zielgedanken stark bewegt wird und ganz erfüllt, begeistert, ergriffen, beherrscht, besessen ist, gerät man zunehmend und oft wie ›zufällig‹ mit Gedanken, Stichworten, Hinweisen in Artikeln und Büchern, mit Umständen, Dingen und Menschen in Kontakt, die auf den ausstrahlenden Gedanken ›Bezug haben‹, mit ihm zusammenhängen, für seinen Ausbau und seine Verwirklichung bedeutsam und hilfreich sind.

Wilhelm von *Scholz* hat in seinem Werk »Der Zufall und das

Schicksal« an einer Fülle einschlägiger Erfahrungsberichte überzeugend dargetan, wie sich hinter den scheinbaren ›Zufällen‹ die von ihm so genannte ›Anziehungskraft des Bezüglichen‹ steuernd und zusammenführend auswirkt, weshalb er zu dem Ergebnis kommt, daß »das Geschehen in der Welt den gleichen Assoziationsgesetzen unterliegt wie der Ablauf der Vorstellungen in uns.«

Wer das häufiger erfuhr, mag wie Morgenstern empfinden: »Wer weiß, ob die Gedanken nicht auch einen ganz winzigen Lärm machen, der durch feinste Instrumente aufzufangen und zu enträtseln ist.« Tatsächlich wird der ›Lärm‹, das Echo, die ›Tönung‹ und Schwingungsfrequenz der Gedanken von sensitiven psychischen Wahrnehmungsorganen aufgefangen, verstärkt und in Einfälle, Einsichten, Gefühls- oder Tatimpulse umgewandelt, wie andererseits eine uns entflammende Idee ein magnetisches Kraftfeld aktiviert, das alles Gleichschwingende und darauf Bezügliche schicksalhaft herbeizieht.

Wer tiefer sieht, entdeckt hinter diesen Auswirkungen des Induktionsgesetzes als sinnvoll steuernde Instanz das eigene *Selbst*, das als ›Kybernetes‹ (Steuermann) und innerer Helfer in Erscheinung tritt und deutlich macht, wie weitreichend der zu sich selbst, seinem innersten Selbst, erwachende Mensch zum bewußten Schmied seines Schicksals wird.

Geistige Selbsthilfe

Die bewußte Anwendung des Gesetzes der Induktion ist ein Teil dessen, was der Psychodynamiker als ›geistige Selbsthilfe‹ bezeichnet. Sie wirkt sich unter anderem bei der Überwindung von Hemmungen, Hindernissen und Schwierigkeiten segenbringend aus, weil jedes Problem von vornherein als lösbar bejaht und von verschiedenen Seiten angegangen wird: während das Bewußtsein es zergliedert und auf einfachste Nenner zurückführt, wird das Unterbewußtsein in Entspannung und Stille als ›Entwicklungshelfer‹ eingeschaltet und schließlich im ›inneren Zwiegespräch‹ Rat und Führung des Überbewußtseins, des leitenden Selbstes, eingeholt.

Die schöpferische Phantasie wird dabei um so wacher und aktiver, je mehr neue Assoziationen durch vielgleisiges Denken ausgelöst werden und dann das Bewußtseinsblickfeld *leer* gemacht und für das Aufleuchten von Inspirationen ortungs- und empfangsfähig gehalten wird. Wir gelangen dann zu Möglichkeiten, die uns einen oder mehrere Schritte vorwärts auf dem Wege der Meisterung und Sinnerfüllung des Lebens tun lassen, die zugleich Dienst an der Gemeinschaft sind.

Selbstbeobachtung läßt erkennen, daß ein Teil der aufströmenden Inspirationen Folgen unbewußten Gedankenbildbrückenbaus sind, bei dem auf ein Stichwort hin oft weitläufige Assoziationen ausgelöst werden. Zugleich werden uns, je intelligenter wir den ›inneren Ratgeber‹ fragen, um so bedeutungs- und aufschlußreichere Antworten in Form unerwarteter Eingebungen oder überraschender Erleuchtungen zuteil. Hier zeigt sich bereits der *praktische Wert solcher geistigen Selbsthilfe:*

Der Geschäftsmann, der sich gewöhnt hat, während der Arbeitszeit Fünfminuten-Schweigepausen einzuschalten, erfährt, selbst wenn er in der Stille keine Fragen stellt, einen Zustrom guter Einfälle, die ihn zu einträglichen Maßnahmen anregen.

Der Geistesarbeiter, etwa der Schriftsteller, lebt weithin von solchen Inspirationen. Hat er einmal gelernt, bewußt unbewußt zu schaffen, dann mag er zuweilen ähnlich empfinden wie der Philosoph und Mystiker *Philon* von Alexandrien (20 v.–50 n. Chr.):

»Manchmal ging ich *leeren Geistes* an die Arbeit und fühlte mich plötzlich reich. In unsichtbarer Weise strömten Gedanken in Fülle auf mich herab. Durch den Einfluß der göttlichen Inspiration wurde ich so stark erregt, daß ich mich selbst und alles um mich herum vergaß. Ich wußte dann nicht mehr, was ich schrieb. Ich fühlte mich so reich an Gedanken, mit so durchdringender Einsicht begabt und so voller Kraft für alles, was zu leisten war, daß die Erkenntnis des Rechten so sicher und eindeutig vor meinem geistigen Auge stand wie das deutlichste äußere Bild vor dem leiblichen Auge.«

Auf solche Weise wurden *Emerson's* Lichtgedanken auf seinen stillen Waldspaziergängen geboren, die er in seinen Tagebüchern niederschrieb und in seinen Essays zu Intuitionen der Wirklichkeit von unvergleichlicher Schönheit des Ausdrucks und Tiefe der Erkenntnis gestaltete. So entstanden die großen dichterischen, philosophischen und religiösen Werke der Weltliteratur, die unvergänglichen Kunstwerke aller Kulturen, die unsterblichen musikalischen Schöpfungen, die großen kulturellen Leistungen der Menschheit.

Ihre Schöpfer waren Menschen, die in Stille, Schweigen, meditativer Selbstbesinnung und Allversenkung die Schranken der begrenzten sinnengebundenen, relativen und vergänglichen Scheinwelt sprengten und in die wirkliche, absolute, ewige Seinswelt vorstießen. Sie erkannten mehr oder minder deutlich, daß die Region des Un- und Unterbewußten nur das Vorfeld ist des größeren Reiches des Überbewußten, der Heimat ihres innersten *Selbstes,* das als geistiges Lebenskraftfeld unzerstörbar und Quellgrund aller schöpferischen Kräfte und Talente ist. Die Berührung mit ihm äußert sich als Gefühl der Bewußtseinsweitung und des geistigen Beflügelt- und Erhobenseins, das anzeigt, wie weit wir uns vom Strom der Innenkräfte vorantragen lassen.

Vom Einfall zum Glücksfall

»Was der Glücksfall unter den Begebenheiten der Welt, das ist der Einfall unter den Gedanken.« Dieses Wort des Philosophen Immanuel *Kant* zeigt, daß ihm bewußt war, wie sehr der Philosoph, aber auch der Dichter, der Künstler, der Forscher, der Geschäftsmann von guten Einfällen abhängig ist, wenn er Überdurchschnittliches schaffen und erreichen will.

Kant wußte auch, wie er in seiner Schrift »Von der Macht des Gemüts« dargelegt hat, *welche Haltung einzunehmen ist,* um guten Einfällen den Weg aus dem Quellgebiet des Unbewußten ins Flachland des Bewußtseins freizumachen und Einfälle wie Eingebungen auch bei ihrem Auftauchen im Bewußtsein als solche zu erkennen und alsbald fruchtbringend auszuwerten. Das ist entscheidend. Denn wie das Flachland nicht die Tiefe des Stromes ermißt, so der Flachkopf nicht die Tiefe eines Gedankens.

Zur Wachheit für gute Einfälle muß die Aufgeschlossenheit für ihre Bedeutung und die Bereitschaft hinzukommen, sie zu realisieren. Wir wissen aus den Biographien großer Männer und Frauen, wie oft ein guter Einfall das Ausfalltor, der Ausgangspunkt geistiger, wissenschaftlicher, technischer, künstlerischer, wirtschaftlicher Fortschritte und Erfolge war. Ein Einfall ist etwas dynamisches: er hat zündende Kraft, erhellt wie ein Blitz die Situation und macht Wege und Möglichkeiten sichtbar, die vorher unerkennbar waren.

Dabei wird ein weiteres deutlich, das ein Erfinder in die aufschlußreichen Worte kleidete: »Wochenlang hatte ich mich mit der Suche nach einer Lösung meines Problems abgequält, die mir vage vorschwebte, sich aber nicht fassen ließ. Als ich es dann aufgab und mir etwas anderes vornahm, da stand vor meinem inneren Auge plötzlich das Bild der Lösung.«

Sein Erlebnis erinnert an Nietzsches Wort: »Das wesentliche an jeder Erfindung tut der Zufall; aber den meisten Menschen begegnet dieser Zufall nicht.« Was er ›Zufall‹ nennt, ist in Wahrheit der *Einfall* — und der begegnet jedem, der sich für ihn wach und bereit hält. Und *wie?* Zweierlei ist hier nötig: 1) das drängende Verlangen nach der Lösung eines Problems, also die Spannung, 2) das spannungsfreie innere Wach- und Aufgeschlossensein für den Einfall, der entweder durch Entspannung und Stille oder durch bewußte Abwendung vom Problem, also durch Spannungsaufhebung, zum Aufblitzen gebracht wird. Nehmen wir als Beispiel *Gutenberg*, den Erfinder des Buchdrucks:

Das Drucken mit nur einmal verwendbaren Schriftplatten erschien ihm mühselig und teuer, und immer wieder grübelte er über Wege, den Buchdruck zu vereinfachen. Er überlegte und probierte, aber keine Lösung schien brauchbar. Als der Druck der Spannung aufs höchste gestiegen war und er schier *aufgeben* wollte, da stieg im Augenblick der Entspannung in seinem Bewußtsein das Gedankenbild der *beweglichen Lettern* auf, der gegossenen Einzel-Typen, die immer wieder zu Worten, Zeilen und Druckseiten zusammengestellt und stets aufs neue verwendet werden konnten. Die Lösung war gefunden. Der Rest war Sache praktischer Erprobung. Damit begann der Siegeszug der Buchdruckerkunst, die die Kulturschätze der Menschheit jedermann zugänglich machte.

Letztlich beruhten alle Fortschritte der Menschheit auf solchen Einfällen, die als Glücksfälle erkannt oder dazu ausgestaltet wurden. *Auch Sie* können Einfälle wie Zufälle in *Glücksfälle* wandeln, wenn Sie darangehen, die in den Tiefen des Unter- und Überbewußtseins vorhandenen Lichtgedanken aus Einfällen bewußt in sichtbare Fülle umzusetzen – durch weise Beachtung der *Voraussetzungen* schöpferischer Einfälle, über die noch zu sprechen ist.

Voraussetzungen schöpferischer Einfälle

»Die günstigen Zufälle und Einfälle sind da, ohne daß man weiß, woher. In anderen Fällen treten sie plötzlich ein, *ohne Anstrengung,* wie eine Inspiration.« Dieses Wort des genialen Physikers und Physiologen Hermann von *Helmholtz* (1821–1894), dem die Heilkunde wichtige Entdeckungen und Erfindungen wie den Augenspiegel verdankt, nennt eine der wichtigsten Vorbedingungen für das Zustandekommen schöpferischer Ideen und für das Gewahrwerden hilfreicher Einfälle:

Der *Anstrengung* der vorausgehenden intensiven Beschäftigung mit einem Problem, der ›Vorverarbeitung‹ durch das Bewußtsein, also der Spannung, muß eine Phase der *Entspannung* durch Loslösung vom Problem folgen. Zu dieser Erkenntnis kam Helmholtz, der während seiner wissenschaftlichen Laufbahn viele schöpferische Einfälle verzeichnen konnte, bei der Beobachtung ihres Zustandekommens:

»Die günstigen Einfälle schleichen sich oft genug in den Gedankenkreis ein, ohne daß man gleich von Anfang an ihre Bedeutung erkennt. Dann hilft später nur noch ein zufälliger Umstand, zu erkennen, wann und unter welchen Voraussetzungen sie gekommen sind; sonst sind sie da, ohne daß man weiß, woher. Soweit meine Erfahrung reicht, kamen sie nie dem ermüdeten Gehirn und nicht am Schreibtisch. Ich mußte immer erst mein Problem nach allen Seiten so viel hin und her bewegt haben, daß ich alle seine Wendungen und Verwicklungen im Kopf überschaute und sie frei, ohne zu schreiben, durchlaufen konnte ... Dann mußte, nachdem die davon herrührende Ermüdung vorübergegangen war, eine Stunde vollkommener Frische und *ruhigen Wohlgefühls* eintreten, ehe die guten Einfälle kamen. Oftmals waren sie morgens beim Erwachen da, wie auch *Gauß* angemerkt hat. Besonders gern kamen sie bei gemächlichem Steigen über waldige Berge in sonnigem Wetter ...«

Zur Entspannung, Lockerung, Ruheschaltung muß als weitere Voraussetzung das *wache Aufmerken* treten, die Aufgeschlossenheit für den schöpferischen Einfall, die erst zur Einsicht in bisher nicht bemerkte Zusammenhänge oder zur Aussicht auf sich offenbarende neue Möglichkeiten führt. Eines von vielen Beispielen dafür ist die Entdeckung des Penicillins, die *mehr* als nur ein ›Zufall‹ war: Eine Laborantin Professor *Flemings* hatte (1928) infolge Nachlässigkeit eine Staphylokokkenkultur in einer Petri-Schale durch Schimmelpilze verunreinigen lassen. Sie wäre wie andere als mißglückter Versuch unbeachtet geblieben, wenn nicht Professor Fleming in einem Augenblick wachen und aufmerksamen Hinsehens entdeckt hätte, daß um den wachsenden Schimmelpilz die Bakterienkultur sich auflöste. Diese Beobachtung weckte die Einsicht und ließ wie eine Erleuchtung plötzlich die Lösung des Problems vor sein inneres Auge treten. Die Nachprüfung durch das Experiment – bei jedem derartigen Einfall der nächste Schritt – ergab dann die Brauchbarkeit des so gefundenen Verfahrens.

Weitere Voraussetzungen für das Zustandekommen schöpferischer Einfälle und für die Erhaltung und Steigerung der Produktivität sind einerseits Freisein von Ärger, Tagessorgen, Zeitdruck und anderen die Lösung der Arbeitsspannung verzögernden oder verhindernden Faktoren, andererseits die bewußte Indienststellung psychodynamischer Hilfsmittel, zu denen die Herbeiführung der schöpferischen Gestimmtheit durch Bejahungen, Stilleübungen, meditative Selbstbesinnung und Kontemplation gehören, deren Bedeutung für die Aktivierung schlummernder Kräfte und Begabungen noch im einzelnen aufzuzeigen ist.

Wenden wir uns zunächst den Faktoren zu, die die Auslösung von Inspirationen begünstigen und unsere Trefflichkeit, Talentiertheit, Tauglichkeit, Tüchtigkeit und Erfolgs-Trächtigkeit allgemein erhöhen.

Auslösung von Inspirationen

Daß man begabter ist, als man ahnte, wird deutlich, sowie man lernt, sich für Inspirationen aufgeschlossen zu halten, weil dann mit der wachsenden Zahl der Einfälle und Einsichten das Wachwerden neuer Kräfte und Fähigkeiten einhergeht.

Inspirationen können sich jederzeit einstellen – am leichtesten in Schlaf und Traum, wie noch zu zeigen ist, dann beim Aufwachen und Einschlafen. Obwohl sie tagsüber zumeist unwillkürlich, unerwartet, sprunghaft, plötzlich aufblitzen, können sie durch Bejahung, Übung und Gewöhnung zu einer in die Zeiten der Entspannung und Stille verlegten und dann mehr und mehr *fortlaufenden Erfahrung des inneren Reichtums* erhoben werden.

Die *Auslösung von Inspirationen* geschieht wie folgt:

1) Vorausgehen muß die allseitige intensive Beschäftigung mit dem Problem, die Konzentration auf den Stoff, das – soweit möglich, schriftliche – Sammeln von Material, Tatsachen, Argumenten, das Vorverarbeiten und Abwägen der Zusammenhänge, des Für und Wider, der Umstände und Möglichkeiten, bis einem das Problem vertraut und der innere Motor der Assoziation, Kombination und Divination (Ahnungs-, Ortungs- und Spür-Fähigkeit) angelaufen ist.

2) Danach gilt es, sich vom Stoff zu lösen, das Darübergrübeln einzustellen, ihn aus dem Bewußtsein zu entlassen, von ihm Abstand zu nehmen, das innere Blickfeld abzudunkeln. Wie man

von einem Gemälde Abstand nimmt, um eine bessere *Übersicht* zu gewinnen, so von einem Problem, um zu rechter *Einsicht* zu gelangen. Man muß sich darüber erheben, sich abschalten, sich *entspannen.*

3) Der Entspannung folgt die Hingabe nach innen, die Umschaltung auf inneres Wach- und Aufgeschlossensein, auf gelassene Erwartung der Inspiration, des schöpferischen Gedankens, und die Erfüllung des Gemüts mit der gläubigen Bejahung des Erfolgs und rückhaltlosem Vertrauen zur Hilfe von innen.

4) Mit dem Innewerden des erlösenden Einfalls geht die dankbare Entgegennahme einher, die sofortige Fixierung im Blick auf die anschließende Verwirklichung oder die Ansteuerung des erkannten Ziels.

Solche Auslösung von Inspirationen wird durch Übung verbessert, verfeinert, gesteigert, insbesondere, wenn man seinem Vertrauen zum inneren Helfer und Ratgeber bewußt dadurch Ausdruck gibt, daß man sich anschließend einer anderen Aufgabe oder Tätigkeit zuwendet, einem Steckenpferd oder einem Kurzschlaf, oder seine Gedanken ›spazierengehen‹ läßt. Auf diese Weise gelangten der Nobelpreisträger Frederick *Banting* zur Entdeckung des Insulins und andere Forscher zur Lösung ihrer Probleme. Albert *Einstein* spielte in der Zeit, als er die Grundlagen seiner Relativitätstheorie schuf, oft mit Hingabe Geige oder las er in den Werken der großen Philosophen und Mystiker, um den ›Inspirationssinn‹ zu aktivieren und seiner Arbeit dienliche schöpferische Einfälle auszulösen.

Viele andere geniale Naturen folgten wie er durch solche zeitweise Umschaltung auf von den beruflichen Aufgaben fernab liegende Interessengebiete der Weise des Landmanns, der für *Leistungs- und Ertragsteigerung durch Wechsel* sorgt: weil er weiß, wie notwendig Erholung und Wechsel für den Ackerboden ist, läßt er ihn von Zeit zu Zeit *brach liegen* oder beugt er der Verarmung des Bodens durch *Fruchtwechsel* vor, durch Änderung der Anbaufolge.

Ähnlich behandelt der Psychodynamiker den Ackerboden des Bewußtseins: er legt Körper und Gedanken zeitweise durch

›schöpferische Pausen‹ still oder beugt er dem Mißbrauch oder der Fehlleitung schöpferischer Kräfte durch Arbeitswechsel vor, um den Ertrag – Leistung und Gewinn – zu erhöhen. Dadurch werden Hast und Unruhe ferngehalten, die Arbeit genuß- und abwechslungsreicher, Vitalität und Schaffensfreude gesteigert und die Auslösung von Inspirationen gefördert, so daß man insgesamt mit weniger Arbeit zu mehr und besserer Leistung gelangt.

Segen der Entspannung

Der Direktor des Irrenanstaltswesens in Quebeck, Dr. Desloges, überraschte die Öffentlichkeit vor einiger Zeit mit der Feststellung, daß die Menschheit auf dem besten Wege sei, sich selbst verrückt zu machen. Die Zahl der geistig zwar nicht Kranken, aber Angekränkelten nehme infolge der angstbetonten Unruhe, Hast und Lebenshetze laufend zu. Wer, im Banne eines wirklichen oder vermeintlichen Ärgers oder Kummers, diesen, wie einen Schneeball im Schnee, ständig im Geiste herumwälze, bis er zu überdimensionaler Größe angewachsen sei, gerate leicht in Existenzangst oder Verfolgungswahn und verunmögliche sich dadurch die Lebensmeisterung.

Wer sich leicht ›abgekämpft‹ fühlt, wer Angst hat, ›nicht mehr mitzukommen‹, wer sich von Telefonen und Terminen jagen, vom Ehr- und Zeitgeiz tyrannisieren läßt, sollte einmal innehalten, sich lang hinlegen und in ruhiger Selbstbesinnung bewußt werden, daß gar nicht die Dinge und Umstände ihn jagen, sondern seine rastlosen Gedanken und giervollen Wünsche, daß er sich also vom Auf und Ab des Lebens nicht mitreißen zu lassen und außer sich zu geraten braucht, sondern bei sich bleiben, gelassen in sich ruhen und seine Überlegenheit bewahren kann.

Denn mag sich auch alles um ihn drehen, so gehört doch alle Unruhe nur dem Äußeren an. Je weiter innen, desto fühlbarer weicht die Hast der Rast, das unsichere Schwanken der Gleichgewichtslage. Das Allerinnerste ist unbewegt. Im Zentrum seines Wesens ist ein Ruhepunkt, der in schweigender Unbewegtheit verharrt. An diesem Punkte berührt er die Ewigkeit, die weder Unruhe noch Wandel kennt, sondern nur die Stille des immerwährenden Jetzt.

Hier ist die Stätte, an der sein Seelengrund sich mit dem gemeinsamen Gottesgrund berührt. Und je tiefer er sich in den Zeiten der Entspannung und schweigenden Selbstbesinnung in diesen Seelengrund einsenkt, desto mehr Ruhe, Besonnenheit und Gelassenheit erfüllt sein Gemüt – und desto fähiger wird er, jene Ordnung und Stetigkeit in sein Wesen und Leben hineinzutragen, die aus der Harmonie mit dem Innersten seines Wesens und der Welt entspringt. –

Wir betreten diesen Weg ins Innerste des Seins, wenn wir uns an *Entspannung* gewöhnen: an jene häufigere Ruhigstellung von Körper, Gedanken und Gemüt, die Kräfteleerlauf und -fehlschaltungen beendet und die überlegenen Energien und Talente unseres Innern zum Wirken bringt. Sie macht unser Wesenskraftfeld *positiv magnetisch,* so daß wir das, was Angst, Spannung und Unruhe abstießen und von uns fernhielten, anziehen und leichter erreichen.

So paradox es klingt, so wahr ist es: Um *aufzusteigen,* müssen wir uns *fallen lassen,* indem wir nicht nur das, was uns bedrängt und ängstigt, sondern auch *uns selbst* los lassen – im Gewißsein, daß wir uns an nichts zu halten und zu klammern brauchen, weil wir von der Kraft und dem Frieden des inneren Lebens getragen werden. Je williger wir uns dem *inneren Halt* vertrauend überlassen, desto besser lassen sich die Dinge an und desto beglückter erleben wir unser Geborgensein.

Spannungsfrei geworden, erschöpfen wir uns nicht mehr im vergeblichen Widerstand gegen Hindernisse und Übel, sondern *lösen das Lastende durch Gelassenheit* und erheben uns zu wirklicher Lebensüberlegenheit. Entspannt, setzen wir uns nicht mehr mit Negativem auseinander, sondern mit dem Positiven zusammen: wir bejahen gelassen nur noch das Gute und machen ihm damit den Weg frei in unser Bewußtsein wie in unser Leben.

Um von der Entspannung zur Harmonisierung und inneren Einigung zu gelangen, können wir uns jede Entspannungsübung, aber auch den Kurzschlaf oder die abendliche Dämmerstunde dienen lassen, um alles Beunruhigende, Beängstigende, Belastende ausklingen und alles Gute nachklingen zu lassen, bis unser Gemüt vom Frieden des Einsseins mit dem Guten und vom Licht der Liebe erfüllt ist. Indes unsere Seele sich in die Helle des inneren Lebens erhebt, werden wir fähig, mit neuer Dynamik und Zielstrebigkeit das äußere Leben und die Aufgaben des Tages erfolgreich zu meistern.

Entspannung durch Kurzschlaf

Zu den natürlichen Entspannungshilfen gehört der *Schlaf*. Wer rüstig und auf der Höhe seiner Leistungsfähigkeit bleiben, sich gesunde Nerven, jugendliche Spannkraft und stete Geistesgegenwart sichern will, der hat dazu, was den Schlaf anlangt, *zwei* Möglichkeiten: entweder paßt er seine nächtliche Schlafenszeit weitgehend dem Sonnenlauf an, geht also früh schlafen, um früh aufzustehen – ausgenommen Abendarbeiter, die bei ihrem Rhythmus bleiben mögen –, oder sorgt er durch häufigeren *Kurzschlaf* für den nötigen Spannungsausgleich und für die Lösung von Verkrampfungen und Kräfteblockierungen. Beides wirkt sich naturgemäß erst dann segenbringend aus, wenn es eine Zeitlang bewußt vollzogen und zur Gewohnheit wurde.

Schopenhauer sagt vom Schlaf, er sei für den Menschen das, was das Aufziehen für die Uhr sei. Ärzte und Psychologen betonen mit *Forel* die Notwendigkeit für alle, die der seelischen und nervlichen Regeneration bedürfen, sich »im Schlafen zu trainieren, d. h. durch Übung sich daran zu gewöhnen, *zu jeder Zeit schlafen zu können*, also nicht an bestimmte Stunden oder Lagen gebunden zu sein. Alles übrige gleichgestellt, ist der am leistungsfähigsten, der zu jeder Zeit, in jeder Situation, auf jedem Stuhl einzuschlafen vermag.«

Ein Meister der Kurzschlaftechnik war *Napoleon*, der sich jederzeit und überall, selbst während einer Schlacht, willkürlich in Schlaf versetzen konnte, aus dem er zur vorgenommenen Zeit erfrischt aufwachte. Von vielen Großen ist bekannt, daß sie ihre unverwüstliche Gesundheit und gleichbleibende Leistungskraft der Tatsache zuschrieben, daß sie sich jederzeit – wie eine Schnecke in ihr Häuschen – in sich selbst zurückziehen und willkürlich schlafen konnten. Es lohnt sich also, sich mit der Praxis der *Entspannung durch Kurzschlaf* zu befassen.

Das Wichtigste ist dabei die willlige Hingabe an die gefühlsbetonte Vorstellung des Müdeseins, Sichlockerns, Entspannens und Einschlafens. Je lebendiger dieser Gedanke innerlich realisiert wird, desto rascher stellt sich der bejahte Zustand ein.

Setzen oder legen Sie sich, wie es die Umstände zulassen, bequem hin, strecken Sie sich wohlig, gähnen Sie ein paarmal und schließen Sie die Augen. Lockern Sie sodann den Körper, beginnend mit den Armen und Beinen, und überlassen Sie sich dem anschwellenden Gefühl des Schwer- und Warmseins. Entspannen Sie ebenso die Gedanken, indem Sie alle Wirtschafts-, Familien- und Lebenssorgen, alle Gedanken an unangenehme Erlebnisse aus Ihrem Gedächtnis entlassen, es danach ganz abdunkeln und sich dabei dem Gefühl des Müdeseins hingeben.

Stellen Sie sich die innere Dunkelheit plastisch vor: wie im Kino, wenn der Strom ausfällt, oder wie eine Fläche tiefschwarzen Samts. Überlassen Sie sich dem Rhythmus des Atems mit dem begleitenden Gedanken: ›Ich schlafe, schlafe, schlafe.‹ Und stellen Sie sich – bevor Sie ganz im Schlaf entsinken, die genaue Zeit des Aufwachens auf dem Zifferblatt Ihrer Uhr vor, oder sagen Sie monoton vor sich hin: »Ich schlafe – und werde in . . . Minuten frisch und gestärkt erwachen!«

Dieses Sichhingeben an den Kurzschlaf sollten Sie üben. Um so leichter geht das entspannte Sichfallenlassen und in den Schlaf Einsinken vor sich. Dabei können Sie ausprobieren, welcher Gedankenimpuls den Schlaf am raschesten folgen läßt: Friede – Ruhe – Stille – Dämmerung – Dunkelheit – Nacht – Schweigen . . . Je vollkommener es Ihnen gelingt, vom Tag weg- und auf innere Dunkelheit und Stille umzuschalten, desto rascher gewöhnt sich Ihr Organismus an den Kurzschlaf. Nach einigen Übungen werden Sie genau zur vorgestellten Zeit aufwachen und sich durch den Kurzschlaf jedesmal mehr erfrischt fühlen und feststellen, daß er eine Nervenkur ist, die nichts kostet und die Spannkraft und Leistungsfrische rasch wiederherstellt.

Der Schlaf als ›Entwicklungshelfer‹

Schlaf und Kurzschlaf sind nicht nur Entspannungshelfer, sie können auch der *Auslösung von Inspirationen* und der *Stärkung* des Gedächtnisses dienen. So mancher hat erfahren, wie ihn nach durchgrübelten Stunden der Schlaf überfiel und ihm im Traume oder beim Aufwachen die vorher vergeblich gesuchte Lösung eines Problems geschenkt wurde.

Jedes Problem, das unser Bewußtsein tagsüber beschäftigt, wird nachts vom Unbewußtem weiter verarbeitet – und die Früchte dieser unterschwelligen Wachstumsarbeit können uns im Traum oder in Augenblicken des Halbwach- oder Wachseins als ›Einfall‹ zu-fallen. Dieser Prozeß kann durch *psychodynamische Selbsthilfe* aus einem relativ seltenen Glücksfall in eine segensreiche Gewohnheit verwandelt werden.

Der einfachste Weg solchen bewußt unbewußten Schaffens auch während des Körperschlafs besteht darin, daß wir allabendlich vorm Einschlafen nicht nur die Zielsetzung für den nächsten Tag vornehmen, den neuen Tagesplan vorausgestalten und seine erfolgreiche Durchführung bejahen, sondern das oder die Probleme, die uns tagsüber bewegten und ungelöst blieben, in gläubigem Vertrauen dem inneren Helfer und Ratgeber überlassen mit der Bejahung, daß er uns die *Lösung* symbolisch in Traumbildern oder direkt beim Aufwachen bewußt macht.

Das kann dazu führen, daß sich die ersehnte Einsicht, der rettende Einfall zuweilen schon beim *Einschlafen* einstellt, weil sie bereits dicht unter der Bewußtseinsschwelle lagen und nur auf den Augenblick der Entspannung warteten, um sich dem Bewußtsein bemerkbar zu machen. Oder wird man mitten in der Nacht durch den aufblitzenden Einfall geweckt, u: die empfangene Inspiration sofort niederzuschreiben und vor dem Vergessenwerden zu bewahren. Geschieht das, dann folgt gleich darauf die Entspannung und der Wiedereintritt in den Schlaf.

Um den Schlaf als ›Entwicklungshelfer‹ fruchtbar zu machen, müssen wir *Schlafmittel meiden*, weil sie das Bewußtsein betäuben und den Kontakt mit dem Unbewußten stören oder verzerren. Das beste Schlafmittel – auch bei gelegentlichem Aufwachen während der Nacht – ist die entspannte, willige Hingabe an den Schlaf und die bildhafte Bejahung jederzeitigen Wiedereinschlafenkönnens. Diese Bejahung kann etwa wie folgt monoton nach innen gesprochen werden:

»Ich bin müde. Mein Körper sehnt sich nach Schlaf. Meine Glieder sind schwer wie Blei, schwer wie Blei ... Mein Körper sinkt zusammen wie ein Ballon, dem die Luft entströmt ... Ich entsinke wohlig entspannt in tiefen erquickenden Schlaf und werde morgen früh ausgeruht und erfrischt, mit neuer Kraft und Schaffensfreude erwachen. Ich schlafe, schlafe, schlafe ...«

Das *Aufwachen* kann mit Hilfe des *›inneren Weckers‹* durch bildhafte Vorstellung der gewünschten Uhrzeit auf einem großen Zifferblatt auf jede beliebige Zeit verlegt werden, die nach einiger Übung auf die Minute genau von der ›Kopfuhr‹ eingehalten wird. Zugleich kann das Aufwachen durch eine ergänzende Bejahung mit der Vorstellung des Einfallens der ersehnten Lösung eines Problems verbunden werden. Auch dieser psychische Dynamismus arbeitet nach einiger Zeit der Übung immer verläßlicher.

Weiter benutzen wir den Schlaf als *Lern- und Gedächtnishelfer*, indem wir das zu Behaltende abends vorm Einschlafen monoton wiederholen mit der Bejahung, daß es sich über Nacht dem Gedächtnis eingräbt und am nächsten Tag jederzeit reproduziert werden kann. Diese Methode ist zuverlässiger als die *mechanischen* Schlaf-Lernmethoden, die mit Tonband, Zeitschalter und Kopfkissen-Lautsprecher arbeiten und 1–2 Stunden nach dem Einschlafen den einzuprägenden Stoff je nach Wunsch ein- oder mehrmals ›einflüstern‹. Denn beim abendlichen vom Vorsatz des Lernens unterstützten *bewußten* Aufnehmen *vor* dem Einschlafen wird die Aufnahmebereitschaft des Gedächtnisses unmittelbar angesprochen – und dieser Prozeß wird durch die abschließende

Bejahung in durch mechanische Hilfsmittel nicht erreichbarem Umfang intensiviert und dynamisiert.

Schöpferisch träumen

Was der geniale Arzt und Philosoph C. G. *Carus* (1789–1869) ahnte, hat die Tiefenpsychologie bestätigt: »Im *Unbewußten* flutet das allgemeine Dasein der Welt noch unmittelbar, in ihm regen sich deshalb alle Fasern der Verbindung, durch die der Einzelne mit dem Ganzen überall und immerfort verknüpft ist.« Zumindest wird uns das unablässige Mitdenken und Mitwirken des Unbewußten im *Traume* bewußt, am deutlichsten, wenn wir *bewußt zu träumen* lernen.

Mancher ›träumt‹ solange viertel- oder halb-bewußt von seinem Glück, bis er es schließlich verschläft. Goethe nennt solch einen ›Verträumten‹ mit Recht »einen armen Wicht: seine Träume werden nicht wahr, seine Gedanken geraten nicht.« – Klügere folgen der Weisheit Rückerts: »Dazu sind eben Wünsch' und Träume Dir verliehn, um alles, was Dir fehlt, in Deinen Kreis zu ziehn.« Sie lernen bewußt *schöpferisch zu träumen* und die Wahrheit zu demonstrieren, daß »große Taten großen Träumen entspringen«.

Wie läßt sich das erreichen?

Wir wissen, daß die Denk-, Assoziations- und geistigen Bildeprozesse auch während des Körperschlafs weiterlaufen – vornehmlich in Richtung der vorm Einschlafen zuletzt vermittelten Gefühls- und Gedanken-Impulse: Ängste, Sorgen, Fragen, Probleme, die uns tagsüber beschäftigten und spannten, werden nachts weiterverarbeitet, geklärt und möglichen Lösungen zugeführt, die dann vom Unbewußten her mittelbar über den Traum oder, unter Einschaltung des ›inneren Weckers‹, unmittelbar dem erwachsenden Bewußtsein ›inspiriert‹, eingehaucht, zugefunkt werden. Oder wird uns, zuweilen, in Traum-Dialogen bewußt, wie das *Ich* als Schüler dem *Selbst* als dem Lehrenden und Beratenden gegenübersteht und Dinge lernt oder Einsichten gewinnt, die ihm vorher unbekannt waren.

Zahlreich sind die Berichte darüber, wie Lösungen von tagsüber vergeblich begrübelten Problemen sich nachts in Traumbildern als *konstruktive Einfälle* einstellten, im Halbschlaf aufgenommen und notiert wurden, wobei manchmal erst durch spätere Untersuchungen, Berechnungen oder Experimente die Genauigkeit und Zuverlässigkeit dieser Eingebungen bewiesen und deutlich wurde, daß Unter- und Überbewußtsein, die hier als Inspiratoren wirkten, hundertmal klarer sehen und mehr wissen als das Wachbewußtsein.

Wie der Nobelpreisträger Niels *Bohr* nach wochenlangem ermüdendem Grübeln eines Nachts das gesuchte Atom-Modell im Traum bildhaft schaute und gewahrte, wie die Elektronen gleich Planeten, nur unendlich viel schneller, um den sonnenhaften Atomkern kreisten, wie der Chemiker *Kekulé* im Traume die vergeblich gesuchte Benzolstrukturformel in Gestalt umeinander schwebender sechsgliedriger Benzolringe entdeckte, und wie hundert andere Forscher, Erfinder, Dichter und Denker von ihrer inneren Führung über die Brücke des *Traumes* zu genialen Schöpfungen hingeleitet wurden, so kann *jeder* in seinem besonderen Wissens- und Strebensbereich Zugang zu den nie versiegenden Quellen schöpferischen Denkens und genialer Intuitionen in den Tiefen des Unbewußten und Überbewußten finden.

Bewußt geschieht das mit Hilfe von *›Traum-Exerzitien‹*, die in der Weise vorgenommen werden, daß wir ein allseitig bedachtes und, soweit möglich, geklärtes, von störendem Beiwerk befreites Problem, dessen Lösung wir ersehnen, beim Einschlafen bewußt dem inneren Ratgeber und Helfer übergeben und mit der gläubig vertrauenden Bejahung überlassen, daß *er* uns den rettenden Einfall, die erlösende Inspiration im Traum in verständlichen Bildern bewußt machen werde, daß wir anschließend erwachen, uns an die vermittelte Einsicht erinnern, die Botschaft verstehen und schriftlich festhalten, um dann am nächsten Tage daran zu gehen, der Innewerdung des als hilfreich Erkannten die dynamische Erfolgsplanung und -verwirklichung folgen zu lassen.

Dynamische Erfolgsplanung

»*Pläne* sind die Träume der Verständigen«, sagt Feuchtersleben: sie sind Mittel, bewußt erträumte Luftschlösser in bewohnbare Paläste umzuwandeln. Planung und Organisation dienen dem *schöpferisch Träumenden* dazu, den Weg zur Verwirklichung des innerlich ausgestalteten Ideals oder Wunschbildes in seinen einzelnen Etappen und Teilaufgaben schriftlich zu fixieren, alles in die rechte zeitliche und arbeitstechnische Ordnung zu bringen und folge-richtig in die Tagesterminsetzungen einzubauen, um so das sichere Fundament für den Erfolg zu errichten.

Der *bewußt* Träumende und Planende geht aber einen Schritt weiter und fügt zur Planungstechnik die Erfolgsdynamik, um nicht nur approximative (annähernde), sondern optimale (höchstmögliche) Zielerreichung zu sichern. Der Unterschied zwischen beiden entspricht dem zwischen dem zielstrebigen *Verstand* und der zielhaft-schöpferischen *Vernunft:*

Der technische Verstand rechnet mit den sicht- und greifbaren Umständen und Tatsachen, vergleicht, kombiniert, spekuliert und versteht es, dabei auch die Arbeitskraft anderer seinen Plänen dienstbar zu machen. – Die dynamische Vernunft versteht es darüber hinaus, geistige Kräfte und Fähigkeiten positiv einzuschalten, mit der Weisheit und Kraft des inneren Partners und Helfers zusammenzuwirken, die Phantasie zu betätigen, in stetem Wachsein für Inspirationen und Intuitionen schöpferisch zu wirken, um so den Weg zum Ziel abzukürzen.

Um diesen Unterschied noch deutlicher zu machen: Auf der ersten Stufe der Wunschklärung, Zielbesinnung und Arbeitsplanung laufen beide parallel. Aus dem Wunsch wird die Idee, der Zielgedanke, die Erfolgsplanung. Aber dann trennen sich ihre Wege: der eine folgt weiter den Wegen nach außen, während die andere sich nach innen wendet:

Indes der *Planungstechniker* an die Detailausführung geht, an die Festlegung der einzelnen Etappen zum Ziel, an die Fixierung des Wie und Wann der Teilaufgaben und an den Einbau des fertigen Gesamtplans in die jeweiligen Tagesterminsetzungen, tut der *Erfolgsdynamiker* nach der Planskizzierung zunächst scheinbar *nichts.* In Wirklichkeit übergibt er seinen Plan in der Stille dem inneren Baumeister und Helfer und widmet sich, um ihn nicht zu stören, vorübergehend einer das Bewußtsein ablenkenden anderen Aufgabe, einem Steckenpferd oder der Erholung — im Gewißsein: »Der Plan gestaltet sich in mir; er empfängt von innen her seine höchste Vollendung und die Garantie seiner Verwirklichung!«

Die Länge dieser Reifezeit läßt sich nicht vorausbestimmen. Sie endet in dem Augenblick, wo als Signal von innen die *Erleuchtung* aufblitzt, das *›Ich hab's‹*, die Gewißheit der bestmöglichen Lösung, des kürzesten Zielweges, die zugleich von einem fühlbaren Aufstrom innerer Kraft, Schaffensfreudigkeit, Hochstimmung und unbeirrbarer Erfolgsgewißheit begleitet ist.

In diesem Augenblick wird der Erfolgsdynamiker auch nach außen hin aktiv: sein Weg ist nun *derselbe* wie der des Planungstechnikers, wenn auch nicht der *gleiche.* Aus seinem von innen her zu höchster Reife und Vollendung gebrachten Erfolgsplan ergibt sich die optimale praktische Ausgestaltung: die bewußte Ansteuerung der nächsten Etappe des Zielwegs und der Teilaufgaben unter Bejahung der erfolgreichen Meisterung des Wie und Wann der Teilarbeiten und ihres bestmöglichen Einbaus in die täglichen Zielsetzungen.

Schon hier wird der Unterschied spürbar: hinter der weiteren Plandurchführung steht nun das kraftspendende Bewußtsein *dynamischer Partnerschaft mit dem inneren Helfer,* mit der schöpferischen Intuition des Überbewußtseins — was zur Folge hat, daß der Erfolgsdynamiker immer mehr Etappen, die der Planungstechniker Schritt um Schritt meistern muß, *überspringt,* weil sich ihm kürzere Zielwege offenbaren und weil als Folge des Eingreifens der inneren Führung immer mehr günstige Zufälle, unerwartete Helfer und Schicksalshilfen ihm die Zielerreichung erleichtern.

»Man sieht oft etwas hundertmal, tausendmal, ehe man es zum allerersten Male wirklich sieht.« Was Morgenstern uns damit bewußt machen will, ist der weithin herrschende Mangel an vollbewußtem, wachem, konzentriertem Hinsehen: Die Gedanken sind nicht dort, wo der Blick weilt, sondern abgelenkt, mit anderem beschäftigt, zerstreut und zersplittert. Das Wahrgenommene gelangt darum kaum bis zum Kurzzeitspeicher des Gedächtnisses, hinterläßt, wie Selbstprüfungen und Zeugenaussagen deutlich machen, nur unbestimmte, bald verblassende Eindrücke und wird rasch vergessen ...

Wer vollbewußt und *schöpferisch* tätig sein und den Schritt von der Entspannung zur Sammlung aller Kräfte und von da weiter zur meditativen Selbstbesinnung, Wesenserhellung und Aktivierung bislang schlummernder Fähigkeiten tun will, der muß sich stetige wache *Konzentration* durch Übung zur Gewohnheit machen. – Die meisten vergeuden in den 8–10 Stunden täglichen Wirkens einen Großteil ihrer physischen und geistigen Energien durch Dekonzentration und Leerlauf. Gleiches gilt naturgemäß für das Zusammenwirken in Familie und Betrieb, Gemeinde und Staat.

Wie man die Sonnenstrahlen durch eine Linse zur Sammlung auf einen Punkt und damit zur Steigerung der Wärme bis zur Gluthitze zwingt, so bringt man die Gedankenstrahlen durch die Linse der Konzentration zur Vereinigung auf einen Punkt und damit zur Steigerung ihrer Dynamik, ihrer Anziehungs- und Verwirklichungskraft. Ohne solche Konzentration keine Klarsicht des Wesentlichen, keine scharfen, erinnerungsfähigen inneren Bilder; ohne diese keine weiterreichenden Assoziationen, und ohne deren Resonanzwirkung keine Auslösung von Inspirationen, keine Weckung latenter Talente, keine dynamische Aktivität, keine schöpferische Leistung, keine Um- und Gleichstimmung der Umstände und der Umwelt, keine wachsende Überlegenheit in Beruf und Leben ...

Konzentration führt ja nicht nur zu rascherer Zielerfassung

und -erreichung, zur Steigerung des Anziehungs-, Durchsetzungs- und Erfolgsvermögens des Persönlichkeits-Kraftfeldes und zu wachsender Immunität gegenüber ablenkenden Empfindungen, negativen Gefühlsreaktionen wie Ärger und Verstimmungen und gegenüber den zerstreuenden Einflüssen von außen her, sondern auch zur Aktivierung neuer Kräfte und Fähigkeiten, weshalb, bevor wir den nächsten Schritt tun können, hier nochmals Gewöhnung an Konzentration durch Übung und *Bejahung* zu fordern ist. Wir bejahen etwa:

»Ich liebe meine Arbeit und verrichte sie mit der gesammelten Kraft meines Denkens, Fühlens und Wollens. Alles, was zu tun ist, erledige ich dynamisch statt mechanisch, kraft- und zielbewußt. Jede Aufgabe macht mir Freude, erfüllt mich mit Interesse und Begeisterung und gelingt mir. Ich lasse nicht locker, bis sie gemeistert und zu einer weiteren Quelle beglückenden Wachstums geworden ist. Was ich tue, tue ich gern und ganz!«

Erfolg im Leben ist Folge rechter Kräftekonzentration. Ans Ziel gelangt am sichersten, wer das Ziel ausschließlich sieht und nichts sonst. Er gleicht dem Schützen, der nicht mehr die Umwelt, den Bogen, den Pfeil, die Scheibe, sondern nur noch ihr Zentrum sieht: den Punkt, den er treffen will. Indem er das übt und sich in der Konzentration durch nichts beirren läßt, wächst seine Treffsicherheit, Trefflichkeit und Tüchtigkeit. Er *hat* dann nicht nur Erfolg, sondern *ist selbst* ein Erfolg.

Wer konzentriert arbeitet, ist gesammelt in seinem Denken, klar in seinen Äußerungen und Anweisungen, zielbewußt in seinen Dispositionen und erfolgsicher in seinem Tun. Bevor die anderen aufstehen, wirklich wach sind und sich mit der Arbeit angefreundet haben, hat er schon einen Teil seines Tagesprogramms bewältigt und auch den Rest so im Geiste vorausrealisiert, daß alles wie am Schnürchen abläuft und ihm noch Zeit bleibt — für Dinge, die ihn interessieren, für das, was er zusätzlich leisten kann oder was über den Alltag hinaus führt zu immer bewußterer Sinnerfüllung des Lebens.

Dynamische Konzentration

Wenn wir mit Hilfe der Konzentration zu stufenweiser Erweiterung des Bewußtseins, zu lebendigerem Kontakt mit dem Unter- und Überbewußtsein, zu gesteigerter Vitalität und Produktivität, zu zunehmender Wachheit für Einfälle und Eingebungen und zur Aktivierung und allseitigen Entfaltung sonst latent bleibender psychischer Kräfte und geistiger Fähigkeiten gelangen wollen, müssen wir uns an *dynamische Konzentration* gewöhnen.

Dynamische Konzentration ist gekennzeichnet durch ein Höchstmaß hellwacher Bewußtheit bei allem, was wir tun, selbst bei den kleinsten Verrichtungen des Alltags, die Fehlschaltungen der Gedanken und Kräfte beim Ablauf schöpferischer Prozesse fernhält. Sie erwächst aus der Gewöhnung an entspannte Haltung, aus der jederzeit auf innere Aktivität umgeschaltet werden kann. Auf die einzelnen Stufen der Entspannung ist hier nicht einzugehen; das ist in anderen Lebensbüchern (»Der geheimnisvolle Helfer in Dir« und »Wie konzentriere ich mich?«) ausführlich geschehen.

Aus der entspannten Haltung erwächst jenes innere Stillesein und Schweigen, das kein passives Träumen ist, sondern dynamisches Wachsein und Aufgeschlossensein für Inspirationen, und das mit ständiger Geisteszucht durch bewußte Bejahung dessen, was jeweils getan wird, einhergeht. Das beginnt mit dem Aufwachen und Aufstehen, Waschen und Ankleiden, dem Frühstück und der ersten Arbeit am Morgen und setzt sich fort bis zum Wiedereintritt in den Schlaf am Abend. Da die Gedanken sich erziehen lassen, folgen sie nach anfänglichem Widerstreben bald dem beharrlichen Willen zur Sammlung, bis die Konzentration schließlich zu jenem Dauerzustand wird, den *Rückert* ›mit Andacht schaffen‹ nennt:

»Mit Andacht lies, und Dich wird jedes Buch erbauen / Mit Andacht schau', und Du wirst lauter Wunder schauen / Mit Andacht sprich nur, und man hört Dir zu andächtig / Mit Andacht bist Du stark und ohn' Andacht ohnmächtig.«

Um dies noch deutlicher zu machen:

Wenn Sie morgens *bewußt* aufstehen, dann nicht nur mit dem

begleitenden Gedanken: ›Ich stehe auf!‹, sondern mit der vorwärtsweisenden dynamischen Bejahung: »Ich erhebe mich körperlich wie geistig. Ich schreite innerlich wach und körperlich frisch in einen neuen Tag erfolgreichen schöpferischen Wirkens hinein!«

Beim Zähneputzen etwa denken Sie bewußt dynamisch: ›Ich sorge für eure Sauberkeit und Erhaltung. Ich brauche euch. Ich bejahe euer Gesund- und Starksein. Haltet euch gut!«

Beim Frühstück denken Sie nicht nur: ›Ich esse, es schmeckt mir!‹, sondern bejahen: »Mit jedem Bissen und jedem Schluck nehme ich Lebenskraft in mich auf. Ich spüre, wie die der Nahrung entzogene Kraft meinen Körper belebt und stärkt. Mein Magen wird die Nahrung gut verarbeiten!« usw.

Ebenso begleiten Sie den Weg zur Arbeitsstätte, den Beginn und jede Einzelheit der Arbeit mit Bejahungen des Erfolgs und Gewinns, um so alles, was Sie tun, zu dynamisieren. Selbst das Einschlafen am Abend wird bis zum letzten Augenblick des Wachseins durch Bejahungen tiefen erquickenden heilsamen Schlafs, der Gewinnung positiver Inspirationen während der Nacht und des Aufblitzens hilfreicher Einfälle beim Aufwachen bewußt verwesentlicht.

Wenn Sie das einen Tag hindurch getan haben, spüren Sie abends schon den Gewinn: Ihre Gedanken stellen sich auf den neuen Rhythmus ein, sind williger als bisher bei der Sache. Wenn Sie das eine Zeitlang geübt haben, wissen Sie, was *dynamische Konzentration* für eine bewußte Sinnerfüllung des Lebens bedeutet. Mit der Zeit wird die neue Haltung zur Gewohnheit, zu einem *psychischen Dynamismus*, der unbewußt abläuft, aber durch zusätzliche positive Impulse weiterhin intensiviert wird.

Mehrfach-Konzentration

Der japanische Psychologe T. Kajiyama stellte vor einiger Zeit auf Grund von Gehirnkontrollen die Behauptung auf, daß selbst bei einem konzentrierten Menschen nur ein Fünftel seiner geistigen Kapazität in Anspruch genommen sei. Mit dem Rest seines

Bewußtseins nehme er weiter Umwelteindrücke, Lärm, Bewegungen usw. auf, die seinen Leistungsgrad unmerklich herabsetzen.

Durch jahrelange Selbstversuche brachte er es so weit, sonst untätig bleibende Gehirnpartien zu aktivieren und auf diese Weise bis zu vier verschiedene Tätigkeiten bewußt und konzentriert nebeneinander auszuführen. Er bewies dies vor japanischen Universitätsprofessoren, indem er gleichzeitig mit der rechten *und* der linken Hand *verschiedene* Texte schrieb, sich daneben mit einem Partner über ein philosophisches Thema auseinandersetzte und zugleich eine Kubikwurzel ausrechnete. Auch weitere Proben verliefen erfolgreich.

Nun treten auch bei uns hier und da Menschen auf, die mehrere Dinge gleichzeitig erledigen können und deswegen von der Umwelt angestaunt werden. Warum bringen die anderen das nicht fertig? Weil solche Sonderleistungen eine Voraussetzung haben, die die großen Gedächtnis- und Konzentrations-Künstler erfüllten: die Fähigkeit, sich zunächst einmal bewußt auf *ein* Ding zu konzentrieren.

Der Ungesammelte bemüht sich vergeblich, zwei und mehr Dinge gleichzeitig richtig auszuführen; im besten Falle wird er sie in Teilstrecken *nach*einander und durcheinander erledigen, um am Ende vielleicht selbst erledigt zu sein. Erst der an dynamische Konzentration Gewöhnte und im mehrgleisigen Denken Geübte wird fähig, vom Scheinwerfer der Aufmerksamkeit zwei und mehr Strahlen auf ebensoviele Objekte zu richten, den Richtstrahler bewußter Konzentration auf mehrere Ziele einzustellen.

Zum Herrn seiner Gedanken und zum Lenker der Aufbaukräfte der Seele geworden, kann er das unbedenklich tun, während der Ungesammelte bei solchen Versuchen seine Aufmerksamkeit zersplittert, seine Kräfte zerstreut, sich im vergeblichen Mühen verkrampft und weniger als zuvor leistet.

Zu den wertvollen Erkenntnissen des japanischen Psychologen gehört die hier schon behandelte Tatsache, daß die bewußte stärkere Einschaltung der *linken Hand* bei immer mehr Tätigkeiten einen Schlüssel bildet zur Ermöglichung der *Mehrfach-Konzentration* durch stärkere Aktivierung der rechten Gehirnhälfte, im weiteren zur *Schärfung des Denkvermögens* und zur Erhöhung der Leistungsfähigkeit.

Was ist es denn, was die Großen aller Zeiten über den Durchschnitt erhob und was den künftigen Geistmenschen vornehmlich kennzeichnet? Es ist die erhöhte Ausbildung dessen, was den Menschen allen anderen Lebensformen überlegen macht: des *Denk*vermögens. Daß es allseitig ungemein gesteigert werden kann, wird hier ja demonstriert. Kommt dazu die Fähigkeit mehrgleisigen Denkens und dynamischer Konzentration und die zielbewußte Aktivierung der im Unter- und Überbewußtsein schlummernden Kräfte und Talente, dann wird diese Überlegenheit absolut und einem solchen Menschen stehen, weil er zu einem Motor des Fortschritts geworden ist, auch höchste Stellungen offen, wenn er danach Verlangen trägt.

Wir nennen ihn den ›neuen Menschen‹ oder ›homo superior‹, der als Anlage in uns vorhanden ist und auf seine Entfaltung wartet. Der Förderung seiner Entfaltung und, zunächst, der Fähigkeit der Mehrfach-Konzentration können noch zu behandelnde technische und psychodynamische Anregungsmittel dienen, zu denen wiederum vor allem *Übung* und gläubig-vertrauende *Bejahung* gehören. Die Bejahung mobilisiert im Wege der seelischen Resonanz die inneren Bildekräfte und bewirkt, daß wir unmerklich, aber sicher in die zielgewiß angesteuerte Wirklichkeit hineinwachsen, die dieser Bejahung entspricht: »Meinem inneren Wesen nach bin ich mit allen meiner Vervollkommnung dienenden Kräften und Fähigkeiten bestens ausgerüstet — ein Kraftfeld unerschöpflicher Energien und Möglichkeiten, die bei mir als Geistesgegenwart, Konzentration und wachsende Leistungskraft auf allen Gebieten in Erscheinung treten!«

Meditative Wesens-Erhellung

Von der Konzentration gelangen wir über die Brücke des Schweigens zu den höheren Stufen der meditativen Wesenserhellung, der geistigen Versenkung und des lebendigen Kontakts mit der inneren Führung, die erst die erfolgreiche Meisterung des äußeren Lebens sichern, wie unter anderen Großen *Novalis* durch sein wegweisendes Wort klargestellt hat:

»Wenn die Menschen einen einzigen Schritt vorwärts tun wollen in der Beherrschung der äußeren Natur durch die Kunst der Organisation und Technik, müssen sie vorher drei Schritte der ethischen Vertiefung nach innen getan haben.«

Daß das zumeist nicht geschieht, begründet die Schwäche des Menschen von heute, der sich vorwiegend nach *außen* gewendet und stark gemacht hat – und im gleichen Maße innerlich schwächer und ärmer wurde. Dabei ist nichts so gewinnbringend wie die Gewöhnung an immer vollkommenere Selbst-Erkenntnis.

Der Mensch ist heute noch weithin sich selber – wie der Nobelpreisträger Alexis *Carrel* es treffend ausdrückte – »ein unbekanntes Wesen«, weil er zu wenig über das Wichtigste nachgedacht hat, mit dem er zu tun hat: über *sich selbst*, d. h. sein eigentliches, inneres, wahres *Selbst*, das ja nicht mit dem identisch ist, was er obenhin sein ›Ich‹ nennt, sondern jenen Kern seines Wesens bildet, der tief in ihm bewußt ›Ich bin!‹ sagt ...

Zum Glück hat aber jeder die Möglichkeit, auf dem Wege konzentrativer Selbstentspannung und Hingabe an die Stille mit seinem innersten Wesen in Kontakt zu kommen und vertraut zu werden und sich von der Weisheit des Selbst inspirieren, beraten und leiten zu lassen. Viele Große haben bekannt, daß sie ohne tägliche Sammlung, Stille und Meditation nicht produktiv wären. Sie bestätigen, daß die Gewöhnung an *Meditation*, das heißt an tägliche Zeiten besinnlicher Selbstschau oder geistiger Erhebung, wozu auch das Gebet gehört, die Quellen schöpferischer Leistung nicht nur offen hält, sondern zu immer stärkerem Fließen bringt.

Mit Loyola, der die Meditation ›den kürzesten Weg zur Vollkommenheit‹ nennt, erkennen sie in der Meditation den Schlüssel zu zunehmender Bewußtseinserweiterung, zu klarerer Erkenntnis der verschiedenen Schichten und Kraftfelder ihres Wesens und zur Aufdeckung und Weckung bisher unerkannter und ungenutzter Kräfte und Begabungen.

Der Psychodynamiker bezeichnet das, was in der Meditation

vor sich geht, je nachdem als Prozeß fortschreitender Psychosynthese, als stufenweise Verbindung und Einung von Ich, Es und Selbst, oder als Hinaufhebung des durch seine Sinnengebundenheit begrenzten Ich-Bewußtseins zur höheren Region lebendiger Selbst-Bewußtheit, die wiederum den Zugang eröffnet zur Gipfelregion kosmischer Bewußtheit.

Jede Meditation beginnt mit der Sammlung und der Überlassung an die Stille des Innern. Dann wird der Gegenstand der Meditation ins Blickfeld des Bewußtseins gerückt und zum Objekt besinnlicher Betrachtung und schöpferischer Gestaltung, die bis zur Verschmelzung geht und, worauf die Bejahung in der Meditation gerichtet ist, das innerlich Gestaltete der *Verwirklichung* zuführt und dazu je nachdem die entsprechenden Tatimpulse, inneren Bildekräfte und äußeren Schicksalsschaltungen auslöst.

Durch die Meditation werden spirituelle Innenkräfte des eigenen Wesens, des kollektiven Unbewußten und zum Teil kosmischer Herkunft aktiviert, die wir zu unserem Fortschritt und geistigen Aufstieg in unser Tagleben hineinfließen lassen können. Im letzten gelangen wir dabei zu immer vollkommenerer Entfaltung unseres Menschseins, unserer Menschlichkeit — und zum Innewerden der Geistigkeit und Gottunmittelbarkeit unseres Wesensinnersten. Wir tun damit den Schritt vom Sinnenmenschen zum *Geistmenschen,* der in jedem von uns unverlierbar angelegt ist.

Seelische Stabilisierung

Entfalte Deine innere Größe! ruft uns jede Aufgabe und Schwierigkeit zu, die das Leben an uns heranträgt, um neue Kräfte und Talente aus uns hervorzulocken: Erweise Dich als einer, auf den es ankommt, der stets nach dem Besseren, Größeren, Vollkommeneren strebt, der Entwicklung und Schicksal der Menschheit zu seinem Teile aktiv mitbestimmt! *Du kannst es!* Deiner inneren Kraft und Deines einmaligen Reichtums bewußt, wirst Du positiv schöpferisch und fähig, Außergewöhnliches zu leisten!

Immer sind es die *Einzelnen,* die neue Wege entdecken, die dann von der Masse gegangen werden. Die Einzelnen schaffen neue Möglichkeiten; die Masse nutzt sie. Die Einzelnen gründen eine neue Welt – die Masse siedelt sich in ihr an. Du bist ein Einzelner, kannst Pionier und Motor des Fortschrittes sein, weil Du ein *Eigener* bist!

Bewußte Entfaltung der inneren Größe führt zur Klärung und Ordnung, zur Harmonisierung und Einung, zu seelischer Stabilisierung und Dynamisierung. Laß Dich dabei nicht durch Spannungen und Gegensätzlichkeiten beirren: sie sind Anzeiger innerer Kräfte, die nach Betätigung drängen und in ihrer Zusammenführung und Vereinung zu schöpferischen Leistungen führen und abermals höhere Synthesen, Kräfteballungen und Vollendungen vorbereiten! –

Das Innewerden der inneren Größe und Stabilität findet zwiefach sichtbaren Ausdruck. Zuerst an unserer Haltung, die anzeigt, daß wir uns unseres *inneren Halts* in den wechselnden äußeren Verhältnissen bewußt sind, unseres unerschütterlichen inneren Standorts und Standpunkts. Das ist entscheidend. Wenn wir sagen: wir leiden *unter* etwas oder freuen uns über etwas, macht die Weisheit der Sprache damit deutlich, daß die Wirkung der Dinge und Umstände auf uns von unserem Standpunkt abhängt – also davon, ob wir uns im Geiste unter das stellen, was uns zu schaffen macht, oder *darüber,* um dann von uns aus das Bestmögliche daraus zu machen.

Sehen wir uns darunter, also *unten,* dann belastet uns alles und lähmt Willen und Tatkraft. Erheben wir uns innerlich darüber und sehen wir die Dinge von *oben,* dann wandeln wir sie in Objekte unseres Willens, in Mittel der Selbstbeglückung und Selbstverwirklichung, und dann wachsen wir an ihnen, um ihre Kraft und – über sie hinaus.

Darum gibt der Selbstsichere seinem festen Standpunkt und seiner kraftgewissen aufrechten Haltung schon dadurch Ausdruck, daß er seine Mundwinkel, Hände und Blicke nach oben richtet und so von vornherein ›Oberwasser‹ bekommt. Weil er die Dinge von oben sieht, hat er die bessere Übersicht, erweist sich Widrigkeiten überlegen und gelangt über den Erfolg hinaus zur Fülle, zum Überfluß – wenn er sich vorm Überdruß und Übermut ebenso hütet wie vor Übertreibungen und Überschätzungen äußerer Erfolge.

Auch das Schwerste wird leicht, wenn er, seiner seelischen Stabilität und Kraft gewiß, unbeirrt seinen Höhenweg geht, bis die Not überschritten ist und unter ihm liegt.

Bewußte Entfaltung der inneren Größe und damit des inneren Reichtums findet zweitens in der Umschaltung vom Nehmenwollen zum freudigen Geben Ausdruck. Wer andere gern beschenkt und beglückt, bereichert sich selbst. Er aktiviert Kräfte und Fähigkeiten, die ohne dieses Sich-Verströmen ungelöst und ungeweckt bleiben. Wer hat und gibt, dem wird gegeben, nicht dem, der ängstlich alles für sich behalten möchte. Wie der freudig Lehrende sein Wissen anderen schenkt, und dabei selbst der am meisten Lernende und Gewinnende bleibt, so ist der Gebende, sich selbst Verschenkende der Reichste, weil für jede mit anderen geteilte Gabe neue Gaben nachwachsen und seinen inneren Reichtum offenbaren.

Diese Besinnung auf zwei grundlegende Lebenswahrheiten ist unerläßlich für jeden, der das Kraftfeld seiner Persönlichkeit allseitig erweitern und ein stabiles Fundament errichten will für die Aktivierung neuer Kräfte und Fähigkeiten, für die Sicherung des inneren Wachstums und für die fortschreitende Erhöhung seines schöpferischen Leistungsvermögens.

Kraftfeld der Persönlichkeit

Der Flensburger Arzt Otto *Frank* wertete als erster den Menschen als ›biologisches Kraftfeld‹ und erkannte, daß es, wie andere Kraftfelder, an sich unsichtbar und unzerstörbar, aber in seinen Äußerungen sichtbar und in seinem Wirkungsgrad entfaltbar ist. Die Äußerung des Wesenskraftfeldes ›Mensch‹ ist der sichtbare Körper. Träger des unsichtbaren Kraftfeldes und seines Reichtums an Fähigkeiten und Möglichkeiten – von denen erst der kleinste Teil entfaltet ist – ist der Geist, das *Selbst*.

Richten wir den Blick auf *eine* seiner Fähigkeiten, mit deren Wesen, Entfaltung und Nutzbarmachung sich die Wissenschaft gerade zu befassen beginnt: auf das Vermögen, Gedanken- und Gefühlsimpulse allseitig auszustrahlen und aufzunehmen. Die ›suggestive Kraft der Persönlichkeit‹ hängt nicht von ihrer äußeren Erscheinung ab, sondern von ihrer inneren Konstellation und ihrer Haltung gegenüber der Umwelt, von ihrer Fähigkeit, Vorstellungen, die sie stark beschäftigen und bewegen, auf andere zu übertragen und in ihnen im Wege der Resonanz verwandte Gedanken, Empfindungen und Strebungen auszulösen.

Wir wissen bereits, daß diese in der Regel unbewußt ablaufenden Vorgänge außersinnlicher Fernwirkung und Wahrnehmung bewußt gelenkt, planmäßig entfaltet und gesteigert und in den Dienst zielbewußter Menschenführung gestellt werden können. Darüber hinaus ist man seit längerem daran, ihre Anwendung als zusätzliche Kommunikationshilfen auch im Rahmen des modernen Nachrichtenwesens zu prüfen. So sind, wie seinerzeit die ›New York Herald Tribune‹ berichtete, Physiker im Auftrag der Westinghouse Electric Company dabei, »die Möglichkeiten des Einsatzes der geistigen Telepathie und anderer Formen der extrasensory perception (ESP = außersinnliche Wahrnehmung) bei Nachrichtensystemen auf weite Entfernungen zu prüfen«. Das Unternehmen bezeichnete die dabei gemachten Erfahrungen als »sehr vielversprechend, wenn auch noch viel Arbeit geleistet werden muß, bevor wir an die praktische Anwendung gehen können«. Man denkt aber bereits an die Möglichkeit, später die telepathische Kommunikation für Informationsübermittlungen über kosmische Entfernungen, etwa zwischen Weltraumraketen, Monden und Planeten nutzbar zu machen.

Auf gleicher Ebene liegen frühere Versuche von Prof. J. B. *Rhine* an der Duke-Universität und neuere von Prof. *Douglas Dean* und seinem Mitarbeiterstab am College of Engineering in Newark. Da ›Psi-Botschaften‹ (Gedankenradiosendungen), technisch gesehen, sehr ›schwach‹, sind, weil der Geist mit einem Minimum an Energie ein Maximum an Leistung zu erreichen weiß, galt es ein System auszuarbeiten, mit dem die gesendeten

Energien und damit die telepathischen Nachrichten so verstärkt werden, daß beide im Rahmen der modernen Nachrichtenübermittlung praktisch verwendet werden können. Prof. Dean schuf eine neue Art Plethysmographen (Volumenverstärkungsgerät), der, an ein Computersystem angeschlossen, Gedankentelegramme als solche feststellt, verstärkt und, wie beim Elektrokardiogramm, in entsprechenden Kurven sicht- und meßbar aufzeichnet, so daß es möglich wird, Gedanken von einem ›Sender‹ auf einen ›Empfänger‹ *kontrollierbar* zu übertragen.

Bei den umfangreichen Versuchen zeigte sich, daß die Fähigkeit des Gedankenradio sehr unterschiedlich entwickelt ist und vom *Kraftfeld der Persönlichkeit* abhängt, und daß zu den besonders Befähigten vor allem die *dynamischen Naturen* gehören, erfolgreiche Generaldirektoren, Unternehmertypen usw., die nicht nur unbewußt im Sinne der sie beherrschenden Ideen und Zielsetzungen auf andere lenkend einwirken, sondern darüber hinaus bei ihren Entscheidungen erhöhte Intuition beweisen, ein Vermögen außersinnlicher Voraussicht, einen entwickelteren ›Schicksalssinn‹, der sie das Richtige spontan erkennen und tun läßt, bevor andere überhaupt erfaßt haben, worum es geht.

Prof. Dean stellte bei ihnen fest, daß sie gegenüber anderen einen weit höheren Prozentsatz an Treffern, an Findigkeit aufweisen und daß die von ihnen geleiteten Industriekonzerne zu den erfolgreichsten Unternehmen mit weit über der Norm liegenden Umsätzen und Gewinnen gehören. Die Nutzanwendung im Blick auf die hier vermittelten Anleitungen zur Dynamisierung des menschlichen Wesenskraftfeldes liegt auf der Hand.

Mobilisierung latenter Talente

Beim Blick auf die besonderen Begabungen schöpferischer Menschen spricht man von *›angeborenen Talenten‹* im Sinne des Goethe-Worts: »Wer mit einem Talent geboren ist, findet darin sein schönstes Dasein.« Nun tritt aber in Wirklichkeit jeder mit einer Vielzahl von Talenten ins Dasein; er muß sie nur erkennen, entfalten und im Dienste des Ganzen recht zu betätigen lernen.

Das Matthäus-Evangelium (25, 15) spricht symbolisch von den uns Menschen von Gott anvertrauten Talenten: den uns zugewogenen gewichtigen Gütern, aus denen wir das Bestmögliche machen sollen. Gemeint sind die mannigfachen Begabungen, die durch Erziehung und Selbsterziehung, Pflege und Übung ausgebildet und vermehrt werden. Begabungen sind nicht nur *Gaben*, sondern zugleich *Aufgaben*, die es in ihrer Bedeutung zu erkennen und optimal zu erfüllen gilt.

Jeder Mensch ist eine Schatzkammer vielfältiger Kräfte und Fähigkeiten, deren rechte Wertung und für möglichst viele nutzbringende Auswertung erst die Sinnerfüllung des Lebens ermöglicht. Gleich, ob es sich um technische, wissenschaftliche, künstlerische, wirtschaftliche oder soziale Befähigungen handelt, immer äußern sie sich als erhöhtes Aufgeschlossensein für daraufhinweisende Einfälle, die den Menschen befähigen, in dem Beruf, der seiner ›Berufung‹ entspricht oder nahekommt, Überragendes zu leisten.

Die meisten allerdings leben und sterben dahin, ohne ihre Talente ausgeschöpft und genutzt zu haben, weil sie entweder die natürlichen Entfaltungsreize — die Widerstände und Schwierigkeiten des Daseins — mit Angst und Abwehr statt mit mutigem Kräfteeinsatz beantworteten, oder weil sie nicht gelernt hatten, erkannte Talente aus eigener Initiative zu wecken und lebenszielgemäß zu betätigen.

Geschieht das hingegen, dann werden mit den bewußt angesprochenen Talenten auch andere wach und aktiv, so daß das Leben insgesamt ein rascheres Tempo, einen höheren Wertgehalt und eine immer steilere Richtung nach oben annimmt. Im gleichen Maße nehmen Art und Zahl der Widerstände ab, weil sie, vom Lebensganzen her gesehen, unnötig geworden sind. Der seine Talente bewußt Betätigende folgt dann instinktiv und intuitiv dem Drang nach vorn und dem Zug nach oben auf der ihm gemäßen Lebensbahn.

Wie werden nun schlummernde Talente erkannt? Und mit welchen Anregungsmitteln können sie geweckt und aktiviert werden?

Zunächst gilt hier Hebbels Regel: »Jeder Mensch besitzt alle Talente, doch nur die hervorragendsten soll er ausbilden«, indem er aus seinen stärksten Neigungen auf die entsprechenden Eignungen schließt, diese prüft, durch Bejahung und Übung entfaltet und dabei Goethes Mahnung folgt: »Man hüte sich vor einem Talent, das man in Vollkommenheit auszuüben nicht Hoffnung hat.«

Von diesem Gesichtspunkt aus regelt sich die etwaige Anwendung von Anregungsmitteln, deren sich schöpferische Menschen mehr oder minder bewußt nur in homöopathischen Dosen und so selten wie möglich bedienen. Ein Großteil aller Könner kommt weithin ohne solche Hilfsmittel aus; andere suchen durch mäßigen Genuß von Kaffee, Tee, durch Wohlgerüche, Räucherkerzen, Musik, rhythmische Geräusche und andere Mittel die Schaltfunktionen des Gehirns zu intensivieren und die Herbeiführung bewußten Kontakts mit den tieferen Wesensschichten zu erleichtern, in denen die Talente ihren Sitz haben.

Die beste Hilfe bei der Talenteaktivierung bleibt aber eine mäßige, geregelte, die gewohnten Rhythmen im leibseelischen Haushalt und den gesunden Wechsel von Spannung und Entspannung beachtende Lebensführung. Wenn überhaupt, kommen äußere Anregungsmittel dann erst in zweiter Linie in Betracht.

Äußere Anregungsmittel

»Wenn etwas gelingen soll«, sagt Goethe, »bedarf der Mensch der *Anregungen*«, d. h. der Anreize, sich zu *regen*, der Impulse, die seine Kräfte und Fähigkeiten ansprechen und zu schöpferischer Betätigung ›veranlassen‹. Solcher Anregungen, die dem Anlasser beim Motor entsprechen und nach dem Anlaufen des Ganglienschaltwerks nicht mehr benötigt werden, gibt es viele. Wir unterscheiden hier somatische (körperliche) und psychische, die kurz gewürdigt seien:

Von der Voraussetzung jeder schöpferischen Leistung – der Sorge für eine gesunde, maßvolle, geregelte Lebensführung und den heilsamen Wechsel von Spannung und Entspannung — wurde schon gesprochen. Zu den nächstliegenden zusätzlichen Anregungsmitteln zählen dann: körperliche Bewegung, Spaziergänge in der Einsamkeit der Natur, Waldwanderungen, Gymnastik und Gartenarbeit, zeitweise Umschaltung auf leichte Kost, Obstsäfte, gelegentliches Fasten, weiter Kraftatmen, Übungen der Stille, Konzentration und Meditation, Fernhaltung von Lärm oder zeitweise Abschaltung durch Antiphone, usw.

Ebenso gehört hierher die Überwindung vermeintlicher Abhängigkeiten von Umwelteinflüssen, fremden Stimmungen und Launen, vom Wetter usw. durch Bejahung des inneren Frei- und Überlegenseins und bewußte Aktivierung der positiven Gegenkräfte, bewußtes Wegatmen von Verstimmungen und Unpäßlichkeiten im Schneider- oder Yogasitz bei kerzengerader Körperhaltung.

Auch die Farbgebung des Arbeitsraumes oder des Arbeitslichts durch farbige Lampen, Vorhänge, Tapeten usw. kann der Anregung dienen. Ebenso kann Einschaltung von Musik oder anderen Rhythmen oder eigene musikalische Betätigung, zur Selbstbesinnung führende Lektüre je nachdem entspannend oder anregend wirken, inspirierende Erinnerungen oder Impressionen auslösen. Das gleiche gilt für das Betrachten von Bildern, Zwiegespräche mit Menschen, die einem sympathisch oder lieb sind, die Anwesenheit eines Tieres, zwischenzeitliche Befassung mit Hobbies oder etwas, wozu man sich gerade geneigt fühlt. Jeder sollte selbst die Mittel herausfinden, die ihm die Umschaltung auf erhöhte Ansprechbarkeit und schöpferisches Tätigsein erleichtern.

Weitere Mittel, die, mäßig gebraucht, anregend, übermäßig genossen, erregend, zerstreuend, leistungsmindernd wirken, sind Kaffee, Tee, Kakao, Kola. Alkohol fördert nur in minimalen Dosen die Entspannung und Empfangsfähigkeit, in größeren Mengen oder regelmäßig genossen, macht er stumpf, schläfrig, unschöpferisch und schließlich süchtig. Ähnliches gilt vom Tabak und, in erhöhtem Maße, von Opiaten und anderen, auch synthetischen Rauschmitteln, die anfangs sensibilisierend wirken und pseudogeniale Stimmungen auslösen, aber im weiteren den Kontakt mit den Innenkräften blockieren und die Nerven ruinieren.

Das gilt auch für die meisten Beruhigungs- und Schlafmittel, Schmerztabletten und Anregungspillen, die heute gedanken- und bedenkenlos in wachsenden Mengen gebraucht werden und den Menschen vorzeitig verbrauchen, weil sie das natürliche Entspannungsvermögen mindern, das Gemüt abstumpfen, das seelische Gleichgewicht stören, die Anfälligkeit erhöhen, die Widerstandskraft lähmen und Süchtigkeit und Lebensuntüchtigkeit fördern.

Ein abschreckendes Beispiel ist der Gebrauch der neuen Rauschdroge LSD, die, ähnlich wie die Phantastica Haschisch, Marihuana, Peyotl, Meskalin, nach anfänglicher Euphorie (Hochstimmung) die Bewußtseinsschwelle aufhebt, die Rumpelkammer des Unterbewußtseins öffnet, Bewußtseinstäuschungen bewirkt, alle Empfindungen verzerrt, so daß Illusionen als ›Schlüssel zur inneren Welt‹ erscheinen, im weiteren die innere Haltlosigkeit ins Groteske steigert, Halluzinationen, Höllenvisionen und Psychosen auftreten läßt, den Zusammenhang zwischen Seelenleben und Wirklichkeit aufhebt und bis zu seelischen Spaltungserscheinungen, zur Entpersönlichung und Spaltungsirresein führt, statt zu schöpferischem Menschentum.

Selbstanregung von innen her

»Verderblich ist, was Deinen Geist befreit und nicht zugleich Selbstherrschaft Dir verleiht.« Dies Rückert-Wort unterstreicht die Tatsache, daß über allen äußeren Anregungsmitteln die zudem in jedem Falle unerläßliche *Selbstanregung von innen her* steht.

Der Weg dorthin führt über die Entspannung von Körper und Gedanken, über die Stufen der Stille, des Schweigens, der Konzentration zur Meditation, für die möglichst immer die gleichen Zeiten und der gleiche Raum, das gleiche Milieu gewählt werden, bis sie, zur Gewohnheit geworden, von selbst Störungen vom Körper und von der Außenwelt her vom Inneren fernhalten.

Förderlich ist dabei das Bewußtsein zeitlicher Ungebundenheit, das Freisein von Zeitdruck durch Besuche, Anrufe, Termine, weshalb sich auch aus diesem Grunde vor allem die frühen Morgen- und die Abendstunden vorm Einschlafen empfehlen. Gerade Terminspannungen müssen ausgeschaltet bleiben, weil sie die produktiven Kräfte am Aufströmen hindern. Wer wochentags allzusehr termingebunden ist, verlege seine schöpferische Tätigkeit vornehmlich aufs Wochenende.

Schließlich ist es ja der Sinn des verlängerten Wochenendes, dem Menschen die *Kraftgewinnung durch Selbstbesinnung* und die weitere Entfaltung seiner Begabungen zu ermöglichen. Die in der Zukunft durch den Einsatz kybernetischer Maschinen und elektronischer Einrichtungen bedingte zunehmende Entlastung und erweiterte Freizeit des Menschen macht die Unterrichtung über die Möglichkeiten bewußter Weckung und Entfaltung bisher schlummernder schöpferischer Kräfte und Begabungen doppelt notwendig und segenbringend.

Die besten Zeiten für die Entfaltung produktiver Leistungen sind, wie gesagt, die frühen Morgenstunden von 4–8, in zweiter Linie die Vormittagsstunden und – vor allem bei Abendarbeitern – die Abend- und Nachtstunden, in dritter Linie die Nachmittagsstunden. Um das, was einem in der Morgenstille an Einfällen zuströmt, auszuschöpfen und auszugestalten, braucht man oft den ganzen Tag.

Damit kommen wir zu den psychischen Anregungsmitteln:

Zu ihnen gehört als erstes die Sorge für Wohlgestimmtheit, für *Harmonie*, die nicht nur *Frieden im Innern* – also Abschaltung von Ärger, Streit und neidischem Hinblicken auf andere und von ängstlichem Selbstbelauern und Selbstmißtrauen – meint, sondern auch *Frieden im Heim*, also eine Atmosphäre der Sympathie und Liebe, des gegenseitigen Vertrauens und Gutseins.

Weitere Hilfen sind sodann: die der Entspannung folgende Abblendung des Bewußtseins nach außen und die Hingabe an beglückende Erinnerungen, an erzielte Fortschritte und Erfolge, an die Stille des Innern oder, abends, an das Schweigen der Nacht, etwa im besinnlichen Aufblick zum Sternenhimmel mit dem Bewußtsein der Allverbundenheit und Allgeborgenheit. Daran schließt sich die Versenkung in das befreiende Gewißsein der beglückt bejahten Partnerschaft mit dem inneren Helfer, dem man das einen bewegende Problem in rückhaltlosem Vertrauen zu seinem Beistand und mit dem Voraus-Dank für die von ihm vermittelten Lösungen und Weisungen überläßt.

Von da schreitet man weiter zur eigentlichen Meditation als dem Zugang zu den schöpferischen Kräften des inneren Menschen, des Selbstes, zum gelassen schweigenden Nach-innen-Lauschen und Hinhorchen auf die Stimme der Stille, die hauchzarten Weisungen und produktiven Winke des inneren Helfers. Darüber ist noch zu sprechen.

Je selbstverständlicher das Kommen der Anregungen von innen her bejaht wird, desto resonanz- und empfangsfähiger werden wir für die schöpferischen Impulse von innen. Wer das einmal erfahren hat und sich willig vom Geiste her inspirieren, dynamisieren und leiten läßt, wird im gleichen Maße unabhängiger von jeglichen äußeren Anregungsmitteln. Er weiß dann, was Selbstanregung von innen her bedeutet und bewirkt.

Kraftsammlung durch Schweigen

Carlyle nennt das Schweigen »den Urschoß, in dem die großen Dinge heranreifen, bis sie schließlich, fertig gestaltet, majestätisch in das Licht des Tages hinaustreten.« Was er damit meint – und ebenso Schopenhauer mit seinem Wort vom »Baum des Schweigens, an dem als Frucht der Friede hängt« –, ist nicht das mehr passive Schweigen nach *außen*, das Nichtsprechen als Ausdruck der Besinnung und Klugheit, sondern jenes aktive, horchende Schweigen nach *innen* als Mittel der Kraftschöpfung und Einsichtgewinnung.

Wer sein Leistungsvermögen laufend erhöhen und zu selbstbesinnender Sammlung und Herrschaft über sein Bewußtsein gelangen will, der tut gut, sich öfters am Tage ein paar Minuten entspannten Stilleseins und Schweigens der Gedanken zu gönnen. Sie geben ihm die Möglichkeit innerer Ordnung und Klärung, zur Bildung rechter Entschlüsse und zur Gewinnung neuer Tatkraft.

Je mehr wir das Schweigen üben und je tiefer wir dabei in die lautlose Wachheit der Stille eintauchen, desto mächtiger wird der Aufstrom neuer Kräfte und Inspirationen und desto reicher wird unser Leben. Dabei erwachsen uns schon bald zwei Helfer: Konzentration und Geistesgegenwart nehmen zu, so daß wir rascher das Wesentliche erfassen und mit abnehmendem Zeit- und Energieaufwand zunehmend Besseres leisten. Zum andern nimmt die Hetze, das Getriebensein, die Zeitnot ab. Wir werden besinnlicher und besonnener und unser Dasein wird durchsonnter und glückreicher.

Doch das ist erst der Anfang. Im weiteren werden wir durch die Gewöhnung an häufige Nachinnenwendung in schweigender Sammlung zunehmend empfangsfähiger für die erst im Verstummen der Gedanken vernehmbar werdende Stimme der Stille. Zugleich zieht in unser Leben jener *Geist der Gelassenheit* ein, den das Zen-Wort vom Mond meint: »Wenn der Mond am vollsten ist, beginnt er zu schwinden. Wenn er am dunkelsten ist, nimmt er zu.« Die Weisheit dieses Wortes kann uns, wie die Schriftstellerin Vicky Baum sagt, »helfen, Gleichmut zu bewahren, wenn Leid und Not uns bedrücken, und auch, wenn ein Erfolg uns übermütig machen will. Es liegt Trost und Hoffnung in dieser Gewißheit, daß selbst die finstersten Stunden voll Schmerz und Verzweiflung nicht dauern; aber auch die Warnung, den vergänglichen Segen des Reichtums und der Macht nicht zu überschätzen.«

Im Auf und Ab des Lebens kommt es nur auf eines an: daß *wir selbst* uns vom ewigen Wechsel nicht mitreißen lassen und außer uns geraten, sondern gelassen innehalten und uns auf den inneren Halt zurückziehen, weil wir alsdann weder Richtung noch Ziel aus den Augen verlieren und Umwege, Fehlentscheidungen und Fehlschläge vermeiden.

Sehr bald zeigt sich, daß die Zeit, die wir im Schweigen unserem inneren Menschen widmen – der Innewerdung unserer Partnerschaft mit dem inneren Helfer –, die bestangewandte Zeit ist. Und dann wird verständlich, warum die Meistbeschäftigten, von denen ständig schöpferische Leistungen gefordert werden – große Wissenschaftler, Erfinder, Wirtschaftspioniere, Künstler,

Ärzte, Anwälte, Menschenführer –, mit dieser Praxis vertraut sind und die Zeiten des Schweigens die fruchtbarsten des Tages nennen. Gewinnen sie doch aus den Augenblicken inneren Abgeschiedenseins die Kraft und Fähigkeit, die immer neuen Aufgaben des Berufs und Lebens souverän zu meistern, weil sie nie sich selbst verlieren, sondern immer bewußter bei sich sind:

Im Schweigen treten sie für eine Weile aus dem Alltag und dem ruhelosen Strom der Gedanken heraus und lassen sich von den sanften Wogen des Atems in die Unbewegtheit der Stille hineingeleiten, bis sie selbst zur Stille geworden, mit ihrem innersten Selbst geeint und der inneren Kraft gewiß sind. Mit dieser Gewißheit kehren sie an die Arbeit zurück, die sie nun mit erhöhter Wachheit, Einsicht und Übersicht, gesteigerter Spannkraft und dynamischer Ziel- und Sieggewißheit fortsetzen und meistern, weil aus dem Schweigen Friede und Sicherheit und aus der Gelassenheit Überlegenheit erwächst.

Das schöpferische Leistungsvermögen

Wenn hier vom ›Schöpferischen‹ gesprochen wird, ist weniger der technische Aspekt produktiven Schaffens und Gestaltens gemeint, sondern mehr der dynamische Doppelaspekt bewußten Schöpfens aus der Fülle der inneren Kräfte und Begabungen und fortschreitender schöpferischer Selbstverwirklichung. Wieviel einer aus dem All-Ozean der Ideen und göttlichen Lichtgedanken zu schöpfen und zu realisieren vermag, hängt von der Wachheit und Reife seines Geistes und seiner lebendigen Verbundenheit mit dem Geist des Lebens ab.

Deutlicher denn je wird uns heute bewußt, wie sehr aller äußere Fortschritt und Reichtum Offenbarung des inneren ist. *Erst innen, dann außen!* mahnte schon Angelus Silesius: »*In Dir* muß Reichtum sein. Was Du nicht in Dir hast, und wär's die ganze Welt, ist Dir nur eine Last.« Der Lebensphilosoph Marden ergänzt: »Als Christus verkündete, daß das Himmelreich inwendig in uns ist, wollte er damit sagen, daß dieses innere Königreich wesenseins ist mit dem Weltengeist, und daß wir hier, im Seelengrund, aus dem Urquell allen Reichtums schöpfen. Das Reich in uns ist das Reich der Kraft. Hier stehen wir in drahtloser Verbindung mit der Allweisheit und Allmacht des Ewigen.«

Hans Schomerus spricht im Blick auf diese Tatsache vom »Einbruch des Unberechenbaren in die kausal geordnete Welt: in allen Bereichen des Wissens und Lebens ging man (bisher) unter hermetischer Abdichtung aller etwa möglichen metaphysischen Einbruchstellen von den *rational* erfaß- und berechenbaren Gegebenheiten aus. Man suchte alle Probleme von der *technischen* Seite her zu lösen — bis man schließlich einsehen mußte, daß die heutige Vorstellung von der Welt und der Wirklichkeit unzulänglich ist, daß das Kausalgesetz keine absolute Gültigkeit besitzt, daß das Leben letztlich unberechenbar bleibt, daß die Welt tiefer, die Wirklichkeit vielschichtiger ist, als man bisher glaubte, und daß hinter den vordergründigen physikalisch-chemischen Gesetzmäßigkeiten *geistige Gesetze und Kräfte* am Werke sind.«

Er sieht die Ahnung einer reicher dimensionierten Wirklichkeit und ein neues Denken heraufsteigen. Es ist jene höherdimensionale Wirklichkeit, auf die schon Meister Eckehart mahnend hinwies: »Warum blickt ihr immer nach außen? Warum bleibt ihr nicht bei euch selbst und greift in euren eigenen Schatz? Ihr tragt doch den Reichtum der Wirklichkeit dem Wesen nach in euch!« Es ist der Reichtum des Innern, von dem hier die Rede ist, den jeder in sich aktivieren kann — in Richtung seiner einmaligen Begabungen und des stärksten Trends seines Wesens.

Letztlich sind alle Fortschritte und Errungenschaften der Zivilisation und Kultur das Werk einzelner schöpferischer Menschen, die ihre schlummernden Produktivkräfte entfesselten. Dazu aber ist *jeder* fähig. Denn das *schöpferische Leistungsvermögen* jedes Menschen ist immer einmalig, einzigartig und zudem nicht konstant, sondern immerfort wachsend und vielseitig entwicklungsfähig — in Richtung auf den neuen *größeren Menschen,* der in ihm auf seine Erweckung und Entfaltung wartet ...

Dazu kommt, daß mit der ständigen Erweiterung des Umkreises menschlichen Wissens und Könnens die Zahl der Berührungen mit dem weit größeren Bereich des noch Unbekannten, Unentdeckten, Unerforschten, noch zu Meisternden laufend zunimmt — und damit wiederum die der Möglichkeiten der Entfaltung der schöpferischen Aktivität in neue Richtungen und Dimensionen für immer mehr Menschen. So wird verständlich, warum die Zahl der schöpferischen Individualitäten von Jahrzehnt zu Jahrzehnt zunimmt und im gleichen Maße das Tempo des Fortschritts auf unserem Planeten sich beschleunigt.

Für den Einzelnen bedeutet das, daß damit auch seine Chancen, an diesem Fortschritt aktiv und gewinnbringend teilzunehmen, ständig wachsen, um so mehr, wenn er sich das Wort des Dichter-Sehers Dauthendey zur Lebensrichtschnur macht: »Dein Wesen, Mensch, ist Schöpferkraft, Seligkeit ist Dein Urzustand und Ewigkeit Dein Weg.«

Inneres Wachstum

Ungleich der Schulpsychologie, die den Menschen weitgehend enträtselt zu haben meint, sieht sich die dynamische Psychologie, mit einem Wort Morgensterns, vor der Aufgabe, »immer größere Tiefen im Menschenwesen zu entdecken, wobei sich immer deutlicher die Unergründlichkeit seiner Natur nach ihrer göttlichen Seite hin offenbart«. Das letzte Erkennbare im Menschen sieht sie nicht im persönlichen und kollektiven Unbewußtsein, sondern, tiefer schürfend, in der umfassenderen Region des Überbewußten, hinter dem sich das Reich kosmischer Bewußtheit dehnt, das wiederum Teil eines göttlichen Urbewußtseins ist, an dem der Mensch im Maße seines inneren Wachseins und Wachstums teil hat.

Der schöpferische Mensch schöpft mehr oder minder bewußt aus Quellen, die in diesen letzten Wesenstiefen entspringen und durch die Aktivierung seiner geistigen Kräfte und Fähigkeiten zum Fließen gebracht werden, wobei Grad und Umfang der praktischen Auswertung in Beruf und Leben von seiner Ansprechbarkeit und Empfangsbereitschaft für Inspirationen und von der Beweglichkeit seiner Phantasie abhängen.

Dieser Erkenntnis haben führende Geister aus allen Bereichen der Wissenschaft, Kunst, Technik und Wirtschaft Ausdruck gegeben. Der erste Nobel-Preisträger für Chemie, van't *Hoff* (1852 bis 1911) wagte es 1878 in seinem Amsterdamer Vortrag, über die Bedeutung der *Phantasie in der Wissenschaft* und davon zu sprechen, daß zu neuen Entdeckungen und Erfindungen führendes schöpferisches Denken aus dem Zusammenwirken der Phantasie mit der Urteilskraft entspringe. Ähnliche Beobachtungen und Bekenntnisse von Männern wie Niels Bohr, Kekulé und anderen wurden bereits gewürdigt.

Ihre Reihe setzt sich fort über den Chemiker und Erfinder Heinrich *Caro* (1834–1910), der als 64jähriger erklärte, »nur eine künstlerisch veranlagte Persönlichkeit könne ein guter Chemiker sein«, bis zu Carl *Bosch* (1874–1940), der in seinem Stockholmer Vortrag anläßlich der Nobel-Preisverleihung 1931 zum Schluß kam: »Mag man sich monate- und jahrelang mit einem Problem geplagt haben – schließlich kommt es doch so, daß das Gehirn über Nacht im Unbewußten unerwartet die letzten Zusammenhänge findet.« Manche seiner eigenen Erfindungen waren Schöpfungen aus dem Un- und Überbewußten, weshalb er mit Recht klarstellen durfte:

»Wir können das phantasievolle Schaffen des Industriellen unbedenklich als wesensgleich neben das rein künstlerische Schaffen stellen. So wenig der Künstler letzten Endes Herr seiner Gedanken und Einfälle ist, so wenig der Techniker. Es ist falsch, anzunehmen, alles sei errechnet, erklügelt. Es kommt über einen im geeigneten Moment wie über den Künstler in seinem Schaffensrausch.«

Ob und wie weit jemand den ›geeigneten Moment‹ findet oder herbeizuführen vermag, ist eine Frage seiner geistigen Wachheit und seines *inneren Wachstums*, das Erweiterung seines Wesenskraftfeldes wie seines geistigen Horizonts ist.

Das Wachstum des schöpferischen Leistungsvermögens ist nicht an das des Körpers gebunden oder dadurch begrenzt. Es vollzieht sich unabhängig davon. Es ist auch nicht auf den Mann beschränkt: in allen Kulturen gab und gibt es – heute mehr denn je – schöpferische Frauen, bis hinauf zu den Gipfelerscheinungen genialer Mystikerinnen. In Zukunft wird deren Zahl noch rascher zunehmen.

Auch altersmäßig ist das Wachstum der schöpferischen Fähigkeiten nicht begrenzt. Es nimmt vielmehr mit den Jahren zu, solange einer seinen Wirkungs- und Interessenkreis nicht selbst einengt, sondern ihn laufend erweitert und geistig rege bleibt. Die Leistungskurve steigt nicht in der Jugend an, um nach der Blütezeit langsam abzusinken; sie steigt vielmehr gleichmäßig bis zum 50. Lebensjahr, und zwischen dem 50. und dem 65. Jahr besteht die Möglichkeit bewußter Einschaltung in die sog. ›zweite Leistungswelle‹ mit der Gewißheit, daß man dann bis ins höchste Alter aktiv und schöpferisch bleibt – insbesondere, wenn man sich von der schöpferischen Grundkraft, der *Liebe*, inspirieren, dynamisieren und zu immer höheren Intuitionen emporleiten läßt.

Die Gabe der Intuition

Viele verlassen sich auf ihre *Ahnung*, ihr Vorgefühl für das Rechte oder das Kommende. Dies instinktive Gespür wurzelt im Unterbewußtsein, dessen Vorausschau weiter reicht als die Sicht des Bewußtseins. Noch weiter reicht das intuitive Gewißsein dessen, was zu tun oder zu lassen, das aus dem Überbewußtsein quillt, im Stillesein nach innen deutlich wird und treffend *›Ahmung‹* genannt wird: es ist im Gegensatz zur bloß kopierenden Nach-ahmung unmittelbares Erfassen und Ermessen einer Wahrheit oder Weisung der inneren Führung.

Diese *Gabe der Intuition* ist jedem eigen, durch Übung und Bejahung entfaltbar und allseitig erweiterungsfähig, wenn man gelernt hat, mit dem Saugrohr meditativer Selbstbesinnung in die tieferen Wesensschichten hinabzugelangen und das, was Erfahrung, Erprobung und Phantasie stufenweise erschließen, in *einem* Sprung zu erreichen.

C. G. *Jung* sah in der Intuition eine der vier seelischen Grundfunktionen: denken, fühlen, wollen und intuieren. Nun sind diese aber zweipolig: Wie wir beim *Denken* das rationale, zergliedernde Denken vom metarationalen synthetischen Denken unterscheiden, beim *Fühlen* das körperliche Gefühl vom psychischen Spürsinn, und beim *Wollen* das gierhafte Ichstreben vom höheren Willen der inneren Führung, so unterscheiden wir beim *›Intuieren‹* die mehr unterbewußte Funktion des Instinkts vom überbewußten Orientierungssinn der Intuition:

Wo das leibliche Auge an der sichtbaren Oberfläche haftet, dringt das Auge des Geistes in die Tiefen der größeren unsichtbaren Wirklichkeit. Erste Frucht solcher Innenschau ist erhöhte Wachheit für *Inspirationen* aus dem Unbewußten, die den Zielweg streckenweise sichtbar werden und das Endziel ahnen lassen. Im weiteren wächst die Wachheit für *Intuitionen,* für die unmittelbare Erfassung von Endlösungen, für den direkten Sprung ins Ziel.

Ungleich dem inspirativen Offensein für Einfälle ist die Intuition Erkenntnis durch innere Anschauung und Einswerdung, restlose Durchdringung eines Sachverhalts oder Problems, spontanes Innewerden der Zusammenhänge, des rechten Ziels und Weges – verbunden mit dem Gewißsein der Richtigkeit der blitzartig alles erhellenden Einsicht, die oft als ›Erleuchtung‹ empfunden wird.

Voraussetzung für das Aktivwerden der Intuition ist über die Entspannung und Sammlung hinaus das schweigende Nach-innen-Lauschen und die meditative *Hingabe.* Während man sich beim Aufblitzen von *Inspirationen* an einen Gedankenstrom angeschlossen sieht, der ständig weiterführt, fühlt man sich bei *Intuitionen* als *Werkzeug des schöpferischen Selbstes,* mit einem Wort Hölderlins, als »schwaches Gefäß für die göttliche Fülle«: plötzlich ist das Innere von Wärme und Licht erfüllt, und man spürt mit *Goethe,* wie sehr »jede Produktivität höchster Art, jede Erfindung, jeder große Gedanke, der Frucht trägt, als *Geschenk von oben* zu betrachten ist, das der Mensch mit freudigem Dank zu empfangen hat. Die Intuition ist dem Dämonischen verwandt, das, übermächtig, mit einem tut, wie es beliebt, und dem man sich bewußtlos *hingibt,* während man empfindet, man handle aus eigenem Antrieb. In solchen Fällen ist der Mensch als würdig befundenes Gefäß zur Aufnahme eines göttlichen Einflusses zu betrachten.«

Goethe unterschied dies intuitive Schöpfertum von der rationalen Produktivität, zu der er »alles zur Erfassung eines Plans Gehörige, alle Mittelglieder einer Gedankenkette, deren Endpunkt bereits leuchtend dasteht«, ebenso zählte wie alles, was »den sichtbaren Körper eines Kunstwerks ausmacht«. Führt die letztere zu bewußt angestrebten Fortschritten, so die intuitive Produktivität in rauschhafter Erhebung zu neuen Denkwelten, in unbetretenes Neuland, zu neuen Entdeckungen, Offenbarungen und Schöpfungen. Zugleich erweitert sich das Kraftfeld des Bewußtseins und sein Wirkvermögen derart, daß ein Werk in einem Bruchteil der sonst benötigten Zeit in einem Guß als vollendete nichtwiederholbare Leistung ersteht, weil zum Drang nach vorn der Zug nach oben hinzutritt, der die vollendete Verwirklichung sichert.

Die Entdeckung des Überbewußtseins

Vor etwa einer Million Jahren tat der Mensch den entscheidenden Schritt aus dem Urzustand tierhaften Kaum-Bewußtseins zum personhaften *Ich-Bewußtsein.*

Der Vormensch besaß noch kein entwickeltes Ich-Bewußtsein: er empfand sich als Teil einer Gruppe und wurde vom Urbewußtsein her über das kollektive Unbewußte zu den der Lebenserhaltung dienlichen Handlungen veranlaßt. Er lebte, wie das Kind, noch aus der unbewußten Einheit von Ich und Welt. Erst als er zur Ich-Bewußtheit erwachte, erfuhr er sich als selbständige schöpferische Einheit neben der Welt und den anderen Wesen, als ›Person‹ und Persönlichkeit, von der aus Welt und Leben erst Sinn und Bedeutung gewinnen. –

Es ist kaum hundert Jahre her, daß der Mensch einen Schritt weiter ging und hinter dem wachbewußten Ich ein tieferes Bewußtsein entdeckte – eine Schicht, in die das Ich eingebettet scheint: das Unbewußte oder Unterbewußtsein, unter dem von

C. G. *Jung* in jüngster Zeit die noch umfassendere Schicht des ›kollektiven Unbewußten‹ erkannt wurde.

In dieser Doppelschicht des persönlichen und kollektiven Unbewußten sah man bislang die ›psychische Urwirklichkeit‹ und Schatzkammer der schöpferischen Kräfte und Fähigkeiten des Menschen. –

Heute nun stehen wir vor und in der Entdeckung einer weit höheren Bewußtseinsschicht, die als der eigentliche Quellgrund der produktiven und genialen Kräfte des Menschen erkannt wird und mit deren Erschließung eine neue Entwicklungsepoche beginnt, die Teilherd de *Chardin* ahnte und die Ralph Waldo *Emerson,* Sri *Aurobindo* und andere große Geister der Menschheit voraussagten. Emerson sprach von der ›Überseele‹, Sri Aurobindo vom ›Überdenken‹. Die dynamische Psychologie nennt es das *Überbewußtsein.*

Mit seiner stufenweisen Erschließung beginnt der Mensch eine höhere Bewußtseinsebene zu erklimmen. Denn soviel umfassender die geistige Individualität gegenüber der körpergebundenen Persönlichkeit ist, soviel mächtiger ist das Überbewußtsein des inneren Menschen gegenüber dem Wach- und Unterbewußtsein des äußeren Menschen.

Und soviel umfassender der Himmelsraum ist im Vergleich zu dem mauernumgrenzten Raum der irdischen Dome und Tempel, Moscheen und Pagoden, soviel größer und dynamischer ist die Erkenntnis und Erfahrung Gottes als des kosmischen Urkraftfeldes aus der Sicht des Überbewußtseins – und die des Menschen als eines unvorstellbar entwicklungsfähigen Geistkraftfeldes und Trägers schlummernder Talente und genialer Begabungen.

Wir stehen heute im Aufgang eines neuen Menschenbildes und vor der Möglichkeit, die *Schöpferkräfte des Überbewußtseins* nach dem Grade der inneren Wachheit und Ansprechbarkeit des Einzelnen zu aktivieren und in den Dienst vollkommenerer Lebensbemeisterung zu stellen.

Denn ungleich dem Unterbewußtsein, das, weil gefühlsabhängig, dem Bewußtsein auch negative, irrige Vorstellungen und Impulse vermitteln kann, ist das Überbewußtsein insofern unfehlbar, als es um das uns jeweils gemäße Ziel und die besten Wege dorthin weiß und uns mit der Sicherheit der inneren Führung – in Übereinstimmung mit dem Entwicklungswillen des Geistes des Lebens – zugleich vorwärts-steuert und aufwärtsleitet zu dem, was der Biodynamiker als Geistmenschentum, der Religiös-Intuitive als ›bewußte Gotteskindschaft‹ bezeichnet.

Machen wir uns bewußt, was das für die Aktivierung unserer genialen Potenzen, für die fortschreitende Selbstverwirklichung und bewußte Sinnerfüllung und souveräne Meisterung des Lebens bedeutet.

Das Überbewußtsein als Quellgrund der Genialität

Früher sprach man vom Überbewußten ahnend als dem ›Übersinnlichen‹. Das ist es insofern, als dieses Bewußtsein über den Bereich der Körperlichkeit und der Körpersinne weit hinausgeht. Dieser Erkenntnis gab vor einiger Zeit Henry *Margenau*, Professor der Physik an der Yale-Universität, Ausdruck durch die Feststellung, »daß die bisherigen Unterscheidungen zwischen den Reichen des ›Sinnlichen‹ und des ›Übersinnlichen‹ heute unzulänglich sind«:

Die Physiker dehnen den Bereich des Erkennbaren ständig weiter bis in die Zone des menschlichen Sinnen nicht mehr Zugänglichen aus. Sie sind darum psychischen Phänomenen und parapsychischen wie genialen Leistungen gegenüber weit aufgeschlossener als manche Psychologen und Theologen, weil sie voraussetzungsloser vorgehen und Untersuchungsmethoden einführen, die positive Ergebnisse ermöglichen und manches, was bisher als ›Wunder‹ erschien, erklärbar machen.

Von da her fällt heute Licht auch auf das *Überbewußtsein* als Quellgrund schöpferischer Intuitionen, letzter Erkenntnisse der Weisen und Vollendeten, der Erleuchtungen der Mystiker und Heiligen, der wissenschaftlichen, philosophischen, künstlerischen, technischen und anderen genialen Leistungen der Menschheit in allen Bereichen der Kultur und Zivilisation. Und es wird deutlich, daß der derzeit erreichbare Gipfel schöpferischen Wirkens nicht mehr, wie bisher angenommen, die Kunst bewußter Nutzung des Unbewußten ist, sondern daß darüber hinaus die *Aktivierung der genialen Potenzen des Überbewußtseins* möglich ist.

Der für die Lebenspraxis wichtige Unterschied besteht darin, daß Einfälle, Inspirationen aus dem Unterbewußtsein, sich vorwiegend im Stadium halbwacher Bewußtseinsdämmerung einstellen, während Intuitionen aus dem Überbewußten einem im Zustand vollbewußter meditativer Selbstbesinnung zufließen. Das bedeutet: Wer seine Probleme, gleich welcher Art, allein mit dem Verstand zu meistern sucht, lebt von einem Bruchteil seiner Denkkapazität. Weiser handelt und reicher lebt, wer sich vom Unbewußten her inspirieren läßt und zu diesem Zweck von der Arbeit oder dem Problem, das ihn bewegt, abschaltet, es mit seinem Für und Wider dem Unterbewußtsein zur Erledigung überläßt und sich selbst entspannt oder den Schlaf aufsucht, bis ihm die ersehnte Lösung einfällt.

Am weisesten aber handelt, wer sich willig von innen her zu unmittelbarer Wahrheitsschau leiten läßt, also lernt, sich für Intuitionen aufgeschlossen und empfangsbereit zu halten. Ihm fließen Lösungen, Einsichten, Erleuchtungen, Gewißheiten gleich Offenbarungen zu, die ihn erleben und bestätigen lassen, was Mendelssohn aussprach: daß »große Genies das Ziel mit einem Schritt erreichen, wohin gemeine Geister sich durch eine lange Reihe von Schlüssen leiten lassen müssen«, wenn sie es überhaupt erkennen und erreichen.

In der Tat vereinigen sich hier höchste wissenschaftliche Erkenntnis, philosophische Einsicht und religiöse Weisheit zu jener neuen Gewißheit, daß die Gesamtheit der schöpferischen Begabungen, deren Aktivwerden wir als *›Genialität‹* bezeichnen, im Überbewußtsein *jedes* Menschen als Anlage vorhanden, in Richtung der stärksten Neigungen und Interessen entfaltbar ist und durch zielbewußte Übung und begeisterte Bejahung in ungeahnter Weise lebenspraktisch nutzbar gemacht werden kann.

Hier gilt, mit anderen Worten, was *Morgenstern* von den Reichtümern und Geheimnissen des Lebens sagt: »Alle Geheimnisse liegen in vollkommener Offenheit vor uns. Nur *wir* stufen uns gegen sie ab – vom Stein bis zum Seher. Es gibt kein Geheimnis an sich, es gibt nur Uneingeweihte aller Grade.« Aus dieser Einsicht erwächst für jeden von uns die *Aufgabe stufenweiser Selbsteinweihung* und Selbstverwirklichung.

Wesen der Genialität

Genie ist mehr als Talent, wie Schopenhauer klarstellt: »Das Talent gleicht dem Schützen, der ein Ziel trifft, das die übrigen nicht erreichen können, das Genie dem, der eins trifft, bis zu welchem sie nicht einmal zu sehen vermögen.«

Der Philosoph hat jedoch unrecht, wenn er meint, das Genie sei »für das praktische Leben so unbrauchbar wie ein Teleskop im Theater«. Er blickte allzusehr nur auf die schöpferischen Geister in Kunst und Wissenschaft, Philosophie und Religion. In Wirklichkeit sind die genialen Potenzen nicht auf diese Bereiche beschränkt; sie können sich genau so in den lebenspraktischen Bezirken vielseitig segenbringend offenbaren und fortschrittfördernd auswirken. Rousseau's Wort, daß »das Genie es ist, das das Wissen nützlich macht«, gilt allgemein. In jedem Beruf kann sich der Genius in uns positiv betätigen und jene ›Möglichkeit des Unmöglichen‹ demonstrieren, auf die Prentice *Mulford* die mit sich und ihrem Leben Unzufriedenen hinwies:

»Mißmut über eure Unfertigkeit zeigt an, daß das Schicksal euch die hinter der Unzulänglichkeit verborgene Vollkommenheit bewußt machen und erreichen lassen will. Das Bewußtwerden eines Mangels ist der erste Schritt zu der ihn aufhebenden neuen Kraft oder Fähigkeit. Das Leben ist *ständiger Fortschritt zu wachsender Kraft und Leistung,* der durch nichts aufzuhalten ist.

Die *Not,* die einer empfindet, ist durch eben dieses Wachstum bedingt und will ihn auf die *Wende* hinweisen, die um so eher eintritt, je williger er der inneren Führung vertraut und ihren Intuitionen folgt – im Gewißsein, daß die in ihm schlummernden genialen Kräfte eben dieser widrigen Bedingungen bedürfen, um sich zu entfalten. Ihr Erwachen offenbart sich in der Tatsache, daß das Rechte, Rettende, Weiterführende dann entweder sichtlich herbeigezogen oder klar erkannt und zielgewiß getan wird.

Blickt darum unentwegt vorwärts mit der Bejahung, daß jeder kommende Tag reicher an Gaben und Freuden sein wird als der heutige, daß alles, was ihr tut, euch gelingt, und daß das Glück von morgen nur Stufe ist zum höheren Glück des folgenden Tages. Und *haltet nichts für unmöglich*, weil ihr es erst durch diese Einstellung des ›Ich kann nicht‹ für euch unerreichbar macht! ›Bei Gott sind alle Dinge möglich‹ – und Gott wirkt in euch und durch euch. Verleugnet also nicht die Kraft Gottes, die sich in euch offenbaren und durch euch mehr schaffen will, als ihr bis jetzt zu erfassen vermögt! Sondern bejaht mit aller Inbrunst und begeisterten Gläubigkeit eures Herzens: ›Es ist mir möglich, alles zu werden und zu erreichen, was ich bewundere und ersehne!‹ Dadurch öffnet ihr die Pforte zu höheren Vollendungen.

Der Geist, der Jesus Macht gab, Kranke gesunden zu lassen und andere Wandlungen zu vollbringen, die nicht ›Wunder‹ sind, sondern Wirkungen geistdynamischer Gesetze, dieser Geist ist auch *in euch* lebendig und wartet auf euer gläubiges ›Es werde!‹, um euch und euer Leben glückreicher und vollkommener zu gestalten. Ihr entsprecht damit dem Willen des Unendlichen Geistes des Guten, der seine Kinder aufruft, unablässig jener *Genialität* und Vollkommenheit zuzustreben, die ihr Erbe und ihre Zukunft ist.«

Der geniale Mensch ist der derzeitige Gipfel der irdischen Evolution und der Auslöser aller geistigen, ethischen, religiösen, kulturellen Fortschritte der Menschheit. (In kommenden Äonen werden höhere Gipfel sichtbar, für die wir noch keine Namen haben.) Er zeigt, worauf *jeder* angelegt ist und wie weit er durch bewußte Entfaltung seiner eigenen einmaligen Kräfte auf dem Wege fortschreitender Selbstverwirklichung gelangen kann. Denn alle Entwicklung steuert auf die Entfaltung der Genialität durch dynamische Koordinierung der schöpferischen Kräfte und Fähigkeiten in jedem lebenswach gewordenen Menschen hin – also darauf, daß immer mehr geniale Naturen zur Entfaltung kommen. An diesem Prozeß kannst auch Du aktiv teilhaben.

Weckung genialer Potenzen

»Es ist unglaublich, auf was alles die Menschen *nicht* kommen«, meint Morgenstern im Blick auf die Tatsache, daß in jedem Einzelnen weit mehr Kräfte, Fähigkeiten und Möglichkeiten schlummern, als er ahnt, und daß jeder lernen kann, die genialen Potenzen, mit denen er überreichlich ausgestattet ist, Schritt um Schritt zu aktivieren. Es ist nur eine Frage der inneren Wachheit, Ansprechbarkeit und Dynamik, wie weit sie aus dem Bereich des Überbewußten in den bewußter Betätigung und schöpferischer Auswirkung hinübertreten.

Es ist an der Zeit, daß der Mensch dem Rat des Lebensphilosophen — Nietzsche — folgt: seine wirkliche Größe zu erkennen und sich sein Ziel zu stecken. »Es ist an der Zeit, daß der Mensch den Keim seiner höchsten Hoffnung pflanze.« Ist es doch, wie Hebbel ergänzt, »des Menschen letzte Aufgabe, aus sich heraus ein dem Höchsten, Göttlichen Gemäßes zu entwickeln und so sich selbst Bürge zu werden für jede seinem Wesen entsprechende Verheißung.«

Schopenhauer berührt den Kern des Problems, wenn er sagt: »Jedes Kind ist einigermaßen ein Genie, und jedes Genie ist gewissermaßen ein Kind.« Jesus meint gleiches mit seinem Wort: »Wenn ihr nicht werdet wie die Kinder . . .« Denn Genialität ist *Ursprungsnähe:* die genialen Intuitionen entspringen den Tiefenschichten des Überbewußtseins, des kosmischen und göttlichen Bewußtseins als Impulse, die der Selbstverwirklichung und der Sinnerfüllung des Lebens dienen.

Wie weit einer sich von ihnen ansprechen, begeistern und zu weiterem Wachsen und Reifen leiten läßt, hängt vom Grad seiner inneren Wachheit und Bereitschaft ab, dem Idealbild seiner selbst in williger Hingabe und unermüdlichem Streben und Arbeiten an sich selber ständig näherzukommen. Je bereitwilliger er der inneren Führung folgt, desto allseitiger wird seine Ansprechbarkeit und desto bedeutungsreicher werden die dann als *Erleuchtungen* empfundenen Führungsimpulse des Genius in ihm, seines innersten Selbstes.

Um zu verdeutlichen, was ›Erleuchtung‹ meint: Wenn wir nachts am See-Ufer spazierengehen, folgt uns das Spiegelbild des Mondes in einem dünnen Lichtstreifen. Daran, daß er uns begleitet, erkennen wir, daß in Wirklichkeit der *ganze* See in Licht getaucht ist. Gleichermaßen macht uns jede Erleuchtung bewußt, daß die ganze Innenwelt von göttlichem Licht erfüllt ist, wie es zu allen Zeiten Heilige, Mystiker, Religionsgründer in seiner ganzen Fülle erfuhren.

Aus dieser inneren Licht- und Weisheitsfülle schöpft der geniale Mensch, wenn in der meditativen Selbst-Besinnung und kontemplativen Selbst-Versenkung sein Ich sich gänzlich dem Selbst hingibt und, von den Erkenntnisblitzen des Selbstes dynamisiert und transmutiert, seiner inneren Freiheit und Geborgenheit bewußt wird. Ihm geht der Unterschied auf zwischen den Alltagsmenschen, die, bei der Geburt, das *Licht der Welt* erblicken, und den neuen Menschen, die, in der ›inneren Wiedergeburt‹, zur *Welt des Lichts* erwachen. Er weiß, daß der Universalschlüssel zur Aktivierung der genialen Potenzen seines Wesenskraftfeldes die *Meditation* ist, die ihn nicht nur dem persönlichen und kollektiven Unbewußten verbindet, sondern ihn aus der Licht- und Erkenntnisfülle des Über- und Allbewußtseins schöpfen läßt.

Wer einmal des ganzen Reichtums der genialen Potenzen inne ward, der weiß nicht nur um seine innere Freiheit und Allgeborgenheit, sondern auch um die *Größe und Macht des Geistes.* Und wer dessen gewiß ward, der weiß zugleich um die Harmonie des Seins und folgt mit wachsender Willigkeit dem Wege bewußter Selbstformung und Schicksalsharmonie, deren Ziel ein Dichter, Fritz Kudnig, gültig formulierte: »Das Ewige will sich in der Zeit, das Zeitliche im Ewigen vollenden« — durch den Menschen.

Macht des Geistes

Es ist eine Kraft in der Seele, sagt Meister *Eckehart*, »die weder Zeit noch Fleisch berührt. Sie fließt aus dem *Geist*, bleibt im Geist und *ist* ganz und gar Geist. Dieser Geist ist seinem Wesen nach frei: er ist das Licht, der göttliche Funke im Innersten – Bürge und Zeuge der Ewigkeit des Menschenwesens«.

Wer aus diesem Geiste, aus der *Macht des Geistes* zu leben lernt, der weitet sein Ich zum Selbst und seines Lebens Spanne zur Ewigkeit. Ihm geht auf, daß alle Kräfte der Schöpfung im Geiste angelegt und vereint sind. Wer um den Geist in ihm weiß, weiß darum auch um den Geist des Lebens, von dem *Hölderlin kündet:* »Es ist ein Gott in uns, der lenkt das Schicksal; und alle Dinge sind sein Element.«

Die meisten leben ohne dieses Wissen an der Oberfläche des Daseins dahin, während jene, auf die es ankommt – die ›neuen Menschen‹, zu denen *auch Du* gehören kannst –, aus der Tiefe leben und im Gewißsein ihrer Bürgerschaft und Geborgenheit im göttlichen Bereich aus den Kraftquellen des Geistes schöpfen.

Sie wissen: Stärker als die Umstände, mächtiger als das Schicksal ist der Geist in uns, unser innerstes Selbst, das alle Fäden in der Hand hält – ihr Ursacher, Verknüpfer und Löser zugleich. Sein Wille ist im tiefsten Grunde eins mit dem Willen des Ewigen. Denn der Himmel, das ›Reich Gottes‹ ist nicht jenseits der Sterne, sondern ›inwendig in uns‹; es ist, mit einem Wort Fichtes, »hier und jetzt in unserer Natur verbreitet und sein Licht geht in jedem reinen Herzen auf«.

Dieser Geist in uns schenkt uns alles, was wir gläubig bejahend von ihm erwarten und, ihm vertrauend, uns zutrauen – seien es neue Kräfte und Talente, höherführende Weisungen, Ordnung des Lebens oder Gesundheit von Seele und Leib. Eine der Gaben des Geistes ist die weisheitsvolle Lenkung und Heilung seines wichtigsten Erdenwerkzeugs, des *Körpers*, von innen her. Sie wird durch ängstliches Sorgen blockiert, durch Bejahungen und Glaubensimpulse zum Wirken gebracht.

Heilungen durch den Geist hat es zu allen Zeiten gegeben. Was einst Jesus in Vollendung wirkte, ist jederzeit jedem möglich, der die hier wirkenden Gesetze beachtet und die Kraft des Geistes der Gesunderhaltung des Leibes angstlos dienen läßt. Sei es, daß er sich der Kraft von oben vorbehaltos aufschließt und den natürlichen Heilwillen des leibseelischen Organismus vom *Geiste* her mobilisieren und dynamisieren läßt, sei es, daß er sich eines geistigen Heilers als Katalysator bedient, der durch seine Heilimpulse die erneuernde Kraft des Geistes anspricht und aktiviert.

Alle schöpferischen Menschen wissen um die Macht des Geistes. Viele von ihnen bekennen, daß sie sich an den Wendepunkten ihres Lebens von innen her neudurchkraften, beraten und leiten ließen. Manche erfuhren dabei ähnliches wie Sokrates, der in entscheidenden Situationen die Stimme seines Daimonion, die weisheitsvollen Winke seines göttlichen Selbstes vernahm und befolgte. Andere folgten der Weisheit der Bibel und erfuhren wie Jesaias (40, 31), wie sie, der Hilfe von oben vertrauend, »neue Kraft kriegten« und vom Geiste her lebendig und stark wurden.

Das wird verständlich, wenn man den Menschen als biologisches Kraftfeld erkennt und den *Geist* in ihm als den unsichtbaren Träger und Sender dieses Kraftfeldes, dessen Möglichkeiten unabsehbar sind und ständig zunehmen, weil das Wesenskraftfeld des Menschen wie das Universum auf stetes Wachstum und allseitige Ausdehnung angelegt ist und darum immer neue Fähigkeiten und Möglichkeiten ans Licht bringt, immer höhere Bestimmungen und Berufungen des Menschen sichtbar werden läßt.

Darüber wird noch einiges zu sagen sein.

Der produktive Mensch

»Es ist etwas in mir, das jagt einem Ziele zu.« Mit diesem Wort gibt Morgenstern der den schöpferischen Menschen beherrschenden Tendenz Ausdruck, die sich tieferem Einblick als Doppeltrend offenbart: nicht nur als Drang nach vorn, sondern auch als Zug nach oben. Der erstere lenkt den Blick auf das nächsterreichbare Ziel, der letztere sorgt für die Ausrichtung aller Ein-

zelziele auf das Endziel höchster Entfaltung der schöpferischen Individualität, auf den zu erklimmenden Gipfel produktiven Menschentums.

›*Produktiv*‹ meint wörtlich wie sinn-gemäß: die Früchte des inneren Wachstums immer bewußter hervor- und emporbringen, immer Größeres leisten. Wenn die Produktivkräfte der Wirtschaft wie die Errungenschaften der Kultur und Zivilisation progressiv zunehmen, so deshalb, weil die primären schöpferischen Potenzen im Menschen in stetem Wachstum begriffen sind. Der Mensch muß nur seiner Produktivkraft bewußt sein und sie bejahend entfalten, damit sein Wirken zwiefach fruchtbar wird und nicht nur der Wert des Geleisteten ansteigt, sondern auch der Nachstrom der Leistungskraft zunimmt.

Erstes Kennzeichen des *produktiven Menschen* ist seine erhöhte geistige Wachheit und Dynamik, die ihn treibt, statt altgewohnten Geleisen des Denkens und Handelns zu folgen, seinen eigenen Weg zu gehen, auf dem ihm alle Intuitionen zuteil werden, die seinem seelischen Wachstum, seiner geistigen Reifung und seinem Vorstoß zu neuen Möglichkeiten dienen.

Zweites Kennzeichen ist sein inneres Unabhängigsein vom äußeren Trost und Halt und fremder Hilfe. Seine geistige Selbständigkeit und Selbstgegründetheit erwächst aus innerer Freiheit und Einheit mit dem Geist des Lebens. Statt nach fremden Rezepten lebt er unmittelbar aus dem Geiste – religiös ausgedrückt: aus dem Bewußtsein seiner Gotteskindschaft – und findet alles, was er sucht, von den geringsten Einfällen bis zu den höchsten Erleuchtungen, *in sich*. Und weil das Innen-All, die innere Welt, ihm zugleich Schlüssel und Zugang zum Makrokosmos und zum Weltengeist ist, sieht er alles Sein und Geschehen nicht mehr im kleinmenschlichen, sondern im kosmischen Maßstab – auch sich selbst.

Von da her rührt sein Kraft- und Wertbewußtsein. Er weiß, was er zu leisten berufen und befähigt ist. Er weiß um den inneren Reichtum, der durch harmonisches Zusammenwirken von Bewußtsein, Unter- und Überbewußtsein *produktiv*, d. h. zu sichtbarer *schöpferischer Auswirkung* gebracht wird.

Er weiß um das unaufhaltsame Wachstum seines schöpferischen Leistungsvermögens, mit dem seine Lebenstüchtigkeit und Erfolgskraft zunimmt. Und er sorgt nach Möglichkeit dafür, daß Beruf und Berufung immer vollkommener übereinstimmen — im Dienste dynamischer Selbst-Entfaltung und Selbstverwirklichung.

Die Folge von alledem ist, daß er Lösungen von Problemen zumeist als erster erkennt und herbeiführt — und dabei größere entdeckt, die seinen wachen Geist reizen, sich an ihnen zu messen und sie zu meistern. Denn wie seine Denk-Geschwindigkeit übersteigt auch seine *Entwicklungsgeschwindigkeit* die der meisten, und damit wiederum wächst die Zahl der angesprochenen und sich regenden neuen Kräfte und Talente, für die sich nach einem Lebensökonomiegesetz alsbald auch der Bedarf einstellt.

Dieser Prozeß wird, schon von seinen ersten Anfängen an, durch begeisterte *Bejahung* beschleunigt, weshalb es gilt, das Idealbild unserer selbst als eines allseitig produktiven Menschen nicht nur immer vor Augen zu haben, sondern ständig vollkommener auszugestalten, im Blick auf die *Kraftquellen des Geistes* immer positiver, aktiver, dynamischer zu werden und immer größeres zu wagen. Wer so vorgeht, wird zu einem Motor der Entwicklung und zum Katalysator für schlummernde Kräfte in den Menschen um ihn herum, die nun auch ihrerseits immer bewußter dem Drang nach vorn und dem Zug nach oben folgen.

Kraftquellen des schöpferischen Menschen

Das Universum ist in ständiger Entfaltung begriffen, weshalb der Mensch, wie Max *Planck* sagt, »der unermeßlich reichen, stets sich erneuernden Natur gegenüber, so weit er auch in der wissenschaftlichen Erkenntnis fortschreitet, immer das sich wundernde Kind bleiben wird und sich stets auf neue Überraschungen gefaßt machen muß«. Das gilt gleichermaßen von seinem eigenen stetig wachsenden Wesen, das, wie der schöpferische Mensch spürt oder erkennt, aus kosmisch-göttlichen Kraftquellen schöpft.

Nicht von ungefähr sind es gerade die großen Pioniere des

wissenschaftlichen und geistigen Fortschritts der Menschheit, die am tiefsten von der Ehrfurcht vor den ihnen bewußt werdenden Möglichkeiten ewigen Fortschritts des Menschenwesens ergriffen sind, weil sie hinter den genialen Innenkräften einen lenkenden Geist tätig wissen, dessen Wirken um so stärker verspürt wird, je bewußter sie aus ihm leben und sich von ihm lichtwärts leiten lassen.

Ohne von Religion oder Konfession zu reden, sind sie sich mehr oder minder des Verbundenseins ihres eigenen Wesenskraftfeldes mit dem höheren, umfassenderen kosmischen Urkraftfeld des Ewigen bewußt. Was heißt ›religio‹ denn anderes als lebendige Wieder-Verbindung mit dem Urgrund unseres Wesens, die bei den meisten, als Folge ihrer vorwiegend nach außen gerichteten Entfaltung, nur unterbrochen und jederzeit wiederherstellbar ist, wenn sie sich mehr nach innen wenden und sich in meditativer Selbstbesinnung und Aufgeschlossenheit von der Kraft und dem Willen des Geistes des Lebens erfüllen und lenken lassen.

Dann wird ihnen bewußt, wie dünn die Mauern sind, die die ihren Körperaugen sichtbare Welt von den unsichtbaren Welten trennen und wie viele Kräfte und Fähigkeiten in der ›schaffenden Tiefe‹ ihres Wesens auf bewußte Entfaltung zum Wohl und Fortschritt aller warten. Sie erkennen dann auch ihre Verantwortung für jede neu entfesselte Kraft und für den Gebrauch, den sie von ihr machen. Und sie lernen wieder, ›von innen zu bauen‹ — im Gewißsein dessen, was *Schiller* aussprach:

»Des Menschen Taten und Gedanken, wißt,
Sind nicht wie Meeres blind bewegte Wellen.
Die innre Welt, sein Mikrokosmos, ist
Der tiefe Schacht, aus dem sie quellen.«

Hier liegen die Kraftquellen des schöpferischen Menschen:

Er erkennt sich als sonnenhaftes Strahlungszentrum, dessen Lichtfülle unerschöpflich ist. Er weiß, daß der höchste Lebensspender der äußeren Welt — die sichtbare Sonne — seine Entsprechung in der *inneren Sonne* hat, die er je nach Einstellung sein Selbst oder seinen inneren Helfer, Christus oder Buddha oder sonstwie nennen mag. In dem Maße, wie diese Innensonne im ›inneren Osten‹ aufgeht, beginnt für ihn der Ewige Tag lebendigen Schöpfertums, wachsenden Horizonts und Ausblicks in ungeahnte Tiefen und kosmische Fernen.

Wenn der Alltagsmensch wüßte, welche Kraftentfaltungen, Bewußtseinsweitungen und Schaffensseligkeiten ihn auf seinem Evolutionswege zum neuen, schöpferischen Menschen erwarten, würde er sich täglich freudiger dem Weg nach innen zuwenden und auf ihm über alle aus Nichterkenntnis geborenen Annahmen, Vermutungen und Erwartungen hinaus in die Helle wachsender Wirklichkeitsgewißheit und Selbstverwirklichung hinausschreiten. Und im Morgenglanz des hinter dem Alltag aufsteigenden All-Tags würde ihm aufgehen, was schon Angelus Silesius erkannte:

»Mensch, *alles* was Du willst, *ist* schon seit je in Dir;
Es lieget nur an dem, daß Du's nicht wirkst herfür!«

Der schöpferische Mensch im Alter

Der häufigste Einwand älterer Menschen gegenüber den hier aufgezeigten Möglichkeiten dynamischer Entfaltung schlummernder Schöpferkräfte geht dahin, daß sie *›zu alt‹* seien, um noch damit anzufangen. Ihnen sei die befreiende Erkenntnis vor Augen gehalten, daß es dafür, nach tausendfacher Erfahrung, *nie zu spät* ist, weil es bei bewußter Einschaltung in die ›zweite Leistungswelle‹ jedem jederzeit möglich ist, die höheren Lebensjahre beglückender, produktiver und reicher zu gestalten.

Denn die schöpferischen Potenzen nehmen im Alter nicht ab. Sie folgen dem *Gesetz ständigen Wachstums* – um so spürbarer, je freudiger und williger einer seine Interessen erweitert, seinen Geist, sein Gehirn aktiv erhält und sich selbstvertrauend neue größere Aufgaben stellt. Jede schöpferische Leistung ruft zudem neue Kräfte und Begabungen wach und befähigt den Menschen, immer wieder über sich selbst hinauszuschreiten und zu abermals höheren Leistungen zu gelangen.

In meinem Lebensbuch »Schönheit des Alters« ist an einer Vielzahl von Bekenntnissen großer alter Menschen und an bedeutenden Altersleistungen auf allen Gebieten des Lebens dargetan, daß es für den schöpferischen Menschen *keine Altersgrenze* gibt. Michelangelo malte mit 89, Menzel mit 90, Tizian mit 99. Richard Strauß komponierte mit 85, Verdi mit 88. Goethe dichtete mit 83, Ebner-Eschenbach mit 86, Bernard Shaw mit 94, von den großen Alten unter den Wissenschaftlern, Technikern, Erfindern, Philosophen, Politikern, Wirtschaftsführern usw. gar nicht zu reden, die darin übereinstimmen, daß die *Aufgabe* jung, leistungsstark und lebendig erhält.

Gottfried *Benn*, der sich mit dem Problem des Alterns bei Künstlern befaßte, nennt es erstaunlich, »wieviele Alte und Uralte es unter den großen Berühmtheiten gibt. Von den *Genies* sind beinahe die Hälfte überaus alt geworden«. Von ihnen gilt, was Hausenstein über den späten *Kubin* schrieb: sie gehören »zu denen, die im Alter nicht bloß die größere Weisheit und Überlegenheit, sondern eine fast rauschhafte Fülle innehaben, in welcher auch noch der brausende Widerstand der Jugend nachlebt«.

Vielen von ihnen eignet jene geistige Helle und *Heiterkeit*, die mit Recht als Kennzeichen äußerster Freiheit und Souveränität des Geistes über Leib und Leben gewertet wird. Fast *allen* ist die Gewohnheit eigen, nicht rückwärts zu blicken, sondern vorwärts zu schreiten, weshalb sie das früher Geleistete gering achten gegenüber dem, was sie gerade vorhaben und noch schaffen wollen.

Der japanische Maler *Hokusai* (1760—1849) gab dem Ausdruck: »Bis zu meinem 50. Lebensjahr habe ich eine unendliche Reihe von Zeichnungen veröffentlicht. Aber alles, was ich vor dem 73. Jahr schuf, ist nicht der Rede wert. Erst in diesem Alter habe ich etwas von der wahren Natur der Tiere, Pflanzen und Dinge begriffen. Folglich werde ich mit 80 nochmals Fortschritte gemacht haben.«

In solchen und ähnlichen Bekundungen kommt das Bewußtsein zunehmenden Schöpfertums und fortschreitender Vollendung zum Ausdruck: die beglückende Gewißheit, daß man auch und oft gerade in den höheren Lebensjahren jederzeit neu beginnen, Größeres schaffen und Gipfel der Lebenskunst und Lebensweisheit erklimmen kann, von denen man in jungen Jahren nicht einmal zu träumen wagte.

Nur wer stillsteht, verzagt und verzichtet, bringt die schöpferischen Kräfte des Genies in ihm zum Versiegen und sich selbst zum Versagen. Wer aber, der Zeit und der Umstände nicht achtend, gläubig und selbstvertrauend weiterschreitet, der aktiviert laufend neue Kräfte und Talente und steigt zu den Sternen auf.

Auch diese Einsicht ist notwendig, um zu dynamischer Lebensgestaltung zu gelangen.

Dynamische Lebensgestaltung

Die bewußte Entfaltung schlummernder Kräfte ist eines der Fundamente dynamischer Lebensgestaltung, die auf zunehmende Daseinsmeisterung und Schicksalsharmonie durch die Macht des Geistes abzielt. Ihre unmittelbare Folge und ihr zuverlässiges Kennzeichen ist die spürbare Erweiterung des Kraftfeldes und Einflußbereichs der Individualität.

Machen wir uns bewußt, was das bedeutet:

Wer zu dynamischer Lebensgestaltung gelangt, wird aus einem Objekt der Entwicklungsmechanik zu einer treibenden Kraft geistgesteuerter Entwicklungsdynamik. Er erkennt sich nicht nur als sonnenhaften Mittelpunkt des Lebenskreises, in dem er wirkt, sondern spürt und bejaht sein tiefinneres Verbundensein mit kongenialen Geistern. Das kann so weit gehen, daß ihm in seltenen Sternstunden Intuitionen aus fremden Denk- und Wesenswelten bewußt werden, die ihn die Allverbundenheit aller höheren Lebensformen im Kosmos ahnen lassen (die Heilige als Begegnungen mit engelhaften Lichtwesen erfuhren).

Die Ahnung solcher All-Kontakte und mehr noch die Spürung kosmischer Resonanzen macht neue Hochziele dynamischer Selbstverwirklichung sichtbar, vertieft und verstärkt das beglükkende Bewußtsein inneren Wachstums und erreichbarer höherer Vollendungen. Diesem Bewußtsein gab ein altchinesischer Weiser Ausdruck: ›Wenn ich bewußt einen Finger bewege, löst das noch in kosmischen Fernen winzige Wandlungen aus, weil alles in Natur und Leben wie im All mit allem zusammenhängt und wesenhaft verbunden ist.‹

Dem wissenschaftlichen Geist klingt das nicht überheblich, sind doch auch die fernsten Spiralnebel mit ihren Milliarden Sonnenreichen aus den gleichen chemischen Grundstoffen aufgebaut, mit den gleichen Energien und von den gleichen physischen und geistigen Gesetzen geleitet wie Erde und Mensch. Ihm ist das Universum einheitliche Offenbarung des gleichen Weltengeistes und alle Entwicklung auf den Myriaden Lebenswelten Ausdruck des göttlichen Werde-Willens. Überall sieht er hinter den bewegten Elementarteilchen, Atomen, Molekülen, nichtorganischen und organischen Gebilden den *Geist* als ›kybernetes‹, als den bewegenden, ordnenden, höherführenden Lenker, am Werke. Überall schafft sich der Geist organismische Werkzeuge als Mittel fortschreitender Selbstoffenbarung. Und überall wirkt Geist auf Geist.

Der an dynamische Lebensgestaltung gewöhnte Mensch wird schrittweise wacher für diese Zusammenhänge und für die inneren Kraftquellen seines im Kosmischen wurzelnden Wesens, die das ständige Wachstum seiner schöpferischen Fähigkeiten und zugleich eine mit der Zeit immer bewußter und lebendiger werdende Verbindung mit verwandten Geistern verbürgen, die auf allen Welten kosmischen Vollendungszielen zustreben.

Je bewußter die Lebensgestaltung aus dem *Geiste* erfolgt, desto weiter dehnt sich der Strahl- und Wirkungsbereich seines Wesenskraftfeldes, desto deutlicher spürt und erfährt er, wie einmal aktivierte positive Gedankenimpulse nicht nur auf das eigene Unbewußte einfall-auslösend und, über das kollektive Unbewußte, auf andere Wesen durch Gedanken-Induktion gleichstimmend und tatanregend einwirken, sondern auch auf nähere und fernere Umstände und Schicksalsabläufe. Dabei greift die innere Führung im Maße des ihr entgegengebrachten gläubigen Vertrauens lenkend und höherleitend ein.

Damit wiederum wächst die innere Sicherheit, Wegklarheit und Zielgewißheit mit der weiteren Folge, daß man nicht nur zunehmend Erfolge und Erfüllungen herbeizieht, sondern im bewußten Werden und Wachsen im Blick auf immer höhere Ziele und Vollendungen zum sonnennäheren Hochgebirge sinnerfüllter Lebensführung emporsteigt und selbst ein Erfolg wird — ein einmaliger Könner, Ideengestalter und Idealverwirklicher.

Schöpferische Individualität

»Alles Große und Göttliche erfolgt nicht nach allgemeinen Gesetzen der Natur, sondern durch das Gesetz und die Natur des *Individuums*. Unterdrückung, Vertilgung der Individualität ist die Richtung eines bloß mechanisch geformten Staates, weshalb in ihm nur die gewöhnlichen, am meisten mechanisch aufgezogenen Seelen zur Herrschaft gelangen.«

Dieses bittere Wort des Philosophen F. W. v. *Schelling* (1775 bis 1854) traf bisher weithin zu. Aber heute beginnt man mehr und mehr einzusehen, daß ein Staat ohne führende Geister an der Spitze, ohne schöpferische Individualitäten einem Organismus mit schwacher Lebenskraft gleicht. Zudem wird heute der *Bedarf* an schöpferischen Naturen von selbst ständig größer, weil mit der unaufhaltsamen Zunahme des Umkreises menschlichen Wissens und Könnens die Zahl der Berührungspunkte mit dem unendlich größeren Bereich der noch unerforschten, noch zu besiedelnden Erkenntnisgebiete anschwillt, die der genialen Geister harren, die von ihnen Besitz ergreifen ...

Je komplexer und differenzierter alle wissenschaftlichen, technischen und kulturellen Bereiche werden, desto mehr Könner und Sonderleister werden benötigt — und desto mehr Möglichkeiten raschen Fortschritts und Aufstiegs in Beruf und Leben, Gesellschaft und Staat bieten sich den schöpferischen Naturen.

Von *›schöpferischer Individualität‹* sprechen wir dort, wo sich in einem Menschen innere Wachheit, geistige Schau und Vorausschau und Aufgeschlossenheit für Intuitionen mit dem Blick für praktische Verwirklichungsmöglichkeiten und einem dynamischen Tatwillen verbinden. Mehr oder minder deutlich wird er dabei seine *›Persönlichkeit‹* — die ›Maske‹, unter der er als ›Ich‹ erscheint und auftritt — von seiner eigentlichen *›Individualität‹* unterscheiden: dem Ewigkeitsfunken, dem Genius in ihm, seinem göttlichen Selbst. Dieses sein innerstes Selbst erweist sich im Maße seiner Selbst-Besinnung als mit schöpferischen Kräften des Weltengeistes begabt.

Viele Große des wissenschaftlichen, religiösen, kulturellen und sozialen Lebens gehören dieser Elite an, der aber, im Grunde, jeder sich anzuschließen berufen und aufgerufen ist. Denn letztlich strebt — um das nochmals zu wiederholen — *jeder* nach Selbstverwirklichung, weil er sich seinem innersten Wesen nach wie in seinen Kräften und Begabungen daraufhin angelegt fühlt. Eben darum verlangt es ihn nach dynamischer Lebensgestaltung und danach, dem ihm je nach Art seiner Anlagen vorschwebenden Ideal des schöpferisch tätigen Lebensmeisters, des weltüberlegenen Weisen oder einer Synthese beider näherzukommen.

Eines der Kennzeichen schöpferischer Individualitäten ist, daß sie, mehrgleisig denkend, meist mehrberuflich tätig sind oder neben dem Hauptberuf Wissens- und Arbeitsgebiete pflegen, die ihren mannigfachen Begabungen entsprechen. Bei ihnen verbindet sich meditative Besinnlichkeit mit dynamischer Aktivität. Sie leben mehr oder minder erkennbar aus dem Geiste, vom innersten Selbst her, für das Leib und Leben nur Werkzeug und Werkstoff sind.

Denn wo immer einer um den Reichtum seiner schöpferischen Begabungen weiß, auch wenn er sie im Augenblick nur teilweise betätigen und segenbringend nutzen kann, da weiß er auch um das Wirken einer zentralen inneren Führung. Und dann sorgt er sich nicht mehr groß um die Hinfälligkeit seiner ichhaften Persönlichkeit, sondern sieht den Schwerpunkt seines Wesens immer bewußter in seiner unzerstörbaren schöpferischen Individualität, seinem göttlichen Selbst. Und im gleichen Maße erblickt er, mit *Berdjajew*, seine höchste Erden-Aufgabe darin, »das Sein, die Welt, die Wirklichkeit nicht mehr nur passiv widerzuspiegeln, sondern sie aktiv, schöpferisch zu überwinden und umzugestalten«, in Harmonie mit dem Schicksal und im Dienste höchster Sinngebung des Lebens.

Das Schicksal als freundliche Macht

Je bewußter ein Mensch sich als schöpferische Individualität betätigt, desto deutlicher erfährt er das, was Weise aller Zeiten als ›Schicksals-Harmonie‹ bezeichnen. Sie äußert sich dahin, daß ihm das Schicksal sichtlich zu dem ihm gemäßen Platz verhilft und ihn beglückt erleben läßt, was *Schefer* in seinem Laienbrevier aussprach: *»Das Schicksal meint es gut mit dem Menschen.«*

Diese Wahrheit reicht tiefer, als der erste Hinblick erkennen läßt:

Zunächst ist sie ein *Trost:* sie kann die Ängstlichen, die das Schicksal als feindliche Macht werten und fürchten, wie die noch Erfolglosen und Unzufriedenen, die mit dem Schicksal hadern, zu der Einsicht führen, daß das Schicksal kein unheilbringendes Gespenst ist, dem der Mensch wehr- und hilflos gegenübersteht, sondern eine *freundliche Macht,* die ihm wohl will und ihm nach seinem Vertrauen beisteht.

Sodann ist sie eine *Mahnung:* Schicksal ist nicht etwas, was man *hat* und erleidet, sondern was man *ist* und schafft. Es kommt nicht von außen, sondern ruht, wie Schiller sagt, »in unserer eigenen Brust«. Folglich gilt es, unser Schicksal als Ausdruck unseres Innersten zu bejahen, unbeirrt das Rechte zu wollen und zu tun und uns um die Zukunft nicht so sorgen.

Warum denn tritt, wie *Seneca* treffend bemerkt, »das Schicksal dem Weisen selten in den Weg«? Weil der Weise sich gewöhnt hat, richtig zu denken und recht zu handeln. Weil er sich der inneren Führung, der Stimme des Gewissens, dem Willen des

Lebens gemäß verhält, löst er keine Gegenkräfte aus, keine Widerstände vom kollektiven Unbewußten oder vom Geist des Lebens her, die der von ihnen Betroffene als ›Schicksalsschläge‹ mißdeutet ...

Doch das ist nur die eine Seite: Dem Weisen, der als schöpferische Individualität der Harmonie mit seinem innersten Selbst und dadurch mit dem Unendlichen gewiß ist, tritt das Schicksal nie feindlich, sondern immer freundlich entgegen, als Förderer und Helfer. Ihm ebnet sich alles sichtlich von selbst. Die Harmonie offenbart sich als Grundtendenz seines Lebens, weil er, positiv-dynamisch wirkend, in allem das *Gute* willkommen heißt und eben dadurch hervorruft, weil er seine Kräfte im Sinne der höchsten Lebensregel rechten Wohlverhaltens, des gegenseitigen Dienstes, betätigt, weil er seine Zeit und Kraft in den Dienst des allgemeinen Wohls und Fortschritts stellt. Und weil er bei alledem den *Schicksalslenker in sich* weiß und dessen Willen zum eigenen Willen erhebt, ist er nicht Objekt und Opfer, sondern bewußter Gestalter und Vollzieher des Schicksals.

Er folgt damit Goethes Mahnung: »Mußt dem Schicksal nicht widerstehn / aber mußt es auch nicht fliehn! / Wirst Du ihm entgegengehn / wird's Dich freundlich nach sich ziehn.«

Letztlich erweist sich das Wort, daß »das Schicksal es mit dem Menschen gut meint«, als *Verheißung:* jeder kann erfahren, daß das Schicksal sein Wohl will, wenn er alles, was kommt und geschieht, als ›heilvolle Schickung der Seele‹ willkommen heißt im Gewißsein, daß der Schicksalgeber und -lenker in ihm ist als sein innerer Freund und Helfer.

Von dem Tage an, da er es fertig bringt, ohne Vorbehalt und Widerstreben im Schicksal den Willen des inneren Helfers zu bejahen, der auf seine fortschreitende Vervollkommnung abzielt, wird ihm zunehmend deutlicher und eindeutiger offenbar werden, daß *alles,* was ihn trifft, ihn trefflicher und tüchtiger, produktiver und dynamischer macht, seinen Reichtum an neuerwachenden Kräften und Begabungen vergrößert, also seinem Besten dient.

Wenn er diesen Weg weitergeht, erwächst aus der Schicksalsbejahung allmählich jene *Schicksals-Harmonie,* die als dreifaches Einssein mit sich selbst, mit der Umwelt und mit dem Unendlichen erfahren wird.

Der innere Freund

In früheren Zeiten besaßen die Menschen weniger Wissen, aber mehr Weisheit; darum war ihr Leben naturnäher und geordneter als das heutige Dasein. Doch auch heute kann jeder — *bewußter* als in früheren Epochen — den Geist der Ordnung und Harmonie in sein Leben hineintragen, wenn er lernt, in meditativer Selbstbesinnung auf die Stimme des Innern zu horchen und ihr zu folgen. Mit ihrem Vernehmlichwerden beginnt das tiefere, vollkommenere, an Gaben und Erfüllungen reichere neue Leben, das immer höher führt.

Die ebenso entscheidende wie befreiende Gewißheit, die in der Selbst-Besinnung erwacht, ist die, daß wir nicht allein stehen, sondern einen Partner haben, einen inneren Führer und *Freund,* der als unser innerstes Selbst hinter dem Ich und Es steht und uns zu schöpferischen Leistungen befähigt und inspiriert.

Er ist die Festung der Seele, in die wir uns jederzeit zurückziehen können mit dem Gewißsein, daß nichts und niemand uns etwas anhaben kann, daß wir immer der Stärkere sind und daß sich kraft der Hilfe von innen alles zum Guten wendet. Schon das Bewußtsein der steten Gegenwart dieses inneren Beraters und Lenkers wirkt unmittelbar entspannend und kraftweckend, mutmachend und leistungerhöhend. Wenn wir in ihm nicht nur den zuverlässigen Kompaß für die Lebensfahrt sehen, sondern ihm als dem ›kybernetes‹ oder ›Steuermann‹ unseres Lebensschiffleins rückhaltlos vertrauen, sehen wir uns ungefährdet durch das klippenreiche Daseinsmeer geleitet.

Wohl dem, der sich — sein *Ich* — vom steuernden *Selbst* beraten und leiten läßt! Denn das Ich identifiziert sich leicht mit dem, was es an und um sich wahrnimmt und erleidet und macht sich damit von ihm abhängig. Das Selbst hingegen steht allem

Nichtselbst überlegen, gelassen und unabhängig gegenüber. Es ruht in sich selbst und wurzelt im Göttlichen.

Der Schlüssel zu solcher Innewerdung und Partnerschaft mit dem inneren Freund ist die *Meditation:* hier erwachen die Intuitionen der Wirklichkeit in ihrer ganzen Kraft- und Gedankenfülle, die uns aus einem schaffenden zu einem *schöpferischen Menschen* machen. Einer der vielen Großen, die das erfuhren, der russische Komponist Peter Tschaikowsky (1840–1893), sagt darüber: »Man braucht bloß der inneren Stimme zu folgen, dann geht die Arbeit mit unfaßbarer Leichtigkeit vor sich. Alles Äußere sinkt ins Vergessen. Die Seele bebt in unsagbar seliger Erregung. Man kann ihrem Dahinstürmen ins Ungemessene kaum folgen. Das Zeitempfinden erlischt. In diesem Zustand liegt etwas Nachtwandlerisches. Was in ihm aus der Feder fließt oder im Gedächtnis aufbewahrt wird, ist immer das Höchsterreichbare, das der Künstler zu schaffen vermag.«

Auch Nietzsches Worte über diese Erfahrung — »Wie ein Blitz leuchtet ein Gedanke auf, in der Form ohne Zögern; ich habe nie eine Wahl gehabt« — berühren das wesentliche: die Gewißheit der unbedingten Richtigkeit dessen, was der Genius, der innere Freund, in einem aufblitzen läßt. Wer dieser Partnerschaft lebendig bewußt ist, geht mit einer Sicherheit durchs Leben, die der Umwelt unfaßbar bleibt.

Man weiß dann, daß man *›auf dem Wege‹* ist: auf dem Wege zu jenem höheren Menschentum, von dem Teilhard de Chardin sprach, der in seinen Werken ein geistes- und naturwissenschaftlich begründetes Bild der Evolution des Menschen in Richtung ständiger geistiger Vervollkommnung entwarf.

Gewiß steht der Mensch von heute durchweg noch *vor* dem Durchbruch zu den Höhen dynamischen Geistmenschentums. Doch ist *jeder* auf dieses höhere Menschentum angelegt, das jener über die Bio-Sphäre unseres Planeten hinausreichenden Noo-Sphäre oder Geist-Ebene entspricht, die in den Erfindungen und Fortschritten vom ersten Rad und Feuerquirl bis zum Atomreaktor und Raumschiff ebenso offenbar wird wie in der Gesamtsumme der Gedanken aller Menschen, deren stetig anwachsende Dynamik die Menschheit schließlich allgemein zum Durchbruch zu höheren Bewußtseinsebenen befähigt. Dazu kann heute schon gelangen, wer, des inneren Freundes bewußt, auf die Hilfe von innen mehr als auf jeden äußeren Beistand baut.

Hilfe von innen

Solange ein Mensch nicht zur Selbst-Besinnung gelangt ist, bleibt sein Dasein ein unsicheres Umherirren in den Randbezirken des Lebens. Weil er nicht aus der *Wesens-Mitte* lebt, ist er in seinem Denken und Handeln mehr Objekt als Subjekt.

Das endet erst, wenn er seines *Selbstes* als seines inneren Freundes und Helfers bewußt wird und lernt, sich nach sich selbst — seinem wahren Selbst — zu richten. Alsdann kommt in sein Leben Ordnung und Sinn, Weisheit und Zielgewißheit, Fortschritt und Erfüllung.

Um zum Selbst zu finden, bedarf es keiner umständlichen tiefenpsychologischen Selbstzergliederung, sondern nur der Bereitschaft zur Hinwendung und Hingabe nach innen. Es geht hier nicht darum, zu philosophieren, sondern, zu realisieren, also um das Erkennen und *Verwirklichen* des Idealbildes, auf das wir angelegt sind. Dieses Idealbild unserer selbst ist vom inneren Bildner — dem Selbst — gesetzt. Und seine Verwirklichung — die Selbstwerdung — wird erreicht, wenn wir den Weg nach innen gehen, auf dem wir dessen, was wir werden und sein sollen, bewußt werden. Es ist der Weg der *Meditation,* auf dem wir in allmählicher Bewußtseinsweitung über das Unter- und Überbewußte hinaus bis zu kosmischer Bewußtheit gelangen können.

Es ist also nicht so, wie Wesensblinde meinen, daß, je tiefer wir in uns hineinschreiten, der Umkreis unseres Bewußtseins und Wirkens um so enger wird. Im Gegenteil: je weiter wir nach innen gelangen und je näher wir dem *Selbst* kommen, desto weiter dehnt sich der Sehkreis und Wirkungsbereich unseres Wesens und unseres Lebens, desto mehr schlummernde Kräfte und Fähigkeiten werden in uns aktiviert.

Der Philosoph und Psychologe Eduard *Spranger* kommt (in seinem Werk »Menschenleben und Menschheitsfragen«) zum gleichen Ergebnis: »Die Landkarte, die die meisten Menschen von ihrem Innern haben, weist auf weite Strecken unentdecktes Land auf. Wir sagen von uns selbst ›ich‹, als ob das ein eindeutiger fester Beziehungspunkt für alles wäre, was in uns vorgeht.« Wer ihm auf den Grund geht, entdeckt »hinter ihm ein zweites reiferes, umfassenderes Ich, das dem ersten gleichsam zuschaut. Es ist das Selbst«, mit dessen Innewerdung der Umgang mit uns selbst beginnt: mit jenem Selbst, das *Kant* in seiner »Kritik der reinen Vernunft« als den ›inneren Richter‹ begreift, Spranger mit dem Gewissen gleichsetzt, Goethe den ›Gott in unserer Brust‹ nennt, der ›anzeigt‹, was zu ergreifen ist und was zu fliehn!

Wir nennen ihn den inneren Freund und Helfer.

Wer ihn in sich weiß und sich, ihm vertrauend, von ihm leiten läßt, der steht, der *Hilfe von innen* gewiß, über der Welt und zugleich in einem volleren und höheren Sinne in der Welt. Er ist *Mensch* im höchsten, menschlichen Sinne und ein unendlich entfaltungsfähiges geistiges Kraftfeld, dessen Sender, sein Selbst, der Gesetz- und Sinngeber seines Lebens ist: die Quelle allen Schöpfertums, die Schatzkammer aller genialen Potenzen, die in jedem Menschen entsprechend seiner einmaligen Eigengesetzlichkeit in anderen Kombinationen angelegt sind, das Durchgangstor zum kosmischen Bewußtsein und zur Erfahrung jener Harmonie mit dem Unendlichen, die Plotin als ›Einssein mit dem Einen‹ erlebte und die Seneca meinte, als er die Menschen zur Selbstbesinnung und Erkenntnis der Hilfe von innen aufrief:

»Nicht zum Himmel braucht man die Hände zu erheben, nicht den Tempelhüter anzuflehen, daß er uns, als könnten wir so sicherer erhört werden, zum Ohr des Götterbildes hintreten lasse. Denn die Gottheit ist Dir nahe; sie ist bei Dir, sie ist *in Dir.* Ja, das behaupte ich: es wohnt in uns ein heiliger Geist, ein Beobachter und Wächter alles Guten und Bösen an uns. Dieser behandelt uns so, wie wir ihn behandelt haben. Niemand aber ist ein Mensch ohne Gott.«

Selbst-Erkenntnis = Welt-Erkenntnis

Je wacher wir innerlich werden, desto deutlicher geht uns auf, daß wir Menschen uns in einem gewaltigen Evolutionszyklus fortschreitender Selbstgestaltung, Selbstwerdung und Selbstverwirklichung befinden. C. G. *Jung* spricht im Blick hierauf vom ›*Individuations-Weg*‹, den wir alle gehen und auf dem wir um so leichter voranschreiten, je bewußter und bejahender, dynamischer und aktiver wir nicht nur als Persönlichkeit, sondern als Individualität — also vom Geiste, vom Selbst her — am Leben teilnehmen.

Eigentlich ist das *Selbst* als das uns Allernächste das Selbstverständlichste ... Aber die meisten blicken vornehmlich nach außen und in die Ferne und nehmen darum das Nächste, ihr Selbst, nur nebelhaft oder gar nicht wahr. Und da sie nicht zur Selbstbesinnung und Selbstbegegnung finden, gelangen sie so selten zur Selbst-Erkenntnis und zu jener Freundschaft mit sich selbst, die die griechischen Weisen als ›Philautie‹ bezeichneten, die Mystiker als ›Einssein mit dem inneren Gott-Freund‹.

Schon die Upanishaden sagen von diesem innersten Selbst, daß es »frei von Sünde und Leid, Alter und Tod ist, weil geistigen Wesens, alldurchdringend, unwandelbar und unvergänglich wie die Gottheit selbst, die innerste Wirklichkeit unseres Wesens wie des Weltalls«. In der Tat erweist sich, wie Emerson erkannte, unser innerster Wesenskern und Seelengrund als »so alt wie die Welt; er ist Träger der Fülle der Macht und schreitet unaufhörlich vorwärts«.

Der gleichen Einsicht, daß die lebendige Mitte unseres Wesens auch die der geistigen Welt und des Universums ist, gab Morgenstern in seiner Mahnung zur Selbst-Erkenntnis Ausdruck:

»*Selbst-Erkenntnis* — gold'ne Gabe / wunderbare jüngende Kraft / o, solang' ich dich nur habe / glüht mein Geist noch unerschlafft. / Immer tiefer, immer wahrer / machst du den, der dich besitzt / wirkst zugleich, daß immer klarer / *Welt-Erkenntnis* mich durchblitzt.«

Das ist der tiefere Grund, warum in dem, der sich mit dem

inneren Freund und Helfer einig und eins weiß, Gefühle des Allein- und Einsamseins nicht mehr aufkommen können, vielmehr an deren Stelle das beglückende Gewißsein des All-Einsseins tritt, der Allgemeinsamkeit, der unauflösbaren Verbundenheit mit dem Einen Geist und Leben in allen Wesen:

Zur Selbst- und damit zur Welt-Erkenntnis erwacht, weiß ich mich von innen her geborgen und daheim, und bin gewiß, daß alles, was ich erfahre und erstrebe, denke und tue, mich höher führt, dem Wesentlichen zu, dem Bleibenden, Wirklichen, Göttlichen.

Zur Selbst-Erkenntnis gelangt, mit dem Selbst geeint, weiß ich mich frei. Denn der innere Freund achtet und wahrt meine Freiheit und Selbstverantwortlichkeit. Er zwingt mich zu nichts, sondern rät nur, wie es Sokrates und Tausende nach ihm erlebten, und läßt mich an seiner größeren Weisheit teilhaben. Er sieht, was von weither auf mich zukommt, weil es mir zukommt, und hilft mir, mich darauf vorzubereiten und das allseitig Beste daraus zu machen. Was für mich noch im Dunkel der Zukunft liegt, ist für ihn bereits lichte Gegenwart.

Mit ihm eins, weiß ich mich in einem endlosen Prozeß fortschreitender Selbstoffenbarung und Selbstverwirklichung, der unzählige Stufen umfaßt, von denen ich in der gegenwärtigen Lebensschule nur die nächsthöheren erklimmen werde. Ich brauche mir darauf, auf meine Fortschritte und Erfolge, nichts einzubilden; denn die Reihe der noch zu ersteigenden Stufen über mir ist unendlich — und am schnellsten steigt, nach unabänderlichen Lebensgesetzen — der empor, der seinen jüngeren Brüdern hilft, wenigstens *seine* Stufe zu erreichen, soweit sie danach Verlangen haben.

Im gleichen Maße werden ihm die Führung von innen und die Fügung von oben deutlicher bewußt und zuteil.

Führung und Fügung

Daß wir nicht nach der Wirklichkeit zu suchen brauchen, weil wir sie selbst — unserem innersten *Selbst* nach — *sind,* das wiederum Teil des Allselbst und darum mit allem eins ist, sei noch eindeutiger und eindringlicher bewußt gemacht:

Sowie wir in meditativer Selbstbesinnung mit unseres Wesens innerstem Kern *Fühlung* nehmen, wird uns die weisheitsvolle *Führung* von innen und Fügung von oben bewußt. Wir erkennen dann mit Gellert »die besonderen Führungen der Vorsehung im eigenen Schicksal« als Hilfen des inneren Schicksalslenkers, als Ausdruck der steuernden Ordnung von oben, und gewahren, wie sich alles zum Besten zusammen-fügt.

Solche Fügung – als Verwirklichung göttlicher Planung und kosmischer Ordnung, die allem Lebendigen seinen Platz, seine Gaben und Aufgaben zuweist – übersteigt und überrundet alles Ich-Bemühen. Sie ist, wie Grimm sagt, »das in seinen Verbindungen außer aller menschlichen Berechnung befindliche höhere Walten und das aus ihm Hervorgehende«, dessen Eintritt sich als Frucht gläubig-vertrauender Bejahung und als Hilfe von oben erweist.

Nur den seelisch noch Unerwachten »deckt die Vorsehung mit Dunkelheit die Spuren ihrer Fügung zu«. Und weil ihnen das Gespür dafür fehlt, gewahren sie statt der allem Geschehen zugrundeliegenden planvoll-weisen Ordnung nur Mißklang und Mißstand. Weil ihnen die Stimme der Stille – Herders ›Engel, der von den Fügungen der ewigen Weisheit spricht‹ – noch unvernehmbar ist, wähnen sie sich unvermögend und schwach.

Dem hingegen, dem in Leben und Schicksal in allem, vom Kleinsten bis zum Größten, Führung und Fügung spürbar ward, stehen alle Möglichkeiten schöpferischer Selbstentfaltung zur Verfügung, von denen die halbwach oder träumend durchs Leben Schreitenden nichts ahnen.

Er weiß um sein *Befugt- und Berufensein* zu fortschreitender Selbstverwirklichung und Sinngebung seines Lebens. Denn wie ein ›Berufener‹ der ist, der dem inneren Rufe folgt, so ist ein ›Befugter‹ in allen Dingen der Lebensweisheit, wer um die innere Führung und Fügung weiß. Er schreitet über die Aktivierung schlummernder Kräfte und Talente im Dienste ständigen Wachstums und fortschreitender Wert- und Leistungserhöhung hinaus zum bewußten Anschluß und zur willigen Hingabe seines Wesenskraftfeldes an das unbewegte Urmeer latender Energie der Weltengottheit.

Er folgt damit dem Wege, den die Mystiker aller Zeiten und Völker gingen, die sich in Erkenntnis der Wandelbarkeit der Sinnenwelt in den unbewegten Urgrund der Innenwelt einsenkten und die Seligkeit des Einsseins mit jener letzten Wirklichkeit erfuhren, die namen- und formlos ist, unendlich und überseiend. Sie erkannten zugleich, daß der Friede des Einsseins kein passiver Zustand ist, sondern ein lichtes alloffenes Wachsein, mit dem verglichen alles, was vorher war, Traum ist, und dessen Aktivität in der Bejahung auch des äußeren Daseins in der Welt zum Ausdruck kommt: sie wird als *Schule* bejaht, der die gleiche Wirklichkeit zugrundeliegt, weil in ihrer Bewegtheit und Wandelbarkeit zugleich die Unbewegtheit der latenten Ur-Energie des Überseins zugegen ist.

Auch *wir selbst* sind ja unserem Wesen nach beides zugleich: latente und aktive Energie. Und es liegt an uns, beide Seiten unseres Doppelwesens zu offenbaren, das äußere wie das innere Leben zu pflegen, nach innen wie nach außen zu wachsen, zu einem immer bewußteren Teilhaber der göttlichen Fülle schlummernder Kräfte und Möglichkeiten zu werden – und zugleich dem äußeren Dasein zunehmend überlegen zu werden, indem wir aus dem *Geiste* zu leben lernen – in heiterer Gelassenheit, unserer kosmischen Herkunft und ewigen Zukunft gewiß.

Dann wissen wir, was es heißt, voll bewußt, dynamisch und *wirklich zu leben.*

Weisheit der Selbst-Bejahung

Fortschreitende meditative Selbst-Besinnung, die erfahrungsgemäß zugleich wachsende Kraftgewinnung ist, macht uns nicht nur die lebendige Dynamik des neuen Lebens bewußt, sondern auch die *Weisheit aktiver Selbst-Bejahung.* Auch das sei verdeutlicht, um den Übergang zum allseitig schöpferischen *neuen Menschen* zu erleichtern:

Vom *Selbst* her gesehen, ist der Mensch mehr als nur eine durch geheimnisvolle Kräfte zusammengehaltene gigantische Elektronenwolke. Der Innenschau erweist er sich als *spirituelles* Lebenskraftfeld mit unabsehbaren Offenbarungs- und Entfaltungsmöglichkeiten. Bei näherem Hinblick ist eine mehrfache Schichtung mit unterschiedlicher Helligkeit und Geistmächtigkeit der einzelnen Wesensschichten erkennbar – bis hin zur zentralen Schicht, die so licht strahlt, daß man wie bei der Sonne den Blick abwenden muß.

Auch die naturwissenschaftliche Forschung hat inzwischen den früher vertretenen Materialismus überwunden und deutlich gemacht, daß schon die kleinsten Bausteine der Materie, die letzten Träger physikalischer Prozesse – die Elementarteilchen – ihrem Wesen nach nicht ›Stoff‹ sind, sondern aktive schwingende *Energie:* winzige bewegte Kraftfelder, die erst durch ihre Beziehungen und Bewegungen zu- und miteinander das bilden, was wir ›Materie‹ nennen …

… Hinter diesen Energiewirbeln und Kleinkraftfeldern werden lenkende Kräfte und Willenstendenzen erkennbar – und dahinter wiederum wird eine vielstufige Ordnung hierarchisch gegliederter schöpferischer Bildekräfte und ursachender und kybernetischer (steuernder) Mächte ahn- und spürbar, bis zum erfahrbaren inneren ›Kybernetes‹ oder steuernden Selbst im Menschen und bis hinauf zum metakosmischen Kybernetes oder Weltengeist.

Wohin wir blicken: überall sehen wir am Anfang und Ende als lenkende Macht den *Geist* und sein Werkzeug, den *Gedanken* – in der Natur wie im Reich des Lebendigen, auf der Erde wie auf den möglichen anderen planetarischen Lebensschulen im Kosmos …

Es ist der *Geist* – der unendliche Geist des Lebens und der Welten und der schöpferische Geist in jedem Lebewesen –, der hinter allen Erscheinungsformen, ihren Wandlungen und Fortschritten steht. Darum ist Ehrfurcht vor dem Leben als Ehrfurcht dem Geist gegenüber für den Tieferblickenden eine Selbstverständlichkeit. Von der ersten Zelle an ist der Geist gestaltend am Werk: in jeder Pflanze, jedem Tier- und Menschenbruder tritt er uns in unterschiedlichen Graden der Bewußtheit, Macht- und Gabenfülle entgegen. Und je tiefer wir blicken, desto weiter reicht diese Schau ins Kosmische hinaus.

Doch blitzt in uns nur in seltenen Sternstunden eine Ahnung oder Erkenntnis auf, daß, wie der einzelne Mensch Teil des Volkskörpers und die Völker Teile des Menschheitsorganismus sind, die Menschheit selbst wiederum Glied des kosmischen Gesamtlebens sein mag, von dem wir auf unserer noch frühen Entwicklungsstufe naturgemäß so wenig wissen wie die Einzelzelle von dem Organismus, dem sie mit Billionen anderen angehört.

Dennoch ist diese Ahnung oder Erkenntnis möglich, weil wir über die Brücke des kollektiven Unbewußten und des Überbewußtseins unabhängig von Raum und Zeit mit geistverwandten Wesenheiten in psychischem Konnex stehen, und weil wir durch die tieferen Schichten unseres Wesens Bürger höherer geistiger Welten sind und nach dem Maße unseres Selbsterwachens an deren Kräften und Möglichkeiten teilhaben.

Das ist es, was fortschreitende Selbst-Besinnung deutlich macht: daß wir als Geistwesen, als individuelle Lebenskraftfelder, als selbständige Zentren *aktiver* Energie mit dem kosmischen Urmeer *latenter* Energie, dem Weltengeist, verbunden sind und mit zunehmender Bewußtwerdung und gläubiger Bejahung dieser Verbundenheit — die zugleich *Selbst-Bejahung* im höchsten Sinne des Wortes ist — neue Energien und Intuitionen in Fülle aus diesem unendlichen Kraftozean zu schöpfen fähig werden und damit bewußt unserer höchsten Berufung folgen.

Der neue Mensch im Werden

Große Menschen, sagt Emerson, sind jene, »die das, was sie sind, aus sich selbst sind und uns nicht an andere erinnern«. Dieses *Selbst-Sein* ist auch Merkmal jener neuen Menschen, deren Werden und Wesen deutlicher erkennbar wird, wenn man sie den ›alten Menschen‹ von gestern und heute vergleichend gegenüberstellt. Man spürt dann, was Morgenstern beim Anblick eines Käferfühlers empfand: »Betrachte den Fühler dieses feingliedrigen Käfers. Was ist der *Mensch* anderes als solch ein Fühler, von unbekannter Urkraft ausgestreckt, tastend sich über die Dinge zu unterrichten suchend, zuletzt forschend zurückgekrümmt auf sich selbst ... Der Mensch – ein Taster Gottes nach sich selbst!«

Von Ihnen wird hier gesprochen! Denn der ›neue Mensch‹, der sich als Subjekt und Träger der Selbstoffenbarung des Göttlichen im Reich des Lebendigen erkennt, steckt als Keim *in Ihnen* und kann ohne Eingriff von außen zur Entfaltung gebracht werden: auf dem Wege nach innen wird Ihnen bewußt, daß wir alle an der Grenzscheide nicht nur zwischen Mikro- und Makrokosmos leben, sondern auch zwischen Außen- und Innenwelt, Zeitlichkeit und Ewigkeit, dem menschlichen und dem göttlichen Bereich.

Der noch nach außen gerichtete sinnenverhaftete ›alte Mensch‹ spürt davon wenig. Er meint, die ihm zugängliche sichtbare Welt sei alles. Der innerlich erwachende oder erwachte *neue Mensch* hingegen sieht sich mit Staunen und freudiger Erregung auf einer Reise durch das Wunderland des Lebens, auf der jeder Augenblick neue Einsichten und Überraschungen bereithält.

Er weiß um die Grenzenlosigkeit der Welt wie seiner selbst. Je tiefer innen, desto weiter dehnt sich der innere Kosmos, desto lebendiger wird ihm bewußt, daß die Wirklichkeit tausendmal größer ist als die dreidimensionale Sinnenwelt. Der tiefere Sinn des Christus-Wortes geht ihm auf: *»In meines Vaters Hause sind viele Wohnungen.«* Zugleich sieht er, wie alles Bewußtsein nach dem Überbewußtsein strebt, alles Schlummernde nach dem Erwachen, alles Menschentum nach dem Übermenschlichen. Alles Leben schreitet im Entwerden überwundener Entwicklungsstufen über sich selbst hinaus zu höherem Sein und Übersein. –

Nun entsteht dieser neue Mensch keineswegs als besondere Rasse in irgend einem Völkerschmelztiegel, vielmehr erwacht er überall in der Welt unabhängig von Alter, Geschlecht und Nation. Der Übergang geschieht zuweilen urplötzlich, zumeist aber unmerklich im Dahinschwinden des alten und allmählichen Werden des neuen Menschen.

Die neuen Menschen sind unter uns. Menschen, in denen das höhere Bewußtsein erwachte, der Genius sich regte, gibt es auf unserem Planeten seit Jahrtausenden. Zu ihren Gipfelerscheinungen zählen die genialen Geister aller Epochen, voran die zum kosmischen Bewußtsein erwachten Heiligen und Menschheitslehrer von Krishna, Lao-Tse und Buddha bis Christus, von Paulus, Plotin und Augustin bis zu Meister Eckehart, Tauler, Boehme, von Emerson und Ramakrishna bis zu den Erleuchteten von heute.

Zu den letzteren gehören manche von denen, die heute als Künder eines neuen Menschentums und eines neuen Lebens wirken, andere, die ihre erwachten höheren Kräfte und Einsichten noch verborgen halten, um sich nicht vorzeitig am Widerstand der stumpfen Welt aufzureiben, und wieder andere, die ihrer schöpferischen Kräfte und Talente noch nicht bewußt geworden sind. Sie alle sind Träger schöpferischer Potenzen und ihrem Wesen und Wollen nach auf die größere Zukunft eingestellt, die auf die neuen Menschen wartet. Sie alle scheuen nicht vor den Wandlungen im persönlichen, geistigen, wirtschaftlichen, sozialen und internationalen Leben zurück, sondern begrüßen sie als offene Tore zu einem neuen höheren Leben. Und eben, indem sie sich für das Kommende offenhalten, willig neue Wege einschlagen, neue Methoden erproben, neue Möglichkeiten ergreifen, erweisen sie sich als *neue Menschen.*

Kennzeichen des neuen Menschen

»In Krisenzeiten kulminiert in den großen Individuen das Bestehende und das Neue gemeinsam«, sagt Jakob Burckhardt in seinen »Weltgeschichtlichen Betrachtungen«. Die großen Individuen erweisen sich damit als Exponenten jenes *neuen Menschentums,* das, in jedem von uns angelegt, zuerst als ein Innewerden unserer einzigartigen Stellung und Aufgabe in der irdischen Lebensschule in Erscheinung tritt.

Wo und in wem immer der ›neue Mensch‹ erwacht, da spürt oder erkennt er, daß in dieser Lebensschule Irrtümer, Fehler und Leiden für die Höherentwicklung des Einzelwesens genau so notwendig und gut sind wie Erfolge und Fortschritte, daß die Führung von innen und Fügung von oben darüber wacht und dafür sorgt, daß alles, was geschieht und was von Menschen getan wird, sich als Entfaltungsreiz sinnerfüllend in einen kosmischen Gesamtplan ein-fügt, dessen Weisheit nur von ferne ahnbar ist.

Ein weiteres Kennzeichen ist die besondere Befähigung des neuen Menschen, auch *anderen* zu helfen, sich über sich selbst klar zu werden, sich selbst zu helfen und ihren eigenen Weg stufenweiser Bewußtseinsweitung und Selbstverwirklichung zu gehen. Als Folge der dynamischen Strahlkraft seines Wesens und seiner Gedanken eignet ihm ein Überzeugungsvermögen, das in den von ihm Angesprochenen oft spontan eigene Intuitionen auslöst. Er wirkt so als Lichtträger und als Katalysator, der dem schlummernden Genius in anderen zum Erwachen verhilft.

Ein drittes Kennzeichen ist seine umfassendere Weltsicht, die zu jener neuen Lebensordnung führt, die als ›Leben aus dem Geiste‹ empfunden wird: Wesen und Dinge, Geschehnisse und Zusammenhänge werden diaphan (durchsichtig); das Wesentliche und Waltende tritt nach vorn, das äußere Beiwerk zurück. Frucht dieser neuen Weltsicht ist die Versöhnung der Gegensätze: These und Antithese werden in der höheren Synthese aufgehoben. Die Materie enthüllt sich als Erscheinungsform und Wirkstätte des Geistes; die Grenzen von Raum und Zeit rücken hinaus, so daß der neue Mensch in seinem Denken, Wollen und Wirken zu einem Teil schon in der Zukunft lebt, der er innerlich angehört. Für ihn wird Zukunft zur Gegenwart, während die Gegenwart des ›alten Menschen‹ für ihn bereits Vergangenheit ist . . .

Ein viertes Kennzeichen des neuen Menschen ist seine *Menschlichkeit:* Er weiß um das allen Gemeinsame, den schöpferischen Geist, der in allen Lebensformen selbstoffenbarend am Werke ist. Sein Lichtträgertum läßt ihn, als ›Hüter des Grals‹, Brücken schlagen von Wesen zu Wesen, von Geist zu Geist; es läßt ihn den lebensfeindlichen Tendenzen, die im ›alten Menschen‹ noch aktiv sind, entgegenwirken und alle lebenfördernden Kräfte in den Dienst der Höherentwicklung der Menschheit stellen.

An die Stelle des egoistischen zwietracht-schaffenden Gewaltdenkens des alten Menschen mit seiner an Wirrnissen und Kriegen reichen Vergangenheit setzt er den Geist des Altruismus und der Freundschaft, des Friedens und der *Einheit*, indem er überall, in den Bereichen der Wissenschaft und Philosophie, der Ethik und Religion wie in denen der Wirtschaft und Politik das *Gemeinsame* und Verbindende bewußt macht und fördert und dem *Ganzen* zu dienen sucht.

Wo immer dieses Streben nach Einheit sichtbar wird, ist der Neue Mensch am Werk, der zuerst die Übereinstimmung mit sich selbst, die innere Einheit, herbeiführt, danach die Einheit mit dem Nächsten und schließlich mit dem Höchsten, die Plotin das ›Einssein mit dem Einen‹ nennt und die Mendelssohn meint: »Es gibt, die Religion sei, wie sie wolle, nur *eine* Wahrheit, nur ein Glück, nur einen Gott. Du findest dieses *Eine* und damit alles, wenn Du der Stimme Deines Herzens folgst.« Denn dann geht Dir die innere Einheit alles Lebendigen auf und die Wahrheit, daß alle Wesen nach dieser Einheit trachten, von der Hölderlin kündete: »Eins zu sein mit allem, was lebt, in seliger Ichvergessenheit zurückzukehren ins All der Natur, das ist der Gipfel der Gedanken, das ist Leben der Gottheit, das ist der Himmel auf Erden.«

Mutation und Transmutation

Der Erweckung des schlummernden Genius ist es dienlich, wenn wir das Wesen des ›neuen Menschen‹ auch von der Warte biodynamischen Denkens her zu verstehen suchen. Von dort aus wird deutlich, wie als Folge bewußter Dynamisierung des Wesenskraftfeldes sogenannte ›Mutationen‹ eintreten können und komplexere Fähigkeiten und Leistungen als bisher zur Entfaltung kommen.

Mutationen, d. h. scheinbar sprunghaft auftretende Änderungen der erbtragenden Strukturen, der leibseelischen Konstitution, die sich im Wachwerden neuer Sinne und Vermögen, Begabungen und Fähigkeiten äußern, erfolgten beim Menschen zumeist auf Grund äußerer Entwicklungsreize seitens der Natur und des Lebens. Sie können aber auch durch innere Entfaltungsreize, vom Geiste her, herbeigeführt werden.

Darüber hinaus sorgt der Geist des Lebens, der in allem Lebendigen selbstoffenbarend experimentiell tätig ist, um sie zu fortschreitender Vervollkommnung des Wesens wie seines Trägers, des Körpers, aufwärtszuziehen, dafür, daß Mutationen, die sich als Verbesserungen bei einem Wesen bewährt haben, auch in anderen zur Entfaltung kommen.

Was der Einzelne tun kann, um diesen Prozeß zu fördern, dürfte aus dem bisher Dargelegten erhellen. Darüber hinaus gibt es weitere Möglichkeiten, unter denen die *Transmutation* genannt sei:

Man hat seit je geahnt, daß ›genial‹ und ›genital‹ nicht nur sprachlich zusammenhängen, daß zwischen körperlicher und geistiger Schöpferkraft Zusammenhänge und Wechselwirkungen bestehen. Erfahrungsgemäß dämpft erhöhte Betätigung der einen die Kraft der anderen Potenz.

Weniger bekannt ist hingegen, daß durch Selbstbeherrschung gespeicherte genitale Energie in geniale Schöpferkraft ›transmutiert‹, transformiert, hochgespannt werden kann. Diese Kunst der *Transmutation* wird unbewußt geübt, wenn jemand, instinktiv oder durch ein großes Vorhaben veranlaßt, längere Zeit enthaltsam lebt, also der Weisheit des Abraham a Santa Clara folgt: »Wo das Fleisch verliert, wird der Geist geziert.« Dementsprechend würde der launige Satz von Wilhelm Busch: »Enthaltsamkeit ist das Vergnügen an Dingen, welche wir nicht kriegen«, richtiger lauten: »Enthaltsamkeit ist das Vergnügen an Dingen, welche höher liegen.«

Dieser Prozeß kann durch *bewußte Transmutation* dynamisiert und gesteigert werden. Sie besteht nicht nur darin, daß man sich oberflächlichen Befriedigungen und Genüssen versagt und auch sonst jeder Vergeudung und Zerstreuung der Kräfte entgegenwirkt, also durch gelassene Hergabe des Unwesentlichen die Hingabe an das Wesentliche erhöht. Denn dies halten schöpferische Naturen für selbstverständlich. Nein, es gilt darüber hinaus die bewußte Höherwandlung der Kräfte der Sinnlichkeit in die der Innerlichkeit im Dienste der Steigerung der schöpferischen Dynamik.

Sie erfolgt in der Weise, daß man sich häufiger liegend entspannt und in die Stille begibt. Unter Konzentration auf den Atemrhythmus legt man dann die rechte Hand auf den Unterleib, die linke unter den Hinterkopf und vergegenwärtigt sich nun bei jedem Ausatmen das lebendige Gefühl, wie die gespeicherten physischen Schöpferkräfte mit dem aus dem Unterleib nach oben steigenden Atemstrom emporgezogen werden bis zum Gehirn und wie sie dort wie von einem Schwamm abgezogen und in geistige Energien umgewandelt werden.

Nach einiger Zeit der Übung wird die Zunahme der Hirn- und Nervenkraft als geistige Frische und Schaffenslust spürbar. Wo diese Technik planmäßig angewandt wird, kann sie im Rahmen der in jedem Menschen andersartigen Kombination latenter und aktiver Kräfte und Begabungen entsprechende Mutationen auslösen, also zum Durchbruch neuer Fähigkeiten führen, deren Wachwerden den neuen Menschen gewissermaßen als ›positiven Mutanten‹ kennzeichnet.

Der neue Mensch als ›positiver Mutant‹

Der unaufhörliche Fortschritt alles Lebendigen äußert sich nicht zuletzt in den immer wieder auftretenden Mutationen, die bei Viren und Bakterien ebenso beobachtet werden wie bei Pflanzen, Tieren und Menschen. Sie rücken heute, im Zeitalter der ›mutagen‹ wirkenden Strahlen, stärker in den Vordergrund des Interesses, weil man als Folge der erhöhten Radioaktivität in Luft, Wasser und Boden durch die Atombombentests das Aufkommen negativer *Mutationen* befürchtet: das Entstehen mißgestalteter ›Mutanten‹ mit physiologischen Fehlentwicklungen und asozialen Tendenzen …

Dabei wird zumeist übersehen, daß es auch *positive* Mutationen gibt, die außer durch äußere Einflüsse – infolge der radikalen Wandlung des ganzen Lebens durch den Siegeszug der Technik und Kybernetik – auch und vornehmlich durch Einwirkung von innen her – infolge der Aktivierung schlummernder Kräfte und Talente mit den Methoden der Psychodynamik und Psychokybernetik – ausgelöst werden. Gemeint sind jene genetischen Wandlungen zum *Genialen* hin, wie sie Emerson, Sri Aurobindo, Teilhard de Chardin und andere innerhalb der menschlichen Rasse im Werden sehen.

Tatsächlich werden solche positiven Mutationen beim Menschen seit langem beobachtet – und mit Recht wird der *neue Mensch,* der als Anlage in jedem von uns vorhanden und heute zunehmend im Erwachen begriffen ist, als deren Träger und insofern als ›positiver Mutant‹ gewertet. So gesehen, sind die Mutanten bereits unter uns.

Zu ihren Merkmalen gehören neben den schon erwähnten Kennzeichen des neuen Menschen: der wesentlich höhere Intelligenz-Quotient, die gesteigerte Dynamik und Schnelligkeit der Denkprozesse, die größere geistige Wachheit und Reaktionsgeschwindigkeit, Vitalität und Aktivität, die auffallende Unermüdbarkeit und Erfolgträchtigkeit im Bereich ihrer besonderen Neigungen und Eignungen. Ihre Intuitionen erweisen sich als Endergebnisse vielfältig verflochtener langer Gedankenketten, die vom Zeitraffer der Seele in Sekunden abgewickelt werden.

Ihr Denken vollzieht sich aber nicht nur schneller, es reicht auch weiter und tiefer und deckt Zusammenhänge auf, die das Bewußtsein nicht wahrnimmt. Was in ihnen steuernd tätig wird, ist das Überbewußtsein und, hinter ihm, das Selbst, dessen sich offenbarende geniale Kräfte und Fähigkeiten den Ausspruch rechtfertigen, daß schon einige solcher ›positiven Mutanten‹ alle etwa auftretenden negativen Mutationen tausendfach wettmachen und aufwiegen. Denn sie demonstrieren zugleich die *unaufhaltsame geistige Höherentwicklung der Menschheit,* die immer zuerst in Einzelnen und schließlich im Ganzen sichtbar wird.

Aber diese neuen Menschen wissen auch – zumeist aus eigener oft bitterer Erfahrung – um die Verständnislosigkeit und den Widerstand der noch unerwachten Umwelt, weshalb sie, ungeachtet ihrer tieferen Einsichten, überragenden Kräfte und Fähigkeiten, es vorziehen, unauffällig zu leben und sich nur verwandten Wesen aufzuschließen, zu denen der Kontakt keiner äußeren Mittel bedarf.

Ihnen eignet – sei es rudimentär wie bei vielen anderen, sei es mehr oder minder entwickelt und geschult – die Fähigkeit der Information und Kommunikation durch außersinnliche Wahrnehmung und Gedankenbildfunk, die bewirken, daß Erkenntnisse gemeinsames Eigentum werden; weiter die Gabe der geistigen Vorausschau, Vorwegnahme und teilweisen Vorausbestimmung schicksalhafter Abläufe durch individuelle wie kollektive Willensdynamisierung und Betätigung kybernetischer Kräfte und anderer genialer Anlagen.

Wer diesen neuen Menschen in sich entfaltet, der weiß um die Fülle der Begabungen, die in jedem Wesen in anderer einmaliger Synthese angelegt sind und dem Fortschritt der Menschheit dienstbar gemacht werden wollen. Zugleich macht ihn die Erkenntnis bescheiden, daß alles, was der Mensch bisher aus der Schatzkammer des Genius in ihm ans Licht gebracht und gemünzt hat, nicht mehr ist als als ein Eimer Wasser im Vergleich zum Ozean.

Homo superior

»Sich in alle Ewigkeit weiter und höher entwickeln wollen, das ist Religion.« Dieses Wort Morgensterns kennzeichnet die Grundeinstellung des ›neuen Menschen‹, der sich dadurch vom mehr oder minder ziellos dahinlebenden, seiner schlummernden Begabungen unbewußten Alltagsmenschen fundamental unterscheidet.

Entspricht der Fortschritt des letzteren dem seines Lieblingsfahrzeugs, des Autos, dann gleicht der des *neuen Menschen* dem des Düsenflugzeugs, während der wiederum aus dem ›neuen Menschen‹ hervorgehende *›homo superior‹* — der höhere, von oben kommende und geleitete Geist- oder Vollmensch — geistig wie biologisch mit Geschwindigkeiten voranschreitet, die, vergleichsweise, von der der Weltraumrakete bis zu der des Lichts reichen...

In wachsendem Maße befassen sich Anthropologen mit den möglichen Mutationen und voraussichtlichen Wandlungen des Menschen in den kommenden Jahrtausenden. Unter diesen wissenschaftlichen Hypothesen und Voraussagen sind aber weniger jene von Interesse, die die nächstmöglichen physiologischen Veränderungen betreffen — etwa die zunehmende Körpergröße, die Verfeinerung der Hände als Präzisionswerkzeuge mit wachsender Geschicklichkeit, die Überwindung von Anfälligkeiten und Krankheiten oder die Verlängerung der Lebensdauer —, sondern weit mehr jene über die künftige Gehirnentwicklung und die geistige Evolution des Menschen zu höheren Menschenformen.

Unter anderen hat der Johannesburger Anthropologe *Tobias* aus einschlägigen Untersuchungen den Schluß gezogen, daß der Mensch künftig überlegene geistige Kräfte entwickeln werde. Wenn man sich vergegenwärtige, was der Mensch, der doch bisher erst einen Bruchteil seiner geistigen Kräfte betätigt, trotz dieser unzulänglichen Teilnutzung seines Gehirns bis heute geschaffen habe, vermöge man sich kaum vorzustellen, wie es sein werde, wenn er immer größere Teile seines Gehirns zu mobilisieren lernt und etwa über die doppelte oder mehrfache Denkkapazität von heute verfügt.

Auf jeden Fall ist der Mensch von heute weit davon entfernt, den Höhepunkt seiner Entwicklung erreicht zu haben. Erst am Anfang seiner Möglichkeiten stehend, wird er künftig schöpferische Potenzen entfalten, von deren Umfang und Auswirkung wir uns derzeit keine zureichende Vorstellung zu machen imstande sind. —

Das ist ein Ausblick auf den heute überall in der Entfaltung begriffenen *neuen Menschen* und den wiederum aus ihm hervorgehenden abermals höheren Typus des *›homo superior‹*, der — um das nochmals zu betonen — mit seinen die Leistungen aller Großen der Vergangenheit weit hinter sich lassenden genialen Kräften und Fähigkeiten *in jedem von uns angelegt ist* und wenigstens teilweise aus dem Schlummer geweckt werden kann.

Einige Möglichkeiten der Aktivierung seiner noch unentfalteten Potenzen wurden hier aufgezeigt. Weitere Möglichkeiten werden dem, der sich die vermittelten psychodynamischen Anleitungen dienen läßt, auf seinem Wege zur Höhe von selbst aufgehen. Dabei wird ihm bewußt werden, daß damit der Vorstoß und Durchbruch vom äußeren Menschen zum inneren und über diesen hinaus in den ›allerinnersten Menschen‹ beginnt, von dem bisher nur die Mystiker wußten, die den Mut hatten, sich selber auf den Grund zu gehen bis dorthin, wo Seelengrund und Weltengrund eins sind, wo die Harmonie mit dem Unendlichen und die Entfaltung auch der höchsten Fähigkeiten nicht mehr Hoffnung ist, sondern Wirklichkeit.

Mit diesem Durchbruch zur geistigen Wachheit und Machtfülle des homo superior wird zugleich deutlich, daß, soviele neue Kräfte und Fähigkeiten wir auch immer in uns aktivieren, die Zahl der noch zu entfaltenden Schöpferkräfte immer die größere bleibt. Das meinte Dante mit seinem Wort vom Übermenschlichen (Paradies 1): »Das Übermenschliche vermögen Worte nicht zu fassen / der Vergleich mag dem genügen, den die Gnade selbst es wird erfahren lassen.«

Die größere Zukunft . . .

In allem Lebendigen waltet die Doppelkraft des Drangs nach vorn und des Zugs nach oben: alles Leben strebt nach Mehrsein, nach Fortschritt, Aufstieg und Vollkommenerwerden. »In die Höhe will es sich bauen«, sagt Nietzsche, »und weil es Höhe braucht, braucht es Stufen und Widerspruch der Stufen und Steigenden. Steigen will das Leben und steigend sich selbst überwinden.«

Zwar gibt es auch Philosophen, die dem Menschen jede Zukunft absprechen und seinen Untergang in dieser oder jener Form voraussagen. Doch können sie nicht die Tatsache verwischen, daß, wie das Heute in der Vergangenheit wurzelt, alle Zukunft keimhaft in uns Heutigen angelegt ist und sich mit der gleichen Folgerichtigkeit wie die seitherige Entwicklung aus der Gegenwart entfaltet.

Zukunftsverneiner sind Nachfahren jener, die einst die Entdekkung des Feuers und des Rades verwarfen und vor den damit heraufbeschworenen Gefahren warnten — statt zu erkennen, daß jede Entdeckung und Erfindung, jeder Schritt ins noch Unbekannte das ist, was der Mensch daraus *macht.* Leidvolle Erfahrungen sind unvermeidlich, solange neu entfesselte Kräfte noch nicht beherrscht werden; mit der Zeit aber wurde und wird das Positive und Förderliche erkannt und immer vollendeter genutzt.

Im Blick zurück kann die Menschheit mit dem Erreichten zufrieden sein. Im Blick voraus haben wir Grund, unzufrieden zu sein und nach dem Größeren auszuschauen, das auf uns wartet. Das meint Morgensterns mahnendes Wort: »Daß die Menschheit zu einer immer höheren Beherrschung der Welt aufsteigt, versteht sich von selbst und bietet an sich keinen Anlaß zu Begeisterung. Ob *sie selbst* damit aufsteigt, was sie selbst daraus macht — Vergängliches oder Unvergängliches —, wie sie jene Herrschaft *anwendet,* darauf kommt es an.«

Um das Höchste zu erreichen, müssen wir dessen bewußt bleiben, was hier aufgezeigt wurde: daß wir mit dem geistigen Kern unseres Wesens, unserem *Selbst,* im Ewigen wurzeln, mit unserem *Überbewußtsein* in dem, was für unser Bewußtsein noch Zukunft ist: daß also die *größere Zukunft,* die wir ersehnen, *in uns* auf ihre Umwandlung in lebendige Gegenwart wartet ...

Meditative Selbstbesinnung ließ uns erkennen, daß wir Menschen eine geheimnisvolle Synthese biodynamischer und geistiger Kraftfelder sind, deren Sender und Gesetzgeber das Selbst ist, daß wir, äußerlich, ein *materieller* Organismus, innerlich ein *energetischer* und im Allerinnersten ein *geistiger Organismus* mit mannigfachen Entfaltungs- und Verwirklichungsmöglichkeiten sind. Der letztere – der individuelle Kern unseres Wesens – ist, weil im Reich der absoluten Wirklichkeit beheimatet und über Materie und Energie stehend, nicht dem Wechsel, Wandel und Vergehen der physischen Formen unterworfen, deren er sich zu seiner fortschreitenden Selbstvollendung bedient ...

Damit wird deutlich, wie alles Lebendige noch im Vergehen und Tod der Formen auf ein darüber Hinausgehendes hinweist, das, Anlaß und Ziel seines Daseins wie seiner Entfaltung, Träger und Garant der *Zukunft* ist, deren Reichtum es in wachsender Fülle aus sich entfaltet.

Wenn das erkannt wird, wenn der Mensch sich, dem wachsenden Universum gleich, auf ständiges Größer-, Reicher-, Vollkommenerwerden angelegt weiß und zukunftgläubig diesem höchsten Trend seines Wesens folgt, ist er auf dem Wege, neue Bewußtseinsreiche zu erobern, neue Talente zu aktivieren, ungeahnte neue Möglichkeiten auszuschöpfen und über immer höhere Stufen der Evolution zu den Sternen aufzusteigen – und das heißt, wie Teilhard de Chardin und andere aus natur- und geisteswissenschaftlicher Sicht erkannten: zu immer lebendigerer Teilhabe an jener höheren organismischen Einheit aller Geistwesen im Universum, in deren Rahmen die einzelne Individualität mehr Macht und Möglichkeiten besitzt als heute die ganze Menschheit.

... wartet auf Dich!

»Hätte der menschliche Geist kein Vorgefühl der *Zukunft,* die auf ihn wartet, und müßte er sein Denken und Wirken in die Schranken einschließen, von denen sein Lebensraum umgrenzt scheint – nie würde der Mensch so hartnäckig vorwärtsstreben, nie sich so sorgen und mühen, nie so oft den Kampf auf Leben und Tod wagen.« (Cicero). Er wagt es immer aufs neue, weil er tief innerlich gewiß ist, daß, wie alle Vergangenheit auf die Gegenwart, alle Gegenwart auf die Zukunft zielt.

Wohl wissen wir nicht, wie lange unser Planet Erde eine

Heimstatt des Lebens bleibt. Doch können wir mit minimal zehn Milliarden Jahren rechnen, die den irdischen Lebensformen zur Verfügung steht, um ihre Entwicklungs- und Vollendungsziele zu erreichen.

Aber wir brauchen, wenn wir von der *größeren Zukunft* sprechen, die auf uns wartet, nicht so weit hinauszublicken, sondern nur die nächste Million Jahre ins Auge zu fassen, um einzusehen, daß es in dieser, kosmisch kurzen, Zeitspanne millionenfache Entfaltungsmöglichkeiten zu entdecken und auszuschöpfen gibt und daß der Mensch in ihr zu Höhen emporsteigen kann, von denen wir Heutigen so wenig begreifen wie eine Ameise von einem Atomreaktor ...

... Bis dahin aber mag die Erdenmenschheit ihr Wirkungsfeld längst in den kosmischen Raum verlegt haben und auf Planeten ferner Sonnen zu Gipfeln der Geistmächtigkeit aufsteigen, mit denen verglichen selbst der homo superior nur Vorstufe ist. Wir wissen es nicht; aber im tiefsten Innern beseligt uns die der Selbst-Gewißheit entspringende Ahnung, daß eine ebenso unendliche wie abenteuerliche Zukunft unser wartet, in der die geistige Entwicklung der Menschheit nicht in arithmetischer, sondern in geometrischer Reihe fortschreitet und immer höhere Bereiche der Wirklichkeit umfaßt.

Wir sehen uns heute an der Schwelle einer neuen Epoche spiritueller Höherentfaltung der Menschheit, deren Eintritt und Auswirkung in unserem Dasein entscheidend davon abhängt, wie viele Menschen lernen, immer mehr schlummernde Kräfte und Talente aus sich zu entfalten und bewußt ihrem Aufstieg von der Stufe des homo sapiens zur nächsthöheren des homo superior dienstbar zu machen. Je bewußter das geschieht, desto größer und reicher ist die Zukunft, die im gleichen Maße zu beglückender Gegenwart wird.

Warum? *Weil wir* — unserem innersten Wesen nach — *selbst die Zukunft sind:* wir selbst entscheiden, wann die Blütezeit dynamischer Geistigkeit, die werden will, in uns ihren Anfang nimmt — mit unserem wachsenden Wissen um die Macht des Geistes über Leib und Leben. Denn wo immer der Genius in uns sich regt, verstärkt sich zugleich fühlbar der Drang nach vorn und der Zug nach oben.

Wie *Hölderlin* diese Berührung mit dem vorwärts-aufwärts strebenden Genius und mit der Aura der lichteren Zukunft, die unser harrt, beseligt erfuhr, so kann sie *jeder* erleben, der sich kraft- und selbst-besinnend einwärts wendet: »Ich habe es einmal gesehen, das Einzige, das meine Seele suchte: die *Vollendung,* die wir hinausschieben bis ans Ende der Zeit, *die habe ich gegenwärtig gefühlt.* Es war da, das Höchste, in *diesem* Kreis der ganzen Natur und der Dinge war es da!«

In Wahrheit ist es *immer da* – und alle Zukunft wartet darauf, daß wir zu ihr erwachen und ihrer Verwirklichung dienen. Es ist jene Zukunft, auf die der größte Lebensmeister, *Jesus,* blickte, als er die Menschen aufrief, *vollkommen zu werden,* die in ihnen wesenhaft angelegte größere Vollkommenheit in fortschreitender Selbstbesinnung und tätiger Selbstverwirklichung Stufe um Stufe zu entfalten und zu offenbaren.

Wohl dem, der diese seine wesentlichste Erdenaufgabe bewußt zu erfüllen beginnt!

Weitere lieferbare Bücher von K. O. Schmidt:

Bhagavad Gila – Das hohe Lied der Tal.
148 Seiten, kartoniert

Brücken der Einheit von Ost und West – Ramakrishna, Vivekananda und Omkar als Lehrer eines neuen Denkens, 144 Seiten, kartoniert

Das Abendländische Totenbuch (Bd. I) – Und der Tod wird nicht mehr sein
264 Seiten, Efalin gebunden

Das Abendländische Totenbuch (Bd. II) – Wir leben nicht nur einmal
432 Seiten, Efalin gebunden

Der kosmische Weg der Menschheit – Im Wassermann-Zeitalter
120 Seiten, kartoniert

Der Rosenkreuzer-Weg zur Selbstverwirklichung – Sei du selbst
172 Seiten, kartoniert

Die Goldene Regel – Das Gesetz der Fülle
87 Seiten, kartoniert

Die Religion der Bergpredigt – Grundlage rechten Lebens
200 Seiten, Efalin gebunden

Dreistufenweg zum Gral
72 Seiten, kartoniert

Du bist begabter als du ahnst – Anleitung zur Entfaltung latenter Talente
216 Seiten, kartoniert

Erfolgsdynamik – Der Schlüssel zum Glück
256 Seiten, kartoniert

INSPIRATION – Geheimnis, Sinn und Erfahrung – Ein Mabel-Collins-Brevier, 96 Seiten, kartoniert

In Dir ist das Licht – Vom Ich-Bewußtsein zum kosmischen Bewußtsein, Leben und Lehren von 49 Mystikern, 392 Seiten, Efalin gebunden

In Harmonie mit dem Schicksal – Wege zu neuem Menschentum
188 Seiten, kartoniert

Kinder des Kosmos – Friedrich von Schillers »Theosophie des Julius«
112 Seiten, kartoniert

Kraft durch Atmen – Einführung in die Praxis des bewußten Vollatmens,
108 Seiten, kartoniert

Lebe bewußt – Die Lehre vom Tao
96 Seiten, kartoniert